Travis Thompson
John Grabowski

Verhaltensmodifikation bei Geistigbehinderten

Travis Thompson
John Grabowski

Verhaltensmodifikation bei Geistigbehinderten

 1976

Ernst Reinhardt Verlag
München Basel

Titel der Originalausgabe:
Behavior modification of the mentally retarded
Copyright 1972 by
Oxford University Press, Inc., New York

*Übersetzt von
Monika Hahn*

CIP-Kurztitelaufnahme der Deutschen Bibliothek

Verhaltensmodifikation bei Geistigbehinderten / Travis Thompson; John Grabowski. — 1. Aufl. — München, Basel: E. Reinhardt, 1976.
    Einheitssacht.: Behavior modification of the mentally retarded ‹dt.›.
    ISBN 3-497-00765-X
NE: Thompson, Travis [Hrsg.]; EST

ISBN 3-497-00765-X

© 1976 by Ernst Reinhardt Verlag München
Satz u. Druck: Buchdruckerei Loibl, Neuburg a. d. Donau
Buchbinderei: Ilmgau-Druckerei, Pfaffenhofen
Printed in Germany

Geleitwort

Das Methodensystem der Verhaltensmodifikation wird zur Verbesserung lernabhängigen Verhaltens schon seit längerer Zeit systematisch praktiziert. Seine spezifische Anwendbarkeit und Effektivität beim Vorliegen einer geistigen Behinderung wird in diesem Buch, aus dem Amerikanischen übersetzt, in einer besonderen Verdichtung und Plastizität aufgezeigt. Eine ganze Anstalt, das Faribault State Hospital (USA), wird zum Arbeitsfeld. Dabei handelt es sich nicht um eine besonders geeignete Einrichtung für derartige Versuche, sondern um eine Großanstalt in einem Zustand, der etwa den Berichten von Burton Blatt („Weihnachten im Fegefeuer") entspräche, eine Anstalt also, die bislang von leerer Routine, Abgestumpftheit, Passivität und Hoffnungslosigkeit gekennzeichnet war und alle Indizien für schwere Hospitalisierungsschäden aufwies.

Welches Leben und wieviel Aktivität und Hilfe über eine gezielte Anwendung verhaltensmodifikatorischer Prinzipien und Programme sich in einem solchen Heim verwirklichen lassen, zeigt dieser Bericht eindrucksvoll und überzeugend. Es ist ermutigend zu erfahren, wie sich in den verschiedenen Lebens- und Arbeitsbereichen, bei den Jüngeren und den Älteren, die Erstarrung in Routine und Resignation lösen läßt, und auf welche Weise selbst schweren Behinderungen das Bleigewicht vermeintlicher Unkorrigierbarkeit genommen werden kann.

Anstelle bloßer pflegerischer Versorgung und sinnleerer Beschäftigung setzen die Autoren konsequent ein System personenbezogener aktivierender Programme. Diese beziehen sich jeweils auf die verschiedenen Arbeitsfelder innerhalb des Heimes und weisen eine große Variabilität auf: Sonderschullehrer finden konkrete Vorschläge für die Strukturierung des Klassenzimmers und des Unterrichts, Heimerziehern und anderen pädagogisch oder therapeutisch tätigen Berufsgruppen werden bis ins Detail gehende Vorgehensweisen zur Verhaltensverbesserung nahegebracht, und zwar aus der unmittelbaren praktischen Erprobung heraus.

Die Verhaltensmodifikation ist unter pädagogischem Aspekt nicht unangefochten. Speziell beim geistigbehinderten Menschen wird die Gefahr ihrer methodischen Verabsolutierung und damit einer entpersönlichenden, bloßen Reaktionsfixierung gesehen. Es wird darauf ankommen, wie und in welcher Absicht sie gehandhabt wird. Gegenüber pädagogischen Ansätzen mit relativ vagen und allzu allgemeinen Erziehungszielen, -prinzipien und -methoden erweist sich eine lernpsychologisch fundierte, auf die Verbesserung des genau definierten Einzelverhaltens konsequent abgestellte Lehrtechnik als praktikable Möglichkeit für den Aufbau elementarer Fertigkeiten. Es werden gleichsam die Voraussetzungen für eine volle Entfaltung des Erzieherischen geschaffen, das immer auf Persönlichkeitsbildung, Selbstverwirklichung und Sinnfindung abzielt und wesentlich auf dialogischen Beziehungen beruht.

Unter diesem Orientierungsaspekt muß sich Verhaltensmodifikation als integraler Bestandteil einer aktivierenden Erziehung ausweisen können, und sie kann nicht schlechthin und selbstzweckhaft mit der Inhaltskomplexität von Erziehung gleichgesetzt werden. Diese kennt im übrigen auch das pädagogische Nicht-agieren gegenüber dem zu erziehenden Subjekt in der erzieherischen Begegnung.

Nicht die Methoden an sich entscheiden letztlich über die pädagogische Wirksamkeit sondern ihre Handhabung und ihr Stellenwert in der erzieherischen Absicht. So gesehen wird es darauf ankommen, daß der Leser die hier dargestellten, in einer schwierigen Realität erprobten Lehrverfahren in seine erzieherische Intention integriert. Das Buch bietet hierfür eine Fülle anregenden und unmittelbar hilfreichen Materials.

Otto Speck

Professor für Sonderpädagogik
an der Universität München

Inhaltsverzeichnis

I. Hintergrund und Prinzipien 11

1. Geschichte der Behandlung Geistigbehinderter und der Fehlannahmen über die Ursachen der Behinderung (von Travis Thompson) 11
   1.1. Historischer Hintergrund 11
      1.1.1. Die Anfänge: 1800–1900 11
      1.1.2. Von 1900 bis zum 2. Weltkrieg 13
      1.1.3. Die Institutionalisierung nach dem 2. Weltkrieg . . 14
   1.2. Fehlannahmen über geistige Behinderung 17
2. Der verhaltenstherapeutische Ansatz bei Geistigbehinderten (Von George Bigelow) 22
   2.1. Verhaltenstherapeutische Methoden 24
      2.1.1. Konsequenzen des Verhaltens 24
      2.1.2. Lehrmethoden 25
   2.2. Verstärkung 26
      2.2.1. Verstärkung erwünschten Verhaltens 26
      2.2.2. Verstärkungsprinzipien 27
      2.2.3. Verstärker 29
      2.2.4. Kleine Schritte 32
      2.2.5. Verhaltensformung 33
      2.2.6. Reaktionsverkettung 34
      2.2.7. Ein- und Ausblendung 36
   2.3 Verfahren der Verhaltenseliminierung 38
      2.3.1. Inkompatibles Verhalten 40
      2.3.2. Auszeit (Time out) 42
      2.3.3. Bestrafung 45

II. Die Programme 47

3. Erste Verhaltensmodifikations-Programme für geistigbehinderte Kinder in Institutionen (von Leonard Fielding) . . . 47
   3.1. Verhaltensmodifikation auf der Basis konsumierbarer Verstärker 47
      3.1.1. Eine Reihe bilden 49
      3.1.2. Hinterhergehen 51
      3.1.3. Waschen 52
      3.1.4. Eliminierung des Essenstehlens 55

- 3.1.5. Zeitstichproben-Untersuchung 57
- 3.1.6. Eliminierung von Auszieh-Verhalten 58
- 3.1.7. Behandlungsprogramm Toilettenbenutzung . . . 59
- 3.1.8. Baden 60
- 3.2. Münzpläne 62
  - 3.2.1. Das Faribault Programm 63
- 4. *Ein Verhaltensmodifikations-Programm für geistigbehinderte hospitalisierte Männer. (Von John Grabowski und Travis Thompson)* 67
  - 4.1. Einführung 67
    - 4.1.1. Die Einrichtung und Beibehaltung des ›Schlimmsten‹ Hauses 67
    - 4.1.2. Veränderungen 68
    - 4.1.3. Ein Vergleich 69
  - 4.2. Das Programm 70
    - 4.2.1. Programmziele 70
    - 4.2.2. Programmbedingungen 70
    - 4.2.3. Das Personal 70
    - 4.2.4. Die Patienten 71
    - 4.2.5. Materialien 71
    - 4.2.6. Training für das Personal 73
    - 4.2.7. Patiententraining 74
  - 4.3. Ergebnisse 75
    - 4.3.1. Das ›Schlimmste Haus‹ ein Jahr später 75
    - 4.3.2. Veränderungen im Patientenverhalten 75
    - 4.3.3. Veränderungen im Verhalten des Personals . . . 81
    - 4.3.4. Schlußbemerkungen 82
- 5. *Eine Intensivunterrichts-Einheit für schwer- und schwerstbehinderte Frauen. (Von George Bigelow und Rolland Griffiths)* 85
  - 5.1. Einführung 85
  - 5.2. Intensivunterricht 85
    - 5.2.1. Unterrichtung oder Aufrechterhaltung von Verhalten 86
    - 5.2.2. Ein Überblick über Intensivprogramme 87
    - 5.2.3. Interaktion zwischen Personal und Patient . . . 89
  - 5.3. Ein Überblick über das Iris-Programm 90
    - 5.3.1. Ausstattung 90
    - 5.3.2. Personal 91
    - 5.3.3. Die Patientinnen 91
    - 5.3.4. Programmziele 91
    - 5.3.5. Programmdurchführung 93
    - 5.3.6. Auswertung 98

5.4. Genauere Angaben über Organisation und Durchführung	102
5.4.1. Der Beginn des Behandlungsprogramms	102
5.4.2. Die erste Betreuerversammlung	102
5.4.3. Unterrichtung für das Personal	105
5.4.4. Betreuer-Zeitplan	107
5.4.5. Programmerweiterungen	108
5.4.6. Die Entwicklung von Münzökonomien	109
5.4.7. Ausdehnung auf andere Häuser	110
5.4.8. Intensiveinheiten und Verhaltensprobleme	111
5.4.9. Koordination	114
6. *Das Münzverstärker- (token) System für geistigbehinderte Frauen: Verhaltensmodifikation, medikamentöse Therapie und die Kombination aus beidem. (Von O. Linda McConahey).*	115
6.1. Vorliegende Forschungsergebnisse bei Geistigbehinderten	115
6.1.1. Vorteile der Münzverstärker	116
6.2. Ein Münzprogramm für mäßig und schwer geistigbehinderte Frauen	122
6.2.1. Medikamentöse Therapie	133
6.3. Ergebnisse	134
6.3.1. Wirkung der Medikamente	134
6.3.2. Operante Effekte	134
6.4. Diskussion	139
6.4.1. Die Entwicklung eines umfassenden Münzverstärkungssystems	141
III. Besondere Anwendungen	147
7. *Verhaltensänderung bei Geistigbehinderten in Sonderklassen (Von William H. Fullmer)*	147
7.1. Einige Anwendungen der Verhaltensmodifikation	148
7.2. Einführung der Verhaltensmodifikation im Unterricht	150
7.2.1. Techniken zur Veränderung des Verhaltens im Klassenzimmer	153
7.2.2. Beseitigung störenden Verhaltens	154
7.2.3. Entwicklung von Lernverhalten	156
7.2.4. Programmierter Unterricht	161
7.2.5. Einrichtung des Klassenzimmers	162
7.2.6. Änderungen des Curriculums	164
7.3. Einige Faktoren, die mit effektivem Programmieren zusammenhängen	167
8. *Verhaltensmodifikation in der Beschäftigungstherapie. (Beschäftigungstherapie-Abteilung des Faribault State Hospital)*	173
8.1. Einführung	173

8.2. Programmbeispiele 175
    8.2.1. Das Verbesserungsprogramm der Iris-Abteilung . 175
    8.2.2. Das Verhaltensmodifikationsprogramm im Poppy Building 179
    8.2.3. Beschäftigungstherapie im Dakota Building . . . 182
8.3. Überlegungen zum Programm 183
8.4. Was geschieht, wenn . . . ? 184
8.5. Zusammenfassung 191

9. *Verhaltensmodifikation in der Freizeittherapie. (Von John Raw und Eric Errickson)* 193
   9.1. Soziale- und Freizeit-Fertigkeiten 194
   9.2. Verhaltensmodifikation und ihre Rolle in der Freizeittherapie 195
   9.3. Andere Überlegungen und Ergänzungen zum Programm 203
   9.4. Zusammenfassung 204

10. *Beratung der Eltern geistigbehinderter Kinder. (Von Roger Johnson)* 205
    10.1. Vorbemerkung 205
    10.2. Dilemma der Eltern 205
    10.3. Typische Stadien der elterlichen Anpassung 207
    10.4. Einige Faktoren bei der Elternberatung 209
        10.4.1. Falls das Kind zu Hause bleibt 210
        10.4.2. Wenn das Kind in einer Anstalt untergebracht wird 212
    10.5. Elternberatung 216

IV. **Durchführung von Programmen** 217

11. *Durchführung von Verhaltensmodifikationsprogrammen. (Von John Grabowski und Travis Thompson)* 217
    11.1. Einführung 217
        11.1.1. Finanzielle Mittel 218
        11.1.2. Verwaltungsstruktur 218
        11.1.3. Programme 219
    11.2. Voraussetzungen für die Einführung von Programmen 220
        11.2.1. Verwaltungstechnische Unterstützung 220
    11.3. Personal-Training 220
    11.4. Einige Faustregeln für Berater 222
    11.5. Aus der Sicht des Personals 224

Literaturverzeichnis 227

I. Hintergrund und Prinzipien

1. Geschichte der Behandlung Geistigbehinderter und der Fehlannahmen über die Ursachen der Behinderung

Von TRAVIS THOMPSON

1.1. Historischer Hintergrund

1.1.1. Die Anfänge: 1800—1900

Die Einstellung des Laien und des Gebildeten zum geistig Behinderten vor 1800 kann man mit dem folgenden Zitat von Martin Luther kennzeichnen: »Vor acht Jahren war einer in Dessau, mit dem ich, Martinus Luther, mich raufte. Er war zwölf Jahre alt, hatte seine Augen und alle seine Sinne in Gebrauch, so daß man hätte annehmen können, er sei ein normales Kind. Aber er tat nichts anderes als sich vollzufressen, so viel wie vier Landarbeiter oder Drescher. Er fraß, schiß und geiferte, und wenn einer ihn angriff, schrie er. Wenn die Dinge nicht gut liefen, weinte er. So sagte ich zum Prinzen von Anhalt: ›Wenn ich der Prinz wäre, dann würde ich das Kind zur Moldau bringen, die in der Nähe von Dessau fließt, und ihn ertränken.‹ Aber der Prinz von Anhalt und der Prinz von Sachsen, der auch zufällig zugegen war, lehnten meinen Rat ab. Danach sagte ich: ›Nun, die Christen sollen das Vaterunser in der Kirche aufsagen lassen und beten, daß der liebe Gott den Teufel wegschafft‹« (*Kanner*, 1964, p. 7).

Der Geisteskranke ist in der Geschichte unterschiedlich als Gegenstand der Verachtung und der Furcht angesehen worden. Er hat bis vor kurzem wenig Beachtung bei den pädagogisch und medizinisch Interessierten gefunden. Es ist bemerkenswert, daß im Werkeverzeichnis von Laehr, das viele tausend Nachweise für den Zeitabschnitt von 1459—1799 enthält, der einzige Bezug auf Geisteskrankheit in einem sporadischen Interesse am Kretinismus gegen Ende des Mittelalters aufzufinden ist (*Kanner*, 1964). Im frühen 19. Jahrhundert entwickelte sich in Frankreich und in der Schweiz Interesse an der geistigen Behinderung, und erfaßte allmählich ganz Europa und Amerika. *Itard* (1801) hatte versucht, den sogenannten »Wildjungen« von Aveyron zu heilen, in der Schweiz hatte *Guggenbühl* (1839) dasselbe mit Kretins begonnen. Obwohl beide Versuche Fehlschläge in dem Sinne waren, daß sie ihre Patienten nicht »heilten«, haben sie jedoch bewiesen, daß es möglich ist, einige Verhaltensstörungen der Geistigbehinderten zu verbessern, was zu der Annahme führte, daß die Geisteskranken je nach dem Grad ihrer Behinderung erziehbar sind. Die erste Einrichtung, die man speziell für Geistigbehinderte ins Leben rief, wurde unter der Leitung von *Guggenbühl* 1839 in der Nähe von Bern gegründet.

In den Vereinigten Staaten gab es weder öffentliche noch private Anstalten, um die Geistigbehinderten zu unterweisen, heilen oder zu versorgen, bis Dr. *Wilbur* (1848) in Barre, Massachusetts, mit dem siebenjährigen Sohn eines berühmten Rechtsanwalts geistigbehinderte Kinder in sein Haus aufzunehmen begann. (*Haskell*, 1944). 1848 gründete der Bundesstaat Massachusetts, hauptsächlich dank der Bemühungen von Dr. *Samuel Howe* eine experimentelle Schule, die Perkin's Institution für Unterricht und Training von zehn idiotischen Kindern. 1855 verlegte man die Schule nach Süd-Boston und sie wurde in Massachusetts School für Idiotic and Feebleminded Youth umbenannt. In den folgenden vierzig Jahren nach Gründung dieser Schule in Massachusetts wurden fünfzehn bundesstaatliche Anstalten für Geistigbehinderte geöffnet. 1879 schloß sich Minnesota mit einer weiteren School for Idiots, Imbeciles, and the Feebleminded in Faribault an, die später in Minnesota Institute for the Defective umbenannt wurde. 1894 wurde ein Haus hinzugefügt, das man als »besondere Verwahrungs- und Heilanstalt für Kinder, denen der Schulunterricht nichts nützen konnte«, bezeichnete (*Curtiss-Wedge*, 1910). Im Jahr 1900 hatte die Anstalt zwanzig Lehrer, die einen Unterricht leiteten, dessen Hauptaugenmerk auf manueller und mechanischer Schulung lag. Mädchen wurden im Stricken, Flechten, Nähen, sowie im Flicken und Stopfen, Klöppeln, in Haushalts- und Gartenarbeit unterrichtet. Den geschickteren erlaubte man, im Flickraum, in der Küche, im Speisesaal, in der Wäscherei usw. zu arbeiten. Die Jungen erhielten Unterricht im Flechten von Matten, Nähen, Bürstenmachen, Korbflechten und Knüpfen. Als die Jungen hinreichend geübt waren, erlaubte man ihnen, in den Matratzen- und Kunsttischlerei-Werkstätten, in der Scheune, der Wäscherei, dem Gewächshaus, dem Garten, der Farm und in der Molkerei zu arbeiten. Im Jahr 1910 beherbergte die Anstalt 421 geistigbehinderte Patienten, darunter Epileptiker und körperlich Behinderte.

Obwohl die ursprüngliche Zielrichtung der staatlichen Anstalten wie der Faribault State School and Hospital in Erziehung und Training der Geistigbehinderten lag, verbreitete sich in gewissen Teilen der Bevölkerung die Meinung, daß die Hauptaufgabe dieser Institutionen im Schutz der Gesellschaft vor den Insassen bestünde. Einige behaupteten, daß die geistig Geschädigten eine Bedrohung der Zivilisation, in der Familie untragbar, eine Last für die Schulen, sexuell promiskuös, Erzeuger von schwachsinnigen Nachkommen und Opfer wie Urheber von Armut, Entartung, Verbrechen und Krankheit seien. Anstatt den Geistigbehinderten Hilfe und Unterstützung zu bieten, wurden die staatlichen Anstalten in den frühen dreißiger Jahren zu Internierungslagern für »unerwünschte Elemente der Gesellschaft«. »Die Forderungen nach Unterstützung und Vergrößerung klangen ganz anders als die Hymnen der Hoffnung, die von den Schöpfern der Idee von institutioneller Fürsorge und Training als einem konstruktiven, therapeutischen Unternehmen angestimmt worden waren« (*Kanner*, 1964), Mit der veränderten Einstellung gegenüber den Geistigbehinderten war eine Umorientierung von der Erziehung zur Verwahrung verbunden. »Für einen unheilbaren Idioten ist nichts weiter erforderlich als eine Irrenanstalt, die ihm die Fürsorge und Aufmerksamkeit zuteil werden läßt, die man in einem ordentlich geführten Kindergarten für kränkliche Kinder findet, dessen *sine qua non* in einem geregelten Tagesablauf, einfachem, aber nahrhaftem Essen, häufigem Baden und liebevoller Bemutterung besteht. Da die Kinder hier leichter und mit größerer Wirksamkeit als in einer gewöhnlichen Familie versorgt werden können, das einzelne Kind sich außerdem häufig nicht bewußt ist, wer ihm hilfreich die Hand reicht, muß selbst die Mutter zugeben, daß die Anstalt das Beste für das Kind wie auch für das Wohl der Familie ist« (*Barr*, 1904).

1.1.2. Von 1900 bis zum 2. Weltkrieg

Vom ersten Jahrzehnt des 20. Jahrhunderts bis zum 2. Weltkrieg fehlte in den Vereinigten Staaten praktisch jedes nationale Interesse und jede Anteilnahme an den Problemen im Bereich geistiger Behinderung. Wenn es überhaupt eine Politik gab, dann war es die der unausgesprochenen Ablehnung Minderbegabter und der Annahme, daß nichts für sie getan werden könne. Bestenfalls wurden große (dem Faribault State

Hospital vergleichbare) Anstalten weitab von großen Städten gegründet, wo Minderbegabte isoliert wurden, »um die Gesellschaft zu schützen«. Diese Behandlung der Behinderten war vermutlich in der Hauptsache verursacht durch:

1. das Fehlen jeder öffentlichen Verantwortung und
2. die Einstellung, daß sehr wenig für die Eingliederung der Verhaltensgestörten in den normalen Rahmen der Gesellschaft getan werden könne (*Sarason* and *Doris, 1969*).

Während des 2. Weltkrieges wurden etwa 716 000 Männer aufgrund geistiger Untauglichkeit vom Wehrdienst ausgeschlossen. Diese Tatsache allein erweckte nationale Aufmerksamkeit für das Problem der Minderbegabung, obwohl viele der Zurückgestellten nicht als schwer oder schwerst gestört zu bezeichnen gewesen wären. Die Erkenntnis, daß kulturelle, rassische, pädagogische und regionale Faktoren zu unterentwickelten Verhaltensfunktionen beitragen, half, Interesse für das Problem der geistigen Behinderung zu wecken.

1.1.3. Die Institutionalisierung nach dem 2. Weltkrieg

Die Zunahme an staatlichen Einrichtungen für Geistigbehinderte hatte Vor- und Nachteile. Während ursprünglich die Betonung auf der Ausbildung des behinderten Patienten lag, verlagerte sie sich in vielen Institutionen auf eine fast ausschließliche Verwahrungsfürsorge. Daß die Anstaltsunterbringung deutlich nachteilige Effekte haben kann, ist offensichtlich (*Goldfarb*, 1943, 1944, 1947): beim Vergleich von Kindern, die bei Pflegeeltern aufwuchsen, und denen, die in Anstalten blieben, entdeckte *Goldfarb*, daß die Anstaltskinder mangelnde Sprachentwicklung, stärkere Verhaltensstörungen und niedrigere Leistungen bei psychologischen Entwicklungstests aufwiesen. Ähnliche Ergebnisse veröffentlichten *Provence* and *Lipton* (1962) in einer Studie über 72 Kleinkinder aus einer Anstalt, die mit einer vergleichbaren Gruppe zu Hause lebender verglichen wurden. Die Defizite reichten von schlechter Körperhaltung und Unfähigkeit zu kontrollierter Bewegung des Kopfes bis zum Mangel an persönlicher Kontaktfähigkeit und Sprachentwicklung. Beim Vergleich von Gruppen älterer Behinderter — eine Gruppe war früher in die Anstalt gekommen, die andere lebte zu Hause, — zeigte sich bei der Anstaltsgruppe mit größerer Signifikanz geistige Behinderung. Dieses Ergebnis zeigt, daß die Unterbringung in einer Anstalt tatsächlich die Entwicklung der Behinderten *verursachen* oder *fördern* kann. Wodurch beeinflußt die Unterbringung in einer Anstalt die geistige Behinderung? *Thormalen* (1965) untersuchte, wie die Pfleger ihre Zeit während des Dienstes verbrachten. Er fand heraus, daß sie 1,9% ihrer Arbeitszeit verwendeten, um die Patienten formal in selbständigem Verhalten zu trainieren, und in 37% der Zeit unselbständiges Verhalten förderten, d. h., sie taten Dinge für die Kinder, die diese selbst hätten machen können. Das Stationsprogramm war so aufgebaut, daß es die körperliche Pflege betonte und wenig Möglichkeit zur Ausbildung von Selbständigkeit bot. Interessanterweise stand die auffällige Tendenz des Personals, Unselbständigkeit zu fördern, im Widerspruch zu den vorgeschriebenen Zielen der Anstalt.

Beschleunigt die Einweisung notwendigerweise die geistige Behinderung? *Klaber* (1969) untersuchte sechs Anstalten für Behinderte, um den Wirksamkeitsgrad der Hilfestellung für die Selbsthilfe der Behinderten festzustellen. Er fand, daß das Maß, in dem die Anstalten die Selbständigkeit förderten, sehr unterschiedlich war. Indem er die Kinder wiederholt tagsüber beobachtete und spezifische Verhaltensindize für ›Glücklichsein‹ (z. B. Lächeln und Lachen) protokollierte, stellte *Klaber* fest, daß die Kinder der Anstalten, die stark die Selbständigkeit förderten, auch die glücklichsten zu sein schienen. Er fand heraus, daß der schwerbehinderte Patient in den typischen Anstalten 33 bis 50% seiner Zeit damit verbrachte, *nichts zu tun* (nicht einmal Fernsehen), und weitere 15 bis 20% sich autistisch zu verhalten. Häufig sind solche Anstalten sauber und es wird für das physische Wohl der Patienten sehr gut gesorgt, aber daneben wird fast nichts getan, um die Verhaltensanpassung und die Entwicklung zu fördern. Die *wirksame* Anstalt ist nach *Klaber* die, »in der Kinder glücklich und zufrieden sind, intellektuelle Fortschritte zeigen, nur minimale stereotype Verhaltensweisen (wie Schaukeln) aufweisen und kein Übermaß an sozialer Verstärkung benötigen...« (*Klaber*, 1969, p. 165). Gemessen daran schneiden viele, wenn nicht die meisten unserer staatlichen Anstalten schlecht ab. In den letzten Jahren begannen solche Ergebnisse sich auf die Behandlung der Patienten durch das Anstaltspersonal auszuwirken. Programme, die eine stimulierende Umgebung, die Durchführung einer Therapie zur Neumotivierung, Musiktherapie und Freizeittherapie vorsehen, haben dazu beigetragen, daß die Lebensbedingungen Geistigbehinderter sich verbessert haben. Unglücklicherweise sind für viele, die in den Anstalten mehr als ein paar Jahre gelebt haben, diese Methoden zu spät gekommen. Verhaltensweisen sind tief verwurzelt und nicht leicht zu verändern. Autismen (Schaukeln, Daumendrehen), Selbstverstümmelung (Kopf-an-die-Wand-Schlagen, in Hände und Arme beißen), und eine totale Abhängigkeit vom Pflegepersonal sind in vielen Fällen zehn bis zwanzig Jahre lang praktiziert worden. Zur Überwindung solcher Schicksale sind sehr effektive Methoden nötig.

1949 begannen eine Reihe von Laboratoriums- und klinischen Untersuchungen, die die Anwendbarkeit der Prinzipien operanter Konditionierung[1] auf die Behandlung verschiedenster menschlicher Verhaltensprobleme demonstrieren. *Fuller* (1949) übte eine einfache Reaktion bei einem achtzehnjährigen ›vegetativen Idioten‹ ein, indem er diese Reaktion mit gezuckerter Milch belohnte. Auch *Ayllon* und *Haugton* (1962) wandten eine operante Technik an, um anoretischen, chronisch-psychotischen Patienten beizubringen, selbständig zu essen, nachdem sie zuvor lange Zeit vom Personal gefüttert worden waren. Diese allgemeinen Methoden wurden in größerem Umfang auf die verschiedenartigen Verhaltensweisen auf einer Station mit achtundvierzig chronisch-psychotischen Patienten des Anna State Hospital in Illinois angewandt (*Ayllon* und *Azrin*, 1965). Gleichzeitig achtete man in stärkerem Maß bei der Behandlung Geistigbehinderter auf die Anwendung der Prinzipien der operanten Konditionierung. *Ellis* und *Pryer* (1958), *Barrett* und *Lindsley* (1962) und *Lindsley* (1964) berichteten von der Anwendung der operanten Methoden bei Geistigbehinderten, und ein spezielles Programm wurde für die geistigbehinderten Mädchen im Parson State Hospital in Kansas aufgestellt. (*Girardeau* und *Spradlin*, 1964). Diese Berichte bestätigen, daß es möglich war, seit langem bestehende unangepaßte Verhaltensweisen zu ändern und neue Reaktionsweisen sogar bei schwer behinderten und chronisch-psychotischen Patienten zu entwickeln. Diese frühen Untersuchungen deuteten an, daß in den Prinzipien der operanten Konditionierung vielleicht ein wirksames Mittel für Training und Modifikation des Verhaltens chronisch hospitalisierter Patienten gefunden worden war.

Im folgenden Jahrzehnt wurden Versuchsprojekte in Teilen von Klinikstationen, in Anstaltsgebäuden oder Trakten großer Anstaltsgebäude entwickelt, um die Anwendbarkeit dieser Behandlungsmethoden bei größeren Patientengruppen zu untersuchen. Einige waren erfolgreich, andere nicht. Die Mißerfolge waren durch Probleme finanzieller, personeller und administrativer Art verursacht und nicht selten durch mangelnde Kenntnis der fundamentalen Prinzipien bei denjenigen, die diese Programme aufstellten. In den folgenden Kapiteln werden einige Programme beschrieben, deren Anwendung in einer einzigen Station schwer geistigbehinderter Mädchen begann und die bis zur Zeit dieser Niederschrift in sieben Gebäuden mit etwa 420 Patienten und einer Sonderschule angewendet wurden.

---

[1] Die systematische Anwendung der Prinzipien der Konditionierung zur Verbesserung menschlichen Verhaltens (z. B. Eliminierung von unangepaßtem Verhalten und/oder Verstärkung von angepaßtem Verhalten) wurde *Verhaltensmodifikation* genannt. Daher der Titel dieses Buches: *Verhaltensmodifikation bei Geistigbehinderten*. Es ist bemerkenswert, daß *Itard* den Wildjungen von Aveyron mittels der Prinzipien der operanten Konditionierung trainierte, Wörter zu identifizieren. Richtige Reaktionen wurden mit Milch belohnt (*Itard*, 1962).

1.2. Fehlannahmen über geistige Behinderung

Durch die vorangegangene Einführung ist klar geworden, daß die Geistigbehinderten in der Geschichte Gegenstand von Mythos und Konfusion waren. Viele Fehlannahmen bestehen noch, was Initiativen zur Veränderung, besonders in den großen staatlichen Anstalten, erschwert. Einige Fehlannahmen führen zur Unterbringung von behinderten Menschen in Anstalten, die eigentlich nicht in eine solche Umgebung gehören und dadurch Schaden nehmen.

Trotz der großen Unterschiede im äußeren Erscheinungsbild und offensichtlicher Unterschiedlichkeit des Leistungsniveaus einer Population geistigbehinderter Insassen, hört man immer noch dieses Urteil: »*Im Grunde sind, wenn man es richtig bedenkt, alle geistigbehinderten Menschen gleich.*« Tatsache aber ist einfach, daß es *viele* Arten von geistiger Behinderung gibt, die man nach drei Gesichtspunkten klassifizieren kann (*Robinson* and *Robinson, 1965*).

A) *Klassifikation nach der Schwere der Symptome.* Die Termini »Idiot«, »Imbeziler« und »Debiler« hatte man früher gebraucht, um den IQ-Bereich von 0–30, 30–50 bzw. 50–70 zu bezeichnen. In der Folge führte die American Association for Mental Deficiency ein neues Klassifikationsschema für geistige Behinderung ein: 1. *Grenzfall:* 68–83 IQ; 2. *Leicht:* 52–67 IQ; 3. *Mäßig:* 36–51 IQ; 4. *Schwer:* 20–35 IQ; und 5. *Sehr schwer:* unter 20 IQ. Dieser Ansatz betont die Tatsache, daß gewisse Aspekte des Verhaltens Geistigbehinderter skalierbar sind.

B) *Klassifikation nach der Ursache.* Man kann zwischen Behinderung durch externe Ursachen (exogene Behinderung) und durch innere genetische (endogene Behinderung) unterscheiden Exogene Retardierung schließt Verletzung oder Entzündung des Gehirns während oder nach der Geburt ein, während endogene Geisteskrankheit auf innere allgemeine Strukturen begrenzt ist, die nicht in schweren neurologischen Abnormitäten resultieren.

C) *Klassifikation nach klinischen Symptomen.* Doll (1949) and *Kugelmass* (1954) haben Systeme der Klassifizierung geistig behinderter Patienten nach zusammengesetzten Symptombildern, die sie zeigen, vorgeschlagen. Zum Beispiel kann das Syndrom der Mikrozephalie, bei der der Kopf klein und kegelförmig ist, durch verschiedene exogene Faktoren verursacht sein, obwohl sie sich in einem einzigen klinischen Syndrom darstellen.

Daher gibt es nicht *den* geistigbehinderten Patienten oder den »geistigbehinderten Patienten im allgemeinen«. Es gibt unzählige Verhaltensvariationen und Unterschiede im Leistungsniveau.

Die zweite hauptsächliche Fehlannahme in Bezug auf Geistigbehinderte ist, daß sie *in einer Anstalt für Geisteskranke unbedingt besser aufgehoben sind* (*Klaber*, 1969). Unsere vorangegangene Diskussion hat einige Probleme der Institutionalisierung aufgezeigt; gewisse Bemerkungen der Eltern und des Pflegepersonals der Geistigbehinderten jedoch verdienen weitere Aufmerksamkeit.

A) Manche glauben, daß die Anstalten bessere Erziehungsmöglichkeiten bieten — besonders für das geisteskranke Kind — als die Sonderklassen in öffentlichen Schulen. »Die meisten Bundesstaaten nehmen ihre eigenen, staatlich geführten Anstalten von den Qualifikationserfordernissen in Bezug auf ausgebildete Lehrer, Heilpädagogen und anderes Fachpersonal aus. Daher ist die Wahrscheinlichkeit, daß schwachsinnige Kinder von voll qualifizierten (i. e. geprüften) Lehrern unterrichtet werden, in den staatlichen Institutionen geringer als in ihren eigenen Gemeinden« (*Cain* and *Levine*, in: *Klaber*, 1969).

B) Einige möchten gern glauben, daß die Anstalt einen Stab von Medizinern und Verhaltenstherapeuten besitzt, der sogleich zur Behandlung der speziellen Probleme der Geisteskranken zur Verfügung steht. *Klaber* (1969) überprüfte sechs Anstalten in drei Oststaaten und fand nur einen ganz geringen Prozentsatz an staatlich geprüften Ärzten und nicht einen einzigen Diplompsychologen.

C) Einige glauben, daß die geistig behinderte Person glücklicher inmitten anderer Behinderter ist. »Das Argument, daß bestimmte Individuen glücklicher unter ›ihresgleichen‹ sind, mag vordergründig bestechend klingen und ist häufig für unrühmliche Zwecke mißbraucht worden. In Wirklichkeit legt unser Ergebnis genau das Gegenteil nahe...« (*Klaber*, 1969, p. 184).

D) Schließlich haben einige vergeblich darauf spekuliert, daß das therapeutische Milieu einer Anstalt die Entwicklung der jungen behinderten Patienten beschleunigen würde. Wie im vorangegangenen Abschnitt erläutert worden ist, führen uns unsere Unterlagen zu der Überzeugung, daß im allgemeinen genau das Gegenteil geschieht. Der Anstaltspatient erfährt eher eine Beeinträchtigung seiner Entwicklung als eine Förderung.

Eine dritte allgemeine Fehleinschätzung lautet, daß *der Versuch unzweckmäßig und/oder nicht lohnenswert ist, den geistigbehinderten Patienten zu erziehen und zu trainieren*. Befragt man das Personal großer staatlicher Anstalten über die offensichtlich fehlenden Trainingsprogramme, erhält man verschiedene ähnliche Antworten:

A) »*Ihre IQ's sind so niedrig, daß ein Training zwecklos wäre.*«
Ein niedriger IQ ist lediglich ein Alibi. Sogar für schwer behinderte Patienten kann intensives Training von Vorteil sein. Richtiger wäre es wohl zu sagen, daß die meisten schwer behinderten Erwachsenen keinen großen Nutzen aus einer typischen Grundschulklassensituation ziehen können. Dennoch kann mittels geeigneter Trainingsmethoden die Mehrzahl der schwer behinderten Patienten die meisten Aktivitäten zur Selbstversorgung lernen, die in der Regel vom Pflegepersonal für sie ausgeführt werden. Unsere Erfahrung mit einer Reihe von Patienten — von leichter bis schwerer Behinderung, von Kleinkindern bis zu den Alten — deutet darauf hin, daß der IQ bestenfalls einen sehr groben Indikator für das Leistungsniveau der Anstaltspatienten abgibt und eigentlich mehr als Abschreckungsmittel gegen Trainingsbemühungen dient.
In diese Kategorie gehört auch der »nicht Testbare«. Häufig bezeichnet dieser Begriff geistige Behinderung schwersten Grades. Ein Patient mag nicht testbar sein, weil er nur eine geringe Aufmerksamkeitsspanne besitzt, Hyperaktivität oder verschiedene Reaktionen zeigt, die mit den üblichen IQ-Testerhebungen unvereinbar sind.

B) »*Diese Patienten sind gehirngeschädigt und können nicht lernen.*«
Der Rückgriff auf den Begriff der Hirnschädigung ist ein noch unentschuldbarerer »Ausweg«, den man zur Rechtfertigung für den Mangel an Bemühung um den Geistigbehinderten benutzt hat. Viele Menschen, die in normalem Umfang tätig sind, sind in verschiedenem Grad gehirngeschädigt, aber wir geben die Erziehung der sogenannten normalen Kinder nicht deshalb auf, weil sie nicht perfekt sind. Die Tatsache, daß die Geistigbehinderten normalerweise in größerem Maße gehirngeschädigt sind, berechtigt nicht dazu, die Erziehungsbemühungen aufzugeben. In einem unserer dramatischeren Fälle handelte es sich um einen einunddreißigjährigen Patienten mit einem IQ von 27, der vom Anstaltsarzt als »quadraplegisch« beschrieben wurde. Er konnte am Anfang des Programms die Arme gar nicht und die Beine nur begrenzt gebrauchen. Er zeigte grobmotorischen Tremor, hatte Schwierigkeiten mit der Augenfixation, konnte nicht sprechen, war unfähig, sich selbst anzukleiden oder selbständig zu essen und nur teilweise sauber. Nach eineinhalb Jahren täglichen Trainings konnte der Patient sich teilweise anziehen, selbständig essen und sich sauber halten. Er gebrauchte teilweise beide Arme und konnte gehen. Zur Zeit lernt er, seine Schuhe zu schnüren. Ohne Zweifel ist dieser Patient schwer gehirngeschädigt. Es ist ebenso zweifellos, daß er dennoch fähig war, viele Selbstversor-

gungsAktivitäten zu lernen, die vorher vom Pflegepersonal besorgt wurden.

C) »*Sie sind glücklich, so wie sie sind.*«
Wenn ein Drittel bis die Hälfte der Patienten dasitzen und buchstäblich nichts tun, und weitere 15 bis 20% autistisch und selbstzerstörerisch agieren, fällt es schwer zu behaupten, daß diese Patienten »glücklich sind, so wie sie sind«. Sogar die alten geistigbehinderten Patienten, von denen man oft angenommen hat, daß sie das Dasitzen und Nichtstun, außer zu schaukeln, genießen, sollten die Freiheit haben, den Reißverschluß selbst zu schließen, ihr Bett selber zu machen, ihren Schal selbst zu stricken und, wenn möglich ihr eigenes Buch zu lesen. Die Mitglieder des Personals nehmen zu bereitwillig an, daß der Patient sich an seinem Dahinvegetieren erfreut. Teils tun sie dies, weil sie die Gründe für die Verhaltensstörungen der Insassen nicht verstehen, teils, weil ihnen dies die Arbeit erleichtert. Da dem Personal die nötigen Fertigkeiten fehlen, um die Patienten im Erlernen oder Wiedererlernen von adaptivem Verhalten zu unterstützen, steht es häufig vor unüberwindlichen Schwierigkeiten und hält es daher für einfacher, Probleme zu ignorieren. Ergebnisse von Untersuchungen auf Kinderstationen zeigen deutlich, daß die Kinder glücklicher sind, die zu größerer Selbständigkeit trainiert wurden, was einleuchtet. Selbständigkeit verschafft dem Patienten wesentlich größere Erfahrung und Freiheit zu Interaktion und Kontakt, sowohl mit seiner gegenständlichen wie seiner sozialen Umwelt.

D) »*Die Patienten sind hyperaktiv, unkooperativ und haben eine zu geringe Aufmerksamkeitsspanne, um irgend etwas zu erlernen*«
Es ist meist richtig, daß Patienten in staatlichen Anstalten offensichtlich zufällig herumlaufen, einer Aufgabe wenig oder keine Aufmerksamkeit schenken und Anweisungen nicht befolgen. Allerdings gibt es auch keinen Grund, warum sie stillsitzen und eine Aufgabe erledigen sollten. Mit größter Wahrscheinlichkeit zieht es keine Konsequenzen nach sich, wenn sie den Anweisungen eines Angehörigen des Personals folgen. Untersuchungen unter verschiedensten Bedingungen zeigen, daß sogar extrem hyperaktiven Patienten mit sehr geringer Merkfähigkeit das Stillsitzen und Erledigen einer Aufgabe beigebracht werden kann, wenn das Ergebnis ihres Stillsitzens und Arbeitens für sie bedeutungsvoll ist. Kapitel 2 beschreibt Methoden, die im Faribault State Hospital angewandt wurden und bei einer großen Anzahl solcher Patienten erfolgreich waren. Hyperaktivität, Mangel an Kooperation und geringe Aufmerksamkeitsspanne stehen in umgekehrter Relation zu adaptivem Verhalten, das sorgfältig vom Personal trainiert wurde.

E) »*Die Patienten auf dieser Station unterscheiden sich zu sehr voneinander, als daß man eine einzelne Methode anwenden könnte.*«

Die Verschiedenartigkeit der Geistigbehinderten wurde schon diskutiert, und es braucht nicht betont zu werden, daß es die verschiedensten Fähigkeitsgrade auf jeder einzelnen Station gibt. Dasselbe ist in jeder Schulklasse normaler Kinder der Fall. Gewisse allgemeine Erziehungsprinzipien sind in beiden Fällen anwendbar und müssen jeweils an die verschiedenen Leistungs- und Fähigkeitsniveaus angepaßt werden. Wie in modernen Schulklassen Lehrer Unterrichtsmaterial in abgestuften Schwierigkeitsgraden verwenden, so muß der Angehörige des Pflegepersonals, der die Geistigbehinderten trainiert, verschiedene Schwierigkeitsgrade der Aktivitäten für Untergruppen von Patienten programmieren. Wir wollen nicht behaupten, daß es leicht ist, sich Aktivitäten und Aufgaben für eine Vielzahl von Fähigkeitsniveaus auszudenken, aber wir betonen, daß es absolut notwendig ist, wenn die Patienten lernen sollen.

2. Der verhaltenstherapeutische Ansatz bei Geistigbehinderten

Von GEORGE BIGELOW

Menschen mit psychischen Defekten werden sehr unterschiedlich bezeichnet — als Geistigbehinderte, Minderbegabte, Lernschwache, Entwicklungsgestörte usw. Diese Bezeichnungen beziehen sich auf eine Bedingung, die es dem Behinderten unmöglich gemacht hat, für seinen Altersdurchschnitt ›normale‹ Verhaltensweisen zu erwerben, oder die dazu führt, daß er bereits erworbene Verhaltensweisen wieder verlernt hat. Das heißt, daß das charakteristische Merkmal, das den Geistigbehinderten von anderen unterscheidet, im Fehlen verschiedener Verhaltensweisen liegt. Sie scheiterten daran, Dinge zu erlernen, die Gleichaltrige gelernt haben. Die spezifischen fehlenden Verhaltensweisen werden bei den einzelnen Individuen differieren. Einige mögen die Benutzung der Toilette nicht gelernt haben, andere können nicht sprechen. Wieder andere konnten nicht lesen und schreiben, als ihre Klassenkameraden schon dazu in der Lage waren. Verhaltensmodifikation konzentriert sich auf die spezifischen Verhaltensdefekte und versucht sie zu korrigieren.

Positiver Ansatz: Verhaltensmodifikation ist hier ein *Lehr*-Vorgang, sie versucht die Behinderung nicht zu erklären. Das Ziel ist positiv: eine Verbesserung zu erzielen, statt passiv zu beobachten und zu erklären. Kein Fall von Behinderung wird für ›hoffnungslos‹ gehalten. Der Behinderte *kann* lernen. Die Verhaltensmodifikation versucht, den Individuen die spezifischen Fähigkeiten beizubringen, die sie früher nicht erlernt haben — Fähigkeiten, die ihnen dazu verhelfen, wirksamer tätig zu sein, mehr Erfahrung zu sammeln und neue wertvolle Fähigkeiten zu erlernen.

Die Betonung liegt immer auf der Verbesserung. Dem Lernvermögen des Individuums werden keine anderen Grenzen gesetzt als die seiner eigenen Fortschritte. Einige mögen schneller, andere langsamer Fortschritte machen, aber alle sind lernfähig. Dieser positive Ansatz mit der Betonung auf der Vermittlung *spezifischer* Fähigkeiten kann die allgemeinen Ansichten über geistige Behinderung drastisch ändern. Frustration und Pessimismus verringern sich sofort, wenn man die Patienten lernen sieht. Die Erfordernisse dafür sind:

1. eine effektive Unterrichtstechnik, die durch die Verhaltensmodifikation bereitgestellt wird,

2. eine Entscheidung darüber, was eingeübt werden soll. Diese Entscheidung sollte sich von der Rücksichtnahme auf praktische Durchführbarkeit und Relevanz leiten lassen.

Praktische Durchführbarkeit: Unterrichtsziele müssen immer auf das begrenzt sein, was in einem gegebenen Zeitraum als durchführbar erscheint. Im Gegensatz zu den möglicherweise sehr ambitionierten Langzeitprogrammen müssen kurzfristige Programme bescheidener sein. Ein Beispiel: Ein hyperaktiver Patient läuft jeden Tag auf der Station hin und her. Aus seiner Vorgeschichte ist ersichtlich, daß er lesen lernen könnte, die Unterbringung in einer Leseklasse bei seinem hyperaktiven Zustand jedoch offensichtlich unmöglich ist. Ein erstes, zweckdienliches Ziel sollte daher sein, ihm das ›Stillsitzen auf einem Stuhl für ein paar Minuten‹ beizubringen.

Oft werden Entscheidungen über die praktische Durchführbarkeit einzelner Lernziele auf solchen natürlichen Rangfolgen beruhen. Bestimmte Voraussetzungen des Verhaltens müssen als erstes entwickelt werden. Um einen Patienten in der Benennung von Farben zu unterrichten, muß man ihn zunächst dazu bringen, sich die Farben anzusehen. Um einem Patienten das Zusammensetzen eines Puzzles beizubringen, muß man ihn lehren, länger als nur ein paar Sekunden an einer einfachen Aufgabe zu arbeiten. Immer beginnt man mit den einfachsten Aufgaben und baut dann schrittweise kompliziertere auf. Wenn man mit den Dingen beginnt, deren Bewältigung am einfachsten oder wichtigsten ist, werden auch schwierigere Aufgaben schließlich möglich.

Relevanz: Relevante Verhaltensweisen sind diejenigen, die dem Patienten in seiner normalen Umgebung nützlich sein werden, oder die man in dieser Umgebung für gewöhnlich belohnt. Es hat keinen Sinn, die Zeit mit dem Einüben von Fähigkeiten zu vergeuden, ohne die der Patient ebensogut auskäme.

Allgemein sind die relevantesten Verhaltensweisen die zur Selbsthilfe: zur Toilette gehen, sich anziehen, essen, sich waschen etc. Solange sich der Patient in der Lernsituation befindet, sind die Fähigkeiten relevant, die die zukünftige Erziehung erleichtern. Für viele Patienten ist eine Vorbereitung auf die Arbeit an speziellen beschützenden Arbeitsplätzen sehr wünschenswert. Für diejenigen, die wahrscheinlich dauernd in einer Anstalt bleiben müssen, ist die Entwicklung von Verhaltensweisen wichtig, die es dem Patienten erlauben, sich angemessen zu beschäftigen — Freizeitaktivitäten.

Wie das jeweilige zu vermittelnde Verhalten auch aussieht, das auf Grund dieser Überlegungen ausgewählt wird: es muß klar und präzise definiert sein. Wenn nicht genau gesagt ist, was erreicht werden soll, so kann man annehmen, daß nichts erreicht wird. Die Definition eines präzisen therapeutischen Ziels ist ein wesentlicher erster Schritt für jedes erfolgreiche Behandlungsprogramm.

2.1. Verhaltenstherapeutische Methoden

Im Faribault State Hospital wurde das Stationspersonal in den Methoden der Verhaltensmodifikation unterrichtet, und im wesentlichen war es dieses Personal, das die Prinzipien anwandte und die beschriebenen Verbesserungen herbeiführte. Bei der Vermittlung der Verhaltens-Prinzipien wurde der Schwerpunkt auf zwei Tatsachen gelegt:
1. *Verhalten hat eine Ursache.* Es ist wichtig für das Personal zu realisieren, daß es Ursachen für jedes Verhalten gibt. Verhalten ist nicht das unveränderliche Merkmal eines Individuums. Es kann verändert werden — wenn man die Ursachen findet. Das bedeutet: Es besteht Aussicht auf Erfolg, wenn das Personal die Geduld aufbringt, nach den Ursachen des Verhaltens zu suchen und sie zu ändern.
2. *Die Hauptursache gegenwärtigen Verhaltens liegt in den früheren Konsequenzen.* Dies lenkt unsere Aufmerksamkeit auf eine besondere und wesentliche Verhaltensursache, die geändert werden kann, um therapeutische Fortschritte zu erreichen.

2.1.1. Konsequenzen des Verhaltens

Der Erfolg der Verhaltensmodifikation beruht auf der sorgfältigen Beobachtung und Ordnung der Konsequenzen eines Verhaltens, da Verhaltensweisen hauptsächlich aufgrund der von ihnen verursachten Folgen auftreten. Lernen (oder eine andere Verhaltensänderung) kann sehr leicht durch eine umsichtige Anordnung der Verhaltenskonsequenzen erreicht werden. Auf dieser einfachen Tatsache baut die Verhaltensmodifikation auf.

Wenn man anerkennt, daß die unmittelbarste Verhaltensursache eher in den spezifischen Merkmalen der Situation als im Wesen des Individuums liegt, kann man auch auf eine substanzielle Verbesserung der Verhaltensweisen Geistigbehinderter hoffen. Die Situation kann so angeordnet werden, daß sie lernen bewirkt. Das Verhältnis zwischen einem Verhalten und seinen Konsequenzen wird *Kontingenz* genannt — eine Spezifizierung dessen, welche Ursache welche Folgen hat. Eine andere Bezeichnung, die für Verhaltensmodifikation auch oft verwendet wird, ist *Kontingenzmanagement*. Demgemäß werden die Verhaltensänderungen vor allem durch die Anordnung geeigneter Kontingenzen erzielt.

Die einfachste Aussage darüber, was das Kontingenzmanagement (oder die Verhaltensmodifikation) erfaßt, lautet: *man sollte erwünschtes Verhalten belohnen, unerwünschtes dagegen nicht.* Belohntes (oder *verstärktes*) Verhalten wird wiederholt werden, während nicht verstärktes Verhalten meist nicht wiederholt wird. Durch die Verhaltensmodifikation wird garantiert, daß erwünschtes Verhalten im Gegensatz zum unerwünschten verstärkende Wirkungen nach sich zieht.

Zwei verschiedene Ziele sind bei der Anwendung von Verhaltensmodifikation möglich. Das eine ist das *Unterrichten* — die Entwicklung eines neuen Verhaltens beim Patienten. Die zweite Aufgabe liegt in der *Eliminierung* eines unerwünschten Verhaltens. Beispielsweise könnte es in der einen Situation Unterrichtsziel für den Patienten sein, ein Bad ohne Mithilfe des Personals zu nehmen, während in einer anderen die Beseitigung eines Verhaltens wie z. B. das laute Schlagen gegen Möbel anstünde. Sowohl beim Unterrichten als auch bei der Eliminierung von Verhaltensweisen hängt das Vorgehen von der Planung angemessener Folgen des Verhaltens ab.

2.1.2. Lehrmethoden

Wenn ein Verhaltensmodifikations-Programm in einer Anstalt zum ersten Mal eingeführt wird, wird normalerweise implizit angenommen, daß man die Rolle des Stationspersonals grundlegend verändern muß. Die Verhaltensmodifikation verschafft dem Personal nicht einfach eine bessere Technik, um in der gewohnten Manier weiterzumachen. Die Rolle des Personals muß sich von der des Fürsorgers zu der des Lehrers entwickeln.

Oft ist es die Hauptaufgabe des Anstaltspersonals gewesen, hinter den Patienten herzuräumen, sauberzumachen und ihnen behilflich zu sein — und zwar in der fürsorglichen Weise, die Dinge *für sie* zu erledigen. Unter solchen Umständen erlernen die Patienten, wenn überhaupt, wenig erwünschtes Verhalten. Tatsächlich ist die Verschlechterung von Verhalten, wie sie oft aus dauerndem Anstaltsaufenthalt resultiert, allgemein bekannt (Kapitel 1). Viele der schwierigsten Verhaltensprobleme in Anstalten entwickeln sich erst *nach* der Einweisung eines Patienten.

Die *Aufseher*-Rolle des Betreuers sollte sich in die *Lehrer*-Rolle verwandeln. Nur durch die Einrichtung einer solchen Lehrbeziehung bietet sich Hoffnung auf eine Verbesserung. Im allgemeinen bedeutet jede Verbesserung bei den Patienten auch eine vergleichbare Verbesserung der Arbeitsbedingungen für das Personal. Daher kann ein gründliches Verhaltensmodifikations-Programm eine weitreichende Veränderung des Charakters einer Anstalt zur Folge haben.

Die grundlegenden Verfahrensweisen beim Unterricht in erwünschtem Verhalten wurden aus zwei Prinzipien entwickelt:

1. *Verstärkung* — die Folgen der Verstärkung eines Verhaltens sind die entscheidenden Faktoren seines Wiederauftretens;
2. *kleine Schritte* — bei der Unterrichtung einer Fähigkeit muß in kleinen, abgestuften Schritten vorgegangen werden.

2.2. Verstärkung

Wenn man ein Verhalten verstärkt, wird es zur Wiederholung neigen. Jeder gute Lehrer benutzt die Verstärkung, um Studenten Lernhilfe zu geben, auch wenn er gar nicht merkt, daß er nach diesem Prinzip verfährt. Gleichgültig welche Aufgabe gestellt wird: wenn die Patienten für jeden kleinen Fortschritt im Hinblick auf das Endziel verstärkt werden, wird ihr Lernen beschleunigt.

Der wichtigste Grundsatz der Verstärkung liegt darin, daß sie *nur* für erwünschtes Verhalten vergeben werden darf. Wenn unerwünschtes Verhalten verstärkt wird, wird es ebenfalls häufiger. Es ist nicht einfach nur die Bereitstellung von Verstärkern, die das Verhalten verbessert. Der entscheidende Punkt ist die *Kontingenz* — die Beziehung zwischen dem Verhalten und seinen Folgeerscheinungen. Wenn diese Folgeerscheinungen verstärkend wirken, dann wird das Verhalten gefestigt. Um welche besondere Verhaltensweise es dabei geht, ist unerheblich. Wenn die Kontingenzen falsch sind, wird das falsche Verhalten gefestigt.

Kontingenzen existieren, ob sie sorgfältig geplant oder dem Zufall überlassen sind. Wenn sie dem Zufall überlassen werden, werden sie, weil zufällig angeordnet, eher unerwünschtes Verhalten verstärken. Verhaltenstherapeutische Fortschritte werden am besten erreicht, wenn man Kontingenzen plant, statt sie dem Zufall zu überlassen.

2.2.1. Verstärkung erwünschten Verhaltens

Bei einer Umorientierung des Personals von der Rolle des Fürsorgers zu der des Lehrers wird es sich mehr um das erwünschte Verhalten des Patienten kümmern. Anfänglich mag das Personal eine unangebrachte Haltung des »Laßt ihn in Ruhe, solange er sich einigermaßen gut verhält« einnehmen, die mit effektivem Unterricht völlig unvereinbar ist. Gerade wenn sich ein Patient richtig verhält, sollte das Personal mit ihm interagieren und ihn verstärken. Wenn die Betreuer die Verstärkung bei gutem Verhalten unterlassen, dann werden die Patienten die meiste Verstärkung wahrscheinlich für Fehlverhalten bekommen. Auf diese Weise entstehen ernste Verhaltensprobleme. Im allgemeinen können Patienten sicher sein, ein bestimmtes Maß an Verstärkung zu erlangen – in Form von Aufmerksamkeit durch das Personal. Sie entwickeln verschiedene Verhaltensweisen, die das Personal geradezu zur Interaktion mit ihnen zwingt. Taktiken wie z. B. hinter dem Personal herzulaufen und es zu belästigen haben häufig Erfolg. Aber es gibt noch viel unerfreulichere Methoden, die ebenso erfolgreich sind: Herumschmieren mit Kot, Angreifen anderer Patienten, Selbstverstümmelung, Schreien, Zerbrechen von Gegenständen usw. Wenn die Patienten ein derartiges Fehlverhalten zeigen müssen, um die vermißte Aufmerksamkeit des Personals zu erlangen, wird sich ihr Verhalten bedenklich verschlechtern.

Wenn das Personal fürsorgerisch agiert, neigt es dazu, auf Problem- oder Fehlverhalten (etwas, wozu »Fürsorge« nötig ist) zu reagieren, und die Patienten tragen auf lange Sicht den Schaden davon. Wenn das Personal dagegen die Rolle des Lehrers übernimmt, reagiert es auf erwünschtes Verhalten und auf jedes Anzeichen einer Besserung der Patienten.

2.2.2. Verstärkungsprinzipien

Die Wirksamkeit des Unterrichts hängt sehr von der adäquaten Aufteilung der Aufgabe in kleine Lernschritte ab, was später diskutiert werden soll. Wenn ein erwünschtes Verhalten zur Verstärkung ausgewählt worden ist, müssen einige Regeln beachtet werden, damit die größtmögliche Wirkung erzielt werden kann. Verstärkung muß unmittelbar und häufig erfolgen.

Unmittelbarkeit. Jede Konsequenz auf Verhalten, die effektiv sein soll, muß unmittelbar erfolgen. *Verhaltensfolgen haben Einfluß auf das unmittelbar vorhergehende Verhalten.* Wenn Verstärkung angewandt wird, muß das Personal also sicher sein, daß der Verstärker *unmittelbar* nach dem zu verstärkenden Verhalten eingesetzt wird. Verzögerungen zwischen Verhalten und Verstärkung schwächen die Kraft des Verstärkers stark ab. Sie bringen außerdem das Risiko mit sich, daß irgendein unangepaßtes Verhalten während der Verzögerung auftritt und unbeabsichtigt verstärkt wird.

Die Notwendigkeit einer sofortigen Verstärkung hat eine Einschränkung der Verstärkerarten, die normalerweise verwendet werden zur Folge. Oft benutzt man Süßigkeiten, weil man sie leicht bei sich tragen und dem Patienten im günstigen Moment schnell geben kann.

Normalerweise ist es unwirksam, den Patienten am Ende eines Tages oder nach Beendigung eines Unterrichtsabschnitts für gutes Verhalten zu belohnen. Die Verstärkung sollte unmittelbar auf das spezifische, richtige Verhalten folgen. Wenn ein Patient morgens das Stationszimmer reinigen hilft, wird es nicht sehr wirksam sein, ihm zur Belohnung beim

Mittagessen einen zusätzlichen Nachtisch zu geben. Ein Sofortverstärker, wenn auch ein kleinerer, ist hier günstiger. Die unmittelbare Verstärkung zeigt dem Individuum, daß es sich gut verhalten hat.

Erfolgreiche Lehrer lernen es, ihre jeweilige Beschäftigung sofort zu unterbrechen, um Verstärkung anzuwenden, wenn ein erwünschtes Verhalten auftritt. Diese Fähigkeit ist von besonderer Bedeutung, wenn ein Patient mit durchgängigem Fehlverhalten schließlich doch etwas Nützliches tut. Er sollte zum Beispiel dann sofort verstärkt werden, wenn er aufsteht und mit einem Spielzeug konstruktiv zu spielen beginnt, nachdem er zuvor hin- und herschaukelnd auf dem Boden gesessen hat. Die besten Lehrer werden dies auch dann tun, wenn es die abrupte Unterbrechung eines Gesprächs mit dem Anstaltsdirektor bedeutet – und der Direktor *sollte* erfreut darüber sein.

Häufigkeit. Wenn eine Aufgabe zum ersten Mal gestellt wird, sollte häufig Verstärkung gegeben werden. Während der ersten Unterrichtsphase ist es am besten, den Patienten *jedesmal* zu verstärken, wenn er die neue Aufgabe ausführt. Wenn die letzte Aufgabe komplex ist und der Unterricht eine Reihe von Schritten beinhaltet, die allmählich zur Lösung hinführen, sollte die Verstärkung bereits ständig für kleine Fortschritte gegeben werden, bevor die Gesamtaufgabe gelöst ist. Es ist unmöglich, genau anzugeben, wie häufig ein Patient verstärkt werden sollte. Das Hauptziel besteht darin, seine Aufmerksamkeit auf die Lernaufgabe zu konzentrieren und schrittweise immer angemesseneres Verhalten zu entwickeln. Genug Verstärkung wurde dann gegeben, wenn das trainierte Verhalten sich ohne Zeichen der Frustration oder des Interessenverlusts beim Patienten stetig verbessert. Bei einigen Patienten ist natürlich mehr Verstärkung erforderlich als bei anderen.

Nach einigen Lernerfolgen ist die ständige Verstärkung nicht mehr so nötig. Wenn der Patient gelernt hat, seine Schuhe zu schnüren, muß er nicht jedesmal dafür belohnt werden. Allerdings ist eine gewisse Verstärkung noch notwendig, um das neu erlernte Verhalten aufrechtzuerhalten. *Verstärkung ist nicht nur ein Unterrichtsmittel; sie muß zur Aufrechterhaltung des Verhaltens auch nach dem Lernvorgang eingesetzt werden.* Der große praktische Nutzen der Verstärkung liegt darin, daß sie zur Aufrechterhaltung des eingeübten Verhaltens nur noch gelegentlich erforderlich ist.

Der Übergang von der andauernden Verhaltensverstärkung zur zeitweiligen muß sehr differenziert gehandhabt werden. Zu plötzliche Wechsel in der Häufigkeit der Verstärkung können bereits erzielte Fortschritte unterbrechen oder Rückschritte verursachen. Wenn man einem Patienten Farbenbenennung beibringt, könnte man damit beginnen, zuerst jede richtige Bezeichnung zu belohnen, um dann die Verstärkungen nach und nach auszusetzen. Bald wird der Patient für eine Verstärkung durchschnittlich drei korrekte Antworten liefern. Es ist wichtig, daß die Verstärkungen nicht so schnell vermindert werden, daß der Patient frustriert wird und Fehler zu machen beginnt. Wenn das Verfahren korrekt weitergeführt wird, kann die Anzahl richtiger Antworten pro Verstärkung schrittweise vermehrt werden.

Wenn die Verstärkung intermittierend eingesetzt wird, ist es das beste, sie nicht nach einem fixen Muster anzuwenden (z. B. für jede fünfte richtige Antwort). Der Patient wird aufmerksamer und kooperativer sein, wenn die Verstärkungen unvorhersehbar erfolgen. Wenn *im Durchschnitt* jede fünfte richtige Antwort verstärkt würde, käme die Verstärkung zum Beispiel mal nach der zweiten, der neunten, oder der vierten Antwort usw.

Bei anderen Arten des Verhaltens kann es das Ziel sein, dem Patienten nicht die häufige Wiederholung einer Reaktion abzuverlangen, sondern seine Aufmerksamkeit immer länger an die Aufgabe zu binden. Wenn man sich zum Beispiel das Ziel setzt, einem hyperaktiven Patienten Stillsitzen und Spielen beizubringen, muß er zuerst bereits nach wenigen Sekunden für den Umgang mit dem Spielzeug verstärkt werden. Allmählich wird die Verstärkung dann nach immer längeren Perioden des Spielens eingesetzt werden. Und wiederum ist es am effektivsten, wenn die Zeiträume zwischen den Verstärkungen unvorhersehbar sind.

2.2.3. Verstärker

Verstärker sind die bedeutendsten Instrumente des erfolgreichen Lehrers. Im Grunde sind es Belohnungen. Sie können aus all dem bestehen, was das Individuum gerne hat. Die meisten Menschen werden durch ein breites Spektrum von Dingen verstärkt – Essen, Spielen, Gesellschaft, Geld usw. Das, was auf den Behinderten verstärkend wirkt, ist im Grunde von derselben Art.

Häufig wird geglaubt, daß bei stark Gestörten, die herumsitzen und den ganzen Tag nichts tun, keine Verstärker wirksam eingesetzt werden können. Personal, das mit solchen Patienten jahrelang gearbeitet hat, behauptet möglicherweise, daß es nichts gibt, was sie mögen. Tatsächlich aber hat man nur in wenigen Fällen Schwierigkeiten, für jeden Patienten Verstärker zu finden. Selbst für die schwersten Verhaltensstörungen lassen sich gewöhnlich wirksame Verstärker finden.

Eßbares. Zu den allgemein wirksamsten Verstärkern zählen Nahrungsmittel – Süßigkeiten, Kekse, Nüsse, Plätzchen. In kleinen Mengen verabreicht, können sie zur wirksamen Verstärkung den ganzen Tag hindurch dienen. Sie sind besonders wichtig für Individuen, die noch nicht sozial ansprechbar sind.

Der Einsatz von Nahrungsmitteln als Verstärker kann zur Entwicklung vermehrter sozialer Reaktionsbereitschaft benutzt werden. Am Anfang kommt es vor, daß einige Patienten zurückweichen, wenn die Betreuer ihnen eine Süßigkeit geben wollen. Wenn jedoch die soziale Interaktion dasjenige Mittel ist, wodurch man die Genußmittel erhält, wird die Interaktion als solche für den Patienten bald schon belohnend wirken. Schließlich können dann dieselben Patienten meist schon dadurch verstärkt werden, daß man mit ihnen spricht und sich liebevoll um sie bemüht.

Aufmerksamkeit. Interaktion oder Aufmerksamkeit ist ein weiterer, sehr wirksamer Verstärker. Für die meisten Patienten wirkt der physische Kontakt oder auch das Sprechen mit dem Personal verstärkend.

Es ist wesentlich, daß sich alle Betreuer der verstärkenden Wirkung ihrer Aufmerksamkeit auf die Patienten bewußt sind. Dies ist besonders nötig, da Aufmerksamkeit bis zu einem gewissen Grad in *allen* Interaktionen mit Patienten enthalten ist — auch in denen, von denen wir vielleicht keinen Verstärkereffekt erwarten würden. Einige Patienten scheinen schon durch Schelte, hartes Anfassen, oder sogar durch ein Handgemenge vor dem Abführen in den Isolierraum verstärkt zu werden. Da Verstärker jedes vorhergehende Verhalten belohnen können, ist es sehr wichtig, daß die Aufmerksamkeit nicht einem unerwünschten Verhalten zugewendet wird. Unglücklicherweise richtet man in personell unterbesetzten oder auf Fürsorge eingestellten Anstalten die Aufmerksamkeit konsequent auf Fehlverhalten — auf Aggression, grob störendes Verhalten, Inkontinenz usw. Unter solchen Bedingungen kann sich das Verhalten der Patienten stark verschlechtern.

Die meisten Anstalten haben mehrere Patienten, die bizarre und störende Verhaltensweisen entwickelt haben, um Aufmerksamkeit auf sich zu ziehen. Lautes Kreischen gehört zu den üblichsten Beispielen. Zu den Variationen und Improvisationen, um Aufmerksamkeit zu erlangen, gehören: das Bad unter Wasser zu setzen, Möbel umzuwerfen, mit dem Kopf gegen die Wand zu stoßen und andere zu schlagen. Häufig besteht die Reaktion auf diese Verhaltensweisen in dem Befehl, aufzuhören oder sich zu beruhigen, was offensichtlich verstärkend wirkt. Patienten, deren Fehlverhalten durch Aufmerksamkeit aufrecht erhalten wird, können oft daran erkannt werden, daß sie während dieses Verhaltens hinter den Betreuern herlaufen. Allerdings werden auch viele Patienten trotz ihres scheinbaren Desinteresses am Personal durch dessen Aufmerksamkeit sehr verstärkt.

Die Tatsache, daß sich diese Verhaltensprobleme entwickeln können, genügt als Nachweis für die Wirksamkeit von Aufmerksamkeit als Verstärker. Ein noch schlagenderer Beweis dafür ist die Beseitigung eines dieser Verhaltensprobleme mit Hilfe einer verändert angewandten sozialen Verstärkung durch das Personal — durch das Ignorieren von Fehlverhalten und das Lob für richtiges Verhalten.

Persönlichkeitsspezifische Verstärker. Zusätzlich zu diesen beiden nahezu generell wirksamen Verstärkern steht eine unbegrenzte Anzahl ungewöhnlicher und unerwarteter Verstärker zur Verfügung. Persönlichkeitsspezifische Verstärker sind nur für einzelne Individuen wirksam. Für einige Patienten können das Töne sein — Musik, sogar ein Summen, Ticken und Rasseln. Für andere kann eine Zeitschrift, ein Warenhauskatalog, ein bevorzugtes Kleid oder Spielzeug, eine Puppe oder ein Schmuckstück verstärkend sein.

Der Gebrauch von persönlichkeitsspezifischen Verstärkern kann bei einer Gruppe von Patienten, die man gleichzeitig trainiert, hinderlich und unpraktisch sein. Trotzdem können sie nötig sein, wenn andere Verstärker keine Wirkung erzielen. Persönlichkeitsspezifische Verstärker können auch bei individuellen Programmen für die Einzeltherapie nützlich sein.

Aktivitäten. Die Möglichkeit, sich an verschiedenen Aktivitäten zu beteiligen, kann als Verstärker dienen, wie z. B. auf einem besonderen Stuhl zu sitzen, eine Fahrt oder einen Spaziergang zu unternehmen, Spiele zu spielen, ein Kino oder eine Tanzveranstaltung zu besuchen. Als Regel gilt, daß die Aktivitäten, an denen der Patient mit größerer Häufigkeit teilnimmt, für andere, an denen er weniger häufig teilnimmt, als Verstärkung dienen können. So kann man einer Patientin, die am liebsten den ganzen Tag in einem Schaukelstuhl sitzen würde, einen Schaukelstuhl geben, um sie zur Teilnahme an anderen Aktivitäten zu bewegen. Ähnlich verhielt es sich bei einem sehr kontaktgestörten Mädchen, das darauf bestand, den ganzen Tag in einem Raum allein zu sein. Bei ihr versuchte man es, sie durch Erfüllung dieses Wunsches zu verstärken, um sie zur Teilnahme an Lernaktivitäten in der Gruppe zu bewegen.

Münzverstärker. In fortgeschritteneren Behandlungsprogrammen werden häufig Münzverstärker verwendet. Die Münzen (tokens) können jeder beliebige Gegenstand sein, der als »Geld« innerhalb des Behandlungsprogramms fungieren soll. Die Münzen haben natürlich keinen Eigenwert, aber die Patienten lernen es, ihnen einen Wert beizulegen, da sie (wie Geld) gegen andere Verstärker eingetauscht werden können. Wie Patienten in der Bewertung der Münzen unterrichtet werden können, wird in den Kapiteln 3, 5 und 6 beschrieben.

Münzen haben eine Reihe von Vorteilen. Sie vermeiden jede Unterbrechung des Unterrichtungsprozesses, die durch den Verzehr oder die Anwendung eines Verstärkers entstehen würde. Mit Münzen wird erwünschtes Verhalten unmittelbar verstärkt, aber die Benutzung des Verstärkers (z. B. Süßigkeiten essen) ist auf einen günstigeren Zeitpunkt verschoben. Natürlich können manche Patienten diesen Aufschub nicht ertragen, so daß Münzverstärker für einige der Schwerstgestörten nicht ratsam sein dürften.

Münzverstärker bringen das therapeutische Programm den Bedingungen in der größeren Gemeinschaft, d. h. denen außerhalb der Anstalt, näher. Sie verhindern mit dem Angebot eines breiten Spektrums von Alternativen, daß der Patient durch die Anwendung eines einzigen Verstärker-Typs ermüdet (Sättigung). Dies ermöglicht die Benutzung vieler Verstärker, die in der täglichen Routine nicht praktikabel wären. Sowohl persönlichkeitsspezifische Verstärker als auch Aktivitäten können verwendet werden, was unmittelbar während des Unterrichts nicht gut durchführbar wäre. Die Münzverstärker bedeuten eine handgreifliche Erinnerung an die Belohnung und helfen den Patienten über den notwendigen Aufschub hinweg.

2.2.4. Kleine Schritte

Das Vorgehen in kleinen Schritten ist ein Prinzip, das nahezu in allen Lehrmethoden zur Anwendung kommt. Hauptziel bei der Vermittlung von Aufgaben in einer Serie kleiner Schritte ist es, die Zahl der Fehlversuche des Patienten zu verringern. Fehlversuche verlangsamen den Lernprozeß und erhöhen die Wahrscheinlichkeit weiterer Irrtümer.

In manchen Fällen wird ein Lernerfolg durch die Aufteilung der Aufgabe in eine Reihe leichter Schritte erzielt, während der Patient die Aufgabe *niemals* lösen könnte, auch wenn er wesentlich länger für die unaufgeteilte Aufgabe trainiert würde. Es sei zum Beispiel an die Aufgabe der Farben-Benennung erinnert. Wenn man versucht, dem Patienten verschiedene Farbnamen zur gleichen Zeit beizubringen, wird er nur langsam vorankommen. Es kann für den Patienten recht verwirrend sein, wenn man ihm Rot, Gelb, Grün, Blau und Schwarz in einem Unterrichtsabschnitt zeigt, und einige Patienten würden die Aufgabe auf diese Weise niemals meistern. Wenn man sie jedoch in kleine Schritte unterteilt, dem Patienten zunächst eine Farbe beibringt und die anderen erst dann, wenn er Fortschritte macht, erleichtert man das Lernen für eine größere Anzahl von Patienten. Eine Sequenz von Schritten (oder ein Unterrichtsprogramm) gibt dem Personal Richtlinien, wie es beim Unterricht vorzugehen hat. Der Lernvorgang wird dann am stärksten beschleunigt, wenn alle Betreuer die Aufgaben auf genau die gleiche Weise vermitteln. Durch Aufzeichnung der Anzahl von Schritten, die der

Patient bereits bewältigt hat, wird jeder Betreuer in der Lage sein, genau an dem Punkt mit dem Unterricht einzusetzen, an dem der Patient am meisten Unterweisung benötigt. Der Gebrauch von Schrittsequenzen erleichtert es außerdem den verschiedenen Lehrern, die gleiche Aufgabe zu vermitteln, ohne widersprüchliches Vorgehen befürchten zu müssen.

In der Verhaltensmodifikation gibt es drei grundlegende Techniken für die Aufteilung von Aufgaben in kleine Schritte:

1. Verhaltensformung,
2. Reaktions-Verkettung und
3. Ein- und Ausblenden.

In der Praxis werden diese Techniken oft in einem Programm kombiniert.

2.2.5. Verhaltensformung

Die Verhaltensformung beinhaltet eine allmähliche Umdefinition der wesentlichen Bedingungen angemessenen Verhaltens. Die zu verstärkenden Verhaltensweisen werden nach und nach so verändert, daß man dem Patienten immer mehr abverlangt. Diese Methode wird manchmal auch *schrittweise Annäherung* genannt.

Bei der Ausformung von Verhalten beginnt man naturgemäß mit dem Verhalten, das bereits vorliegt. Ein Bestandteil des vorliegenden Verhaltens, der dem zukünftigen erwünschten Verhalten am nächsten kommt, wird ausgewählt und verstärkt. Diese Verstärkung wird das häufigere Auftreten des selektierten Verhaltensaspektes und dessen Variationen zur Folge haben. Aus diesen Variationen kann der Betreuer dann wieder einige Aspekte zur Verstärkung auswählen, die dem erwünschten Endverhalten noch näherkommen. Wenn das Verhalten auf diese Weise allmählich verändert wird, und wenn das Personal allmählich die Bedingungen für eine Verstärkung verändert, wird das Verhalten des Patienten dem erwünschten mehr zu ähneln beginnen.

Sprechen. Viele Patienten im Faribault State Hospital sprechen entweder überhaupt nicht oder besitzen nur ein sehr rudimentäres Sprachverhalten. Ein typisches Ausformungsprogramm zur Unterrichtung im Sprechen könnte so aussehen:

1. Den Betreuer anschauen
2. Nachahmung von Mundbewegungen
3. Hervorbringung von Lauten
4. Nachahmung der Laute, die der Betreuer vormacht
5. Wiederholung einsilbiger Wörter
6. Wiederholung zweisilbiger Wörter

Der erste Schritt dieser Aufgabe besteht darin, den Betreuer während des Unterrichts anzuschauen. Dies erreicht der Betreuer durch Anweisungen, Anregungen und der Verstärkung des Hinschauens. Wenn der Patient den Betreuer beachtet, ist die nächste Aufgabe, ihn zu Mundbewegungen zu veranlassen. Das erfolgt mittels Instruktion, Demonstration und Verstärkung der Mundbewegungen. Wenn diese erfolgen, wird keine Verstärkung mehr für das bloße Anschauen der Betreuer gegeben. Diese Veränderung in den Kriterien für die Verstärkung muß allmählich vor sich gehen. Wenn die Mundbewegungen selten vorkommen, muß einige Verstärkung für das Anschauen gegeben werden, damit man die Kooperation des Patienten aufrechterhält. Unter diesem Gesichtspunkt müssen alle Übergänge zwischen den Schritten allmählich geschehen.

Die Wichtigkeit des ersten Schrittes — »den Betreuer anschauen« — muß besonders betont werden. Einigen Lesern mag es nicht sinnvoll erscheinen, an diesem Punkt zu beginnen. Aber es ist eine Vorbedingung für die Bewältigung jeder Aktivität, dem Lehrer oder relevanten Gegenständen Aufmerksamkeit zuzuwenden. Daher muß, wenn erforderlich, die Aufmerksamkeit mittels Verstärkung zu Beginn der Unterrichtung hergestellt werden.

2.2.6. Reaktions-Verkettung

Verkettungstechniken werden bei der Vermittlung von Verhaltensweisen angewandt, die in einer festgelegten Ordnung oder Sequenz auftreten. Das besondere Merkmal ist, daß bei verketteten Aktivitäten die Aufgabe *rückwärts* vermittelt wird. Das heißt, der letzte Schritt der Aufgabe oder der Sequenz wird zuerst geübt. Das Wesentliche ist, Patienten die *Beendigung der Aufgabe* beizubringen. Zunächst erfordert dies nur wenig zu tun — lediglich den letzten Schritt —, worauf die Patienten verstärkt werden. Wenn aber die Übung fortschreitet, ist mehr und mehr zur Beendigung der Aufgabe erforderlich. Der Patient wird erst dann mit neuen Verhaltensweisen belastet, wenn er die bisher aufgegebenen Aufgaben gemeistert hat.

Es ist sehr wichtig, die Verkettungsmethode zu verstehen. Sie ist in der Lage, eine große Anzahl von Aktivitäten zu trainieren, die in den meisten Anstalten jeden Tag stattfinden, wie: sich waschen, zur Toilette gehen, sich anziehen, Betten machen, Puzzles zusammensetzen usw. Die Unterrichtsmethode der Verkettung ist nun sehr verschieden von dem, was man sich gemeinhin darunter vorstellt. Die allgemeine Vorstellung, daß man »am Anfang zu beginnen« habe, trifft auf die Verkettungsmethode *nicht* zu. Wenn eine Verhaltensweise durch die Verkettungsmethode gelehrt werden soll, muß man »*am Ende beginnen*«.

Diese Abweichung von der normalen Praxis ist es, die ein gründliches Training des Personals in den Verkettungsverfahren notwendig macht. Ein Unterrichtsablauf im Sinne des »gesunden Menschenverstandes« (›Beginn am Anfang‹) kann auf erhebliche Schwierigkeiten treffen. Die Anwendung von Verkettungsverfahren kann das Training eines breiten Spektrums von Aktivitäten beträchtlich erleichtern.

Händewaschen. Wie bereits erwähnt, sind Verkettungsverfahren zur Vermittlung vieler Selbsthilfe-Fähigkeiten geeignet. Man stelle sich zum Beispiel ein Unterrichtsprogramm vor, das dem Patienten beibringen will, sich die Hände unter fließendem Wasser (anstatt in einem gefüllten Waschbecken) zu waschen. Dem Leser wird vielleicht klar sein, daß es sich um eine Aktivität handelt, die er selbst normalerweise ganz mechanisch durchführt. Ein Unterrichtsprogramm für eine so simple Aktivität aufzustellen, erfordert, sie in einzelne Schritte aufzuteilen.

Da die Aktivität rückwärts gelehrt wird (der letzte Schritt zuerst), werden die Schritte in derselben Weise rückwärts numeriert:

10. Patient kommt zum Waschbecken
9. dreht das Wasser an
8. nimmt die Seife
7. wäscht die Hände
6. legt die Seife zurück
5. spült die Hände ab
4. dreht das Wasser ab
3. nimmt ein Papiertuch
2. trocknet sich ab
1. wirft das Papiertuch weg.

Bei der Durchführung dieses Programms wurde die Verstärkung immer nach Vollendung des letzten Schrittes (»wirft das Papiertuch weg«) gegeben. Das Personal stellte immer sicher, daß die Patienten alle Schritte vollständig ausführten – mit seiner Hilfe, wenn es nötig war. Wurde ein Schritt ausgelassen, so griff der Betreuer ein, ließ den Patienten noch einmal den Schritt beginnen und bestand auf der vollständigen Durchführung. Die Bewertung dieser Aktivität des Patienten richtete sich nach der Anzahl aufeinanderfolgender Schritte, die er am Schluß der Sequenz ohne Mithilfe zu Ende bringen konnte. Die Bewältigung jedes neuen Schrittes brachte den Patienten dem Ziel und der Verstärkung immer näher.

Puzzlespiel. Das Zusammensetzen von Puzzles ist eine andere Aktivität, die sich in idealer Weise durch ein Verkettungsverfahren trainieren läßt. Die Betreuer neigen zuerst dazu, das Puzzlespielen in Vorwärtsrichtung einzuüben. Dabei kann die Aufgabe für den Patienten bereits zu schwer sein, auch wenn es sich nur um ein einfaches hölzernes Puzzle (d. h. ein Rahmen, in den die Teile hineingelegt werden) mit durcheinanderliegenden Einzelteilen handelt, die zusammengesetzt werden sollen. Es könnte nun zunächst so scheinen, als sei es schon befriedigend, wenn der Patient ein Teil richtig hineinlegen kann. Wenn die Aufgabe aber von Anfang an eingeübt wird, zeigt das Puzzlebild nach dem Hineinlegen eines Teils für den Patienten nicht die geringste Ähnlichkeit mit irgendetwas ihm Bekanntem. Darin liegt keine Belohnung für den Patienten. Bei der Verkettungsmethode wird das ganze Puzzle zusammengesetzt, bis auf das letzte Stück, das man in die Nähe seines richtigen Platzes legen würde. Der Patient muß dann nur noch einen kleinen letzten Schritt tun, um die Aufgabe zu vollenden und das Endprodukt vor sich zu sehen. Verstärkung von außen wird nach der Vollendung der Aufgabe ebenfalls gegeben. Sobald der Patient mehr von dieser Aufgabe bewältigt, macht das Personal immer weniger Vorgaben. Zuerst muß der Patient das letzte Puzzleteil nur ein kleines Stück weit verschieben. Später muß er es über eine größere Entfernung bewegen und es drehen, um es einzupassen. Noch später müssen zwei Teile eingefügt werden usw. ... Zum Schluß führt der Patient die ganze Aufgabe allein durch.

2.2.7. Ein- und Ausblendung

Ein drittes, nützliches Verfahren zur Zerlegung einer Aufgabe in kleine Schritte wird Reizein- bzw. -ausblendung oder nur *Ein- und Ausblendung* genannt. Dazu gehören allmähliche Veränderungen der Situation (Reizbedingung), in der ein Verhalten auftritt. Die Einblendung bringt keine Änderungen in der Art der Aufgabe selbst mit sich, sondern nur der Situationsbedingungen für das Verhalten. Diese Technik wird benutzt, wenn ein erwünschtes Verhalten unter bestimmten Bedingungen auftritt, und man erreichen will, daß es auch unter anderen Bedingungen vorkommt.

Ein Beispiel: Der Patient stört stark, wenn er im Speisesaal mit anderen Patienten zusammen ist; ist er allein in einem separaten Raum, verhält er sich während der Mahlzeiten ruhig. Das Vorgehen besteht in diesem Fall darin, allmählich die »Essenssituation« zu verändern. In einzelnen Schritten läßt man den Patienten allein in verschiedenen Räumen, dann allein im Flur, und schließlich allein im Speisesaal essen. Von da an kann man zusätzliche Patienten in den Speisesaal bringen, so daß der Patient schließlich mit allen zusammen seine Mahlzeit einnimmt.

Benennung. Patienten in der Benennung von Gegenständen nach der Unterrichtung im Nachahmen von Wörtern zu trainieren, kann durch eine Ausblendungsmethode bewältigt werden. Zu Beginn wird dem Patienten der Gegenstand oder dessen Foto gezeigt, während der Betreuer den Namen nennt, und er ihn wiederholt. Wenn man das Vorsagen der Namen durch den Betreuer schrittweise verringert, wird der Patient schließlich den Namen bereits dann sagen, wenn ihm der Gegenstand oder dessen Bild gezeigt werden.

Kolorieren. Man kann die Patienten an das farbige Ausmalen von linienbegrenzten Flächen einüben. Zunächst bringt man ihnen bei, innerhalb einer stark erhöhten Begrenzungslinie (eine Pappschablone oder ein aufs Papier geklebter Bindfaden) zu malen. Dann wird die Höhe der Begrenzung verringert, später durch eine mit Filzstift breit gezogene Linie, und zum Schluß durch den üblichen aufgedruckten Umriß ersetzt.

Reizkontrolle. Das Ein- und Ausblendungsverfahren umfaßt das Konzept der Reizkontrolle, das ausführlicher erläutert werden sollte. Bisher haben wir betont, daß Verhalten vor allen Dingen durch den Reiz kontrolliert wird, der darauf folgt, z. B. Verstärkung. Jedoch kann auch die einem bestimmten Verhalten vorausgehende Situation ausschlaggebend sein, ob es auftritt oder nicht. Dies wird Reizkontrolle genannt. In dem eben beschriebenen Beispiel der Benennungsübung bringen wir die verbalen Äußerungen des Patienten eher unter die Reizkontrolle des Objekts als unter die Reizkontrolle der Worte des Lehrers. Auf die Weise ist die Ein- und Ausblendung eine Technik zur Veränderung der Reizkontrolle. Die Reizkontrolle ist aber auch in anderen Situationen als bei der Ein- und Ausblendung relevant. Im Grunde genommen stehen alle normalen Verhaltensweisen von irgendeiner praktischen Bedeutung unter einer Form von Reizkontrolle. Daher muß an einem bestimmten Punkt einer Übungsaufgabe darauf geachtet werden, daß die richtige Reizkontrolle eingesetzt wird. Beim Sprechunterricht wollen wir zum Beispiel die Patienten nicht nur in der Wiederholung von vorgesagten Wörtern trainieren, sondern wir müssen ihr Sprechen an einem bestimmten Punkt unter die Reizkontrolle des jeweiligen Objektes oder der Situation bringen. Die Anwendung richtiger Reizkontrolle erfordert keine anderen Verfahren als den Gebrauch richtig eingesetzter Verstärkung. Als Grundregel kann angegeben werden, daß ein *Verhalten dazu tendieren wird, in Situationen aufzutreten, in denen es in der Vergangenheit verstärkt wurde.* Um Verhalten in einer spezifischen Situation zu erzeugen, muß es lediglich in der erwünschten, nicht jedoch in der unerwünschten Situation verstärkt werden.

Mitunter kann die Tatsache, daß ein Verhalten am häufigsten in den Situationen auftritt, in denen es verstärkt wurde, von diagnostischem Nutzen sein. Wenn ein bestimmter Patient zum Beispiel nur während der Dienstzeit eines bestimmten Betreuers Fehlverhalten zeigt, kann man vermuten, daß dieser Betreuer unbeabsichtigt das Fehlverhalten verstärkt. Wenn ein Patient während der Dienstzeit eines Betreuers kooperativer und selbständiger als sonst ist, kann man annehmen, daß der Betreuer wirksamer das erwünschte Verhalten verstärkt. Immer wenn das häufige Auftreten bestimmter Verhaltensweisen von einer Situation zur anderen differiert, hat man guten Grund zu der Annahme, daß die Häufigkeit der Verstärkung für die Verhaltensweisen in den jeweiligen Situationen ebenfalls differiert.

Beim Versuch der Löschung einer Form von Fehlverhalten, das unter starke Reizkontrolle gelangt ist, muß eine bestimmte Überlegung berücksichtigt werden. Die Löschung wird dann am schnellsten gelingen, wenn der Patient für die Löschungsperiode in eine andere Umgebung gebracht wird. Für einen Patienten, der z. B. häufig mit dem Kopf gegen die Wand schlägt, und der unter der Reizkontrolle eines bestimmten Gebäudes oder gewisser Betreuer steht, könnte es gefährlich sein, wenn man das Fehlverhalten in demselben Gebäude und mit demselben Personal zu beseitigen versuchte. Die Löschung würde schneller und sicherer erfolgen, wenn man den Patienten während der Therapie in eine neue Umgebung brächte.

Wenn man also mit einem Fehlverhalten unter starker Reizkontrolle konfrontiert ist, dann fordert das Therapieprogramm eine Schwächung des Fehlverhaltens durch eine gründliche Änderung der Reizumgebung. Bei einem erwünschten Verhalten unter falscher Reizkontrolle ist dagegen die Anwendung der Ein- und Ausblendungsmethode erforderlich, die das erwünschte Verhalten bewahrt, während sie schrittweise die Reizumgebung verändert, unter der das Verhalten erscheint.

2.3. Verfahren der Verhaltenseliminierung

Eine der ersten Aufgaben, vor die sich das Personal gestellt sieht, ist das Problem der Eliminierung von grotesken oder störenden Verhaltensweisen, die die Patienten bereits an den Tag legen. Es ist eine traurige Tatsache, daß das Überwachungsklima der meisten Anstalten die Verschlechterung von Verhaltensweisen derart begünstigt hat, daß man, wenn einmal »Fortschritte« ins Auge gefaßt werden, nicht der Übung neuer Verhaltensweisen, sondern der Beseitigung gewisser bestehender Priorität einzuräumen hat. Man sollte ein Behandlungsprogramm so weit wie möglich *positiv* ausrichten, hin zu einer *Vermittlung erwünschten* Verhaltens. Manchmal wird es allerdings nötig sein, sich auch auf unerwünschtes Verhalten zu konzentrieren. Dann ist es wichtig, daß zur Kontrolle des störenden Verhaltens Methoden zur Verfügung stehen.

Es ist wichtig hier zu bemerken, daß das Ziel darin besteht, das Verhalten unter Kontrolle zu bringen und die Häufigkeit seines Auftretens zu reduzieren, und nicht darin, eine zeitliche Beseitigung zu erreichen. Dies Ziel muß betont werden, weil es so leicht gerade in den Situationen vergessen wird, in denen man es am nötigsten vor Augen haben sollte. Dies erfordert vom Betreuungspersonal Standhaftigkeit und Selbstkontrolle.

Wenn ein Fall von Fehlverhalten auftritt, ist es die natürlichste Reaktion der meisten anwesenden Betreuer, es so schnell wie möglich zu unterbinden. Wenn das Personal das langfristige Ziel vor Augen hat, müßte es dafür eigentlich einige Unannehmlichkeiten in seiner eigenen unmittelbaren Situation in Kauf nehmen. Diese Opfer werden auf lange Sicht belohnt, da das unerwünschte Verhalten schließlich an Häufigkeit abnimmt.

Der entscheidende Faktor beim Auftreten sowohl des unerwünschten wie des erwünschten Verhaltens sind seine Folgen. Verstärkende Folgen werden das häufigere Auftreten unerwünschten Verhaltens verursachen, nicht verstärkende Folgen die Häufigkeit des Auftretens vermindern. Dies bezieht sich auf das *zukünftige* Auftreten des Verhaltens. Die *unmittelbare* Wirkung dieser Folgen kann gegenteilig sein. So kann die unmittelbare Wirkung einer verstärkenden Folge im Aufhören des Verhaltens resultieren; in ähnlicher Weise kann eine nichtverstärkende Folge im ersten Moment das Verhalten verlängern und intensiver werden lassen. Die Betreuer müssen diese kurzzeitigen, unmittelbaren Wirkungen ignorieren und sich auf Langzeitziele konzentrieren.

Man nehme einmal an, ein Patient sitzt da und stößt mit dem Kopf gegen die Wand. Das Personal entdeckt, daß er damit aufhört, wenn man sich neben ihn setzt und seine Hand hält, da die Aufmerksamkeit (bei ihm zu sitzen und seine Hand zu halten) ein Verstärker ist. Unter solchen Bedingungen wird die durchschnittliche Häufigkeit des Verhaltens zunehmen. Solche Verhaltensweisen tauchen in Anstalten sehr häufig auf. Patienten haben es verstanden, bizarre und störende Verhaltensweisen in erstaunlichem Umfang zu entwickeln, deren Häufigkeit sich aufgrund zufälliger Verstärkung durch das Personal stabilisiert.

Löschung. Da äußerst bizarre und störende Verhaltensweisen durch erhaltene Verstärkung beibehalten werden, ist es die dringlichste Aufgabe, zur Beseitigung solcher Verhaltensweisen deren Verstärkung zu beseitigen. Dies wird *Löschung* genannt.

Wenn ein Verhalten gelöscht werden muß, sollte es *keine* Verstärkung erhalten. Die verbreitetste Art zufälliger Verstärkung ist die *Aufmerk-*

samkeit durch das Personal. Es muß lernen, *unerwünschtes Verhalten zu ignorieren*. Das ist eine schwierige Aufgabe, und sie erfordert Übung. Dies bedeutet: man muß sich so verhalten, als ob der Patient nicht da wäre; *ihn weder berühren, noch mit ihm sprechen oder ihn ansehen*. Wenn möglich sollte man weggehen, auch den Raum ganz verlassen.

In der Regel sollte nur erwünschtes Verhalten Aufmerksamkeit bekommen. Das Personal darf daher nicht mit den Patienten über deren Fehlverhalten sprechen. Sogar Schelte oder Ermahnung kann als Verstärker dienen. Wenn Betreuer wiederholt versuchen, einen Patienten zu ermahnen und ihn daran zu erinnern, daß er sich nicht wieder falsch verhalten soll, entdeckt dieser, daß sein Fehlverhalten ihm Gelegenheit zu endlosen, verstärkenden Gesprächen mit dem Personal gibt.

Bei der Anwendung von Löschungsverfahren darf der Betreuer nicht vergessen, daß unmittelbare Wirkungen von Verhaltensfolgen das Gegenteil ihrer Langzeitwirkungen sein können. Wenn sich die Häufigkeit oder Intensität unerwünschten Verhaltens zu Beginn einer Löschung erhöht, darf man nicht meinen, daß dies einen Fehlschlag anzeigt. In Wirklichkeit bedeutet es, daß die Methode *zu wirken beginnt*; daß der »Missetäter« die veränderten Konsequenzen seines Verhaltens wahrnimmt. So, wie wir einen Automaten schütteln, wenn er die gewünschten Dinge nicht liefert, wird der Patient beim Fehlen der erwünschten Aufmerksamkeit seinen Kopf noch ein bißchen härter gegen die Wand schlagen.

In manchen Situationen kann eine totale Löschung unerwünschten Verhaltens entweder nicht praktikabel oder untauglich sein. Wenn sie nicht praktikabel ist, und man dem unerwünschten Verhalten einige Aufmerksamkeit widmen muß (z. B., um Patienten oder Betreuer zu schützen), sollte diese Aufmerksamkeit auf ein Minimum beschränkt sein. Wesentlich ist, daß man dem Patienten mehr Verstärkung für gutes als für schlechtes Verhalten ermöglicht. Die Anwendung zusätzlicher Methoden kann zur Eliminierung gewisser unerwünschter Verhaltensweisen notwendig werden.

2.3.1. Inkompatibles Verhalten

Die gebräuchlichste Methode zur Beseitigung unerwünschten Verhaltens besteht im Löschen dieses Verhaltens und der gleichzeitigen Verstärkung unvereinbaren Verhaltens. Damit gehen wir das Problem an zwei Fronten gleichzeitig an. Dieser doppelte Ansatz wird das Behandlungsprogramm beschleunigen. Auf der einen Seite werden die Löschungsverfahren eine Abnahme der Häufigkeit des Auftretens von unerwünschtem Verhalten herbeiführen. Auf der anderen Seite verringert eine Verstärkung von unvereinbarem Verhalten die Möglichkeiten für die Äußerung unerwünschter Verhaltensweisen. Die Methode, ein positives Alternativverhalten zu stärken, stellt ein sehr wirkungsvolles therapeutisches Instrument dar. Die Verstärkung inkompatiblen Verhaltens mag einfach erscheinen, aber es gibt einige Schwierigkeiten, sie in der Praxis durchzuführen. Zu der Art und Weise des Medizinischen Modells, auf eine Störung zu reagieren, paßt diese Methode einfach nicht. Einige werden schwer davon zu überzeugen sein, daß ein pathologisches Symptom verschwindet, wenn es ignoriert wird, und daß therapeutische Bemühungen dann am meisten Erfolg haben, wenn sie sich auf andere Verhaltensmerkmale des Individuums als seine gezeigten Symptome konzentrieren.

Bei jedem Vorhaben der Verhaltenseliminierung ist es ratsam und wichtig, sich folgende Frage zu stellen: »Welches Verhalten soll der Patient zeigen?« Die Beantwortung dieser Frage gibt uns Auskunft darüber, welches positive, erwünschte Verhalten wir zur Beseitigung des unerwünschten verstärken sollten. In einigen Fällen wird die Antwort klar sein; in anderen werden wir neue, alternative Verhaltensweisen entwickeln müssen. Im allgemeinen erweist es sich als günstig, Zugang zum selben Verstärker zu ermöglichen, der das Fehlverhalten aufrechterhielt, aber nicht als eine Konsequenz des erwünschten alternativen Verhaltens.

Faktisch wird jedes zu verstärkende erwünschte Verhalten in irgendeiner Weise unvereinbar mit Fehlverhalten sein. Einige Verhaltensweisen werden indirekt unvereinbar sein, indem sie die Zeit des Patienten ganz ausfüllen. Andere sind schon dadurch inkompatibel, weil die Beibehaltung beider Verhaltensweisen für das Individuum physisch unmöglich ist.

Zum Beispiel hatte ein älterer Patient die Gewohnheit angenommen, tagsüber auf die Betten oder in die Kommoden anderer Patienten zu urinieren. Die zweifellos erwünschte Alternative bestand natürlich darin, daß er auf die Toilette gehen sollte. Das Therapieprogramm sah vor, den Patienten regelmäßig zur Toilette zu führen und ihn für die richtige Benutzung zu verstärken. In Verbindung mit dieser Verstärkung unvereinbaren Verhaltens war außerdem sicherzustellen, daß der Patient vom Personal keine verstärkende Aufmerksamkeit als Folge seines Fehlverhaltens erhielt.

In anderen Fällen liegt ein erwünschtes alternatives Verhalten weniger klar auf der Hand. Eine schwer gestörte Frau hielt ihre Hand direkt vor das Gesicht und starrte auf die Handfläche, wenn das Personal mit ihr zu arbeiten versuchte. Sie konnte die Hand nicht mehr so häufig anstarren, als die Betreuer mit ihr an einer visuell-motorischen Koordinationsaufgabe arbeiteten. Um diese Aufgabe zu beenden und dafür verstärkt zu werden, mußte sie ihre Hände bewegen. Diese Methode reduzierte durch die willkürliche Wahl eines Verhaltens, bei dem die Hände beschäftigt waren, das Fehlverhalten der Patientin.

Im Fall des Patienten, der mit dem Kopf gegen die Wand stößt, ist ähnlich unklar, welches erwünschte Verhalten das unangemessene ersetzen soll (es sei denn, man will ein »Nichtverhalten« wie Stillsitzen und Nichtstun erreichen). In diesem Fall kann systematische Verstärkung und die Entwicklung fast jeden Verhaltens zur Reduzierung des Kopfstoßens dienen. Die Löschung des Fehlverhaltens selbst, kombiniert mit Verstärkung für die Teilnahme an einer Reihe von Lernaktivitäten in der Gruppe, ist häufig bei der Eliminierung von extrem selbstschädigendem und selbstbefriedigendem Verhalten erfolgreich.

In Situationen, in denen wenig Verstärkung zur Verfügung steht (z. B. auf einer überfüllten, personell unterbesetzten Station) tendiert abweichendes Verhalten dazu, eine Technik zur Erlangung der Aufmerksamkeits-Beschaffung zu werden. Diese Tatsache macht deutlich, warum es undurchführbar und unmöglich ist, von den Patienten zu verlangen, den ganzen Tag über still zu sitzen. Wenn keine Verstärkung für erwünschtes Verhalten gegeben wird, improvisieren die Patienten Formen von unerwünschtem Verhalten, um Aufmerksamkeit zu erlangen. Bei einigen Arten abweichenden Verhaltens können sie meist der Aufmerksamkeit des Personals sicher sein, auch wenn zur selben Zeit ein Versuch unternommen wird, das Fehlverhalten zu eliminieren (z. B. Aggression). In Fällen, wo eine vollständige Löschung unerwünschten Verhaltens unmöglich ist, wird die Verstärkung alternativen Verhaltens zum entscheidenden Faktor des therapeutischen Ansatzes: Wesentlich ist hier, daß der Patient mehr Verstärkung für erwünschtes als für unerwünschtes Verhalten bekommt. Selbst wenn die vollständige Löschung unerwünschten Verhaltens nicht durchführbar ist, kann die Verstärkung nicht passenden (inkompatiblen) Verhaltens erfolgreich sein.

Obwohl die Verstärkung unvereinbaren (inkompatiblen) Verhaltens und die Löschung wirkungsvolle Techniken zur Eliminierung unerwünschten Verhaltens darstellen, besteht doch mitunter das Bedürfnis nach noch bindenderen Methoden. Wie bereits erwähnt, möchten die meisten Betreuer sofort etwas tun, *wenn das Fehlverhalten auftritt.* Die zwei folgenden Verfahren eignen sich für solche Fälle. Es ist wichtig, daß sie konsequent und unmittelbar nach einem Fehlverhalten angewandt werden.

2.3.2. Auszeit (Time out)

Ein wirksamer Weg im Umgang mit auftretenden unerwünschten Verhaltensweisen besteht darin, einen Zeitraum festzulegen, in dem *die*

Verstärkung nicht zu erlangen ist. Dies ist mehr als Löschung, nämlich ein direkter Versuch, *jegliche Verstärkung aus einem bestimmten Grund für einen kurzen Zeitraum auszusetzen.* Auf diese Weise ist die Folge des Fehlverhaltens der Verlust jeglicher Möglichkeit, Verstärkung zu erhalten. Generell bedeutet dies eine Form der Isolation für die Dauer der *Auszeit,* was je nach der Situation auf verschiedene Weise erreicht werden kann. Man kann den Patienten, wie bei der Löschung, vollständig ignorieren (nicht ansehen, kein Gespräch, keine Berührung). Noch wirksamer ist das abrupte Weggehen. Jedes dieser Verfahren kann in einer Einzeltherapiesitzung mit dem Patienten angewandt werden, sobald das Verhalten auftritt. Wenn man zum Beispiel mit dem Patienten spricht, und er plötzlich auf einen Tisch schlägt oder zu schreien beginnt, sollte man sich umdrehen und sofort weggehen.

In einigen Situationen kann die Isolierung eines Patienten seine Entfernung aus einer bestimmten Umgebung nötig machen. Wenn er zum Beispiel in einem Raum für Gruppenunterricht auf den Tisch schlägt oder schreit, wird man ihn 5 Minuten lang in eine Ecke mit dem Gesicht zur Wand setzen. Ein solches Vorgehen ist oft bei weniger störenden Patienten wirksam. Natürlich muß die Störung der anderen Patienten auf ein Minimum reduziert werden. Gleichzeitig muß man versuchen, die Verstärkung, die sie dem störenden Patienten geben, zu verringern. Wenn das ›In-der-Ecke-sitzen‹ keinen Erfolg hat, muß man den Patienten aus dem Raum bringen. Voraussetzung ist in diesem Fall, daß der Patient im Gruppenraum für gewöhnlich Verstärkung erhält. Die Aufgabe der Auszeit ist es, die Chance für jegliche Verstärkung sofort nach Auftreten eines Fehlverhaltens zu beseitigen.

Die Auszeit ist nur wirksam, wenn Patienten *von* einem Ort, an dem sie Verstärkung bekommen können, *zu* einem, wo dies nicht der Fall ist, gehen. Folglich wäre das Wegschicken von einem Behandlungsstuhl beim Zahnarzt wegen nicht-kooperativen Verhaltens für die meisten kein wirksames *Auszeit*-Verfahren.

Ähnlich wie die Entfernung von einem Ort der Verstärkung funktioniert auch die Entfernung aus der gewohnten Umgebung — oder die zeitweilige Isolierung. Dies wird häufig durch einen »Auszeit-Raum« erreicht, der für gewöhnlich klein, und nur spärlich jedoch freundlich möbliert ist, und in dem man jemanden für kurze Zeit einschließen kann. Die Kennzeichnung »für kurze Zeit« muß betont werden. Die Zeitdauer sollte nicht mehr als fünf bis zehn Minuten betragen.

Die Entfernung aus einer Umgebung und die Benutzung eines Auszeit-Raumes erfordern einige Interaktionen des Personals mit dem Patienten. Wichtig ist, daß diese Interaktion ihre verstärkende Wirkung und Möglichkeit gering hält. Das Personal sollte versuchen, den Patienten weder anzuschauen, noch mit ihm zu reden, während er zum

Auszeit-Raum gebracht wird. Wenn der Auszeit-Raum nicht nahe gelegen ist, erfordert das Hinbringen zu viel Interaktion. So wenig Zeit als möglich sollte zwischen dem Fehlverhalten und der Auszeit verstreichen, und man sollte dem Patienten kurz erklären, warum er in den Auszeit-Raum gebracht wird, und daß er wiederkommen könne, wenn er sich beruhigt hat.

Ist der Patient in der Auszeit, so muß das Personal sicher sein, daß er keinerlei Verstärkung erhält. Eine Einwegscheibe sollte vorhanden sein, damit der Insasse, ohne zu viel Aufmerksamkeit zu bekommen, beobachtet werden kann. Im Raum sollte man nicht mit dem Patienten sprechen. Am Ende der kurzen, festgesetzten Zeit sollte der Patient herausgeholt werden, vorausgesetzt, daß sein Fehlverhalten aufgehört hat. Wenn das Fehlverhalten im Auszeit-Raum andauert (wie Schlagen, Schreien) sollte die Entlassung so lange verzögert werden, bis es aufhört, denn Fehlverhalten innerhalb des Auszeit-Raumes sollte nicht durch Entlassung verstärkt werden. Jedoch ist zu bedenken, daß eine Verlängerung der Auszeit deren Wirksamkeit nicht erhöht. Tatsächlich verschlechtern ausgedehnte Zeitspannen der Isolation und Abschließung (wie die nicht-therapeutische Isolation in Anstalten genannt wird) häufig das Verhalten des Patienten.

Wenn die Auszeit eines Patienten vorüber ist, ist es wichtig, daß das Personal keinen weiteren Groll gegen den Patienten hegt. Es sollte so handeln, als wäre nichts vorgefallen. Für den Zurückkehrenden muß die Möglichkeit zur Verstärkung guten Verhaltens vorhanden sein. Der ganze Sinn des Auszeit-Verfahrens liegt darin, den Verstärkungsverlust auf einen kurzen Zeitraum nach dem Fehlverhalten zu begrenzen. Normale Verstärkung muß sofort nach Rückkehr in die normale Situation — natürlich nur für erwünschtes Verhalten — zur Verfügung stehen.

Das Personal muß weiterhin vermeiden, das Fehlverhalten mit dem Patienten zu diskutieren, ihn zu schelten oder zu ermahnen. Sonst läuft man Gefahr, das Fehlverhalten zu verstärken und dessen häufigeres Auftreten in der Zukunft herbeizuführen.

Die allgemeine Auszeit-Technik hat sich in Praxis und Forschung als ein sehr wertvolles Instrument zur Eliminierung unerwünschten Verhaltens erwiesen. Wenn das Verfahren richtig angewandt wird, erheben sich keine ethischen Einwände. Jede Gefahr des Mißbrauchs eines Auszeit-Raumes kann durch das Aufstellen geeigneter Regeln und durch die Pflicht zu Aufzeichnungen über die Benutzung des Auszeit-Raumes auf ein Minimum beschränkt werden. Die Regeln sollten die genaue Dauer der Auszeit (fünf bis zehn Minuten), die Bedingungen der Entlassung und die Fälle von Fehlverhalten, bei denen Auszeit erforderlich ist (handgreifliche Attacken, Zerbrechen von Gegenständen, fortgesetztes störendes Schreien) festlegen. Die Aufzeichnungen sollten den Zeitpunkt des Betretens und Verlassens des Raumes, eine Beschreibung des Fehlverhaltens des Patienten und den Namen der verantwortlichen Betreuer festhalten.

2.3.3. Bestrafung

Bestrafung ist die Verordnung einer unangenehmen (meist schmerzlichen) Verhaltenskonsequenz, um die Wiederholung eines Fehlverhaltens weniger wahrscheinlich zu machen. Diese Definition scheint Bestrafung zu der idealen Technik für die Eliminierung von Verhalten zu machen. Jedoch ist von der Anwendung von Bestrafung aus ethischen, humanen und praktischen Gründen abzuraten. Die Risiken ihres Mißbrauchs sind zu groß, und im allgemeinen scheinen mildere Methoden für die Behandlung von Verhaltensproblemen günstiger zu sein. Zudem kann die Bestrafung – außer in besonders sorgfältig geplanten und beaufsichtigten Situationen – unangemessen angewendet werden oder unerwünschte Nebeneffekte erzielen, z. B. erhöhte Feindseligkeit.

Offiziell ist die Bestrafung in Anstalten selten. Inoffiziell wird sie jedoch häufig in einigen vorkommen. Diese inoffizielle Anwendung muß manchmal als Mißhandlung bezeichnet werden. Ihre Beseitigung kann eines der vorteilhaften Ergebnisse sein, wenn dem Personal durch Einführung von Programmen der Verhaltensmodifikation wirksame Methoden der Verhaltensänderung zur Verfügung gestellt werden.

In einigen seltenen Fällen hat sich die Bestrafung als die angemessene therapeutische Technik zur Behandlung ganz bestimmter Arten von Verhaltensstörungen erwiesen. Bei Individuen mit schwer selbst-destruktivem Verhalten, z. B. bei autistischen Kindern, kann Bestrafung die Selbstverletzungen eliminieren, wenn andere Techniken nicht anschlagen. Beim Versuch einer Löschung dieses Typs von Fehlverhalten besteht ein Risiko. Erinnern wir uns, daß zu Beginn einer Verhaltenslöschung Häufigkeit und Intensität des Fehlverhaltens für eine Weile *zunehmen* kann – anscheinend ein Frustrationseffekt. Bei der Selbstverletzung besteht die Gefahr, daß sich der Patient schwer verletzt oder gar umbringt. Daher sind andere Techniken der Verhaltenseliminierung erforderlich. Die Bestrafung sollte allerdings erst dann in Erwägung gezogen werden, wenn alle anderen Verfahren gescheitert sind, und das nichtangepaßte Verhalten dem Patienten selbst oder anderen in seiner Umgebung Schaden zufügt.

Die Regeln für die Anwendung körperlicher Bestrafung sind grundsätzlich wie die für Verstärkung. Die Bestrafung muß konsistent und unmittelbar auf das Fehlverhalten erfolgen. Eine weitere Regel besagt, daß die Bestrafung intensiv sein muß. Wenn die Bestrafung zu schwach ist, wirkt sie nicht. Wenn die Schwere der Bestrafung allmählich gesteigert wird, kann sich der Patient daran gewöhnen. Klinische Forscher haben bisher im allgemeinen kurze harmlose, aber intensive Elektroschocks angewandt.

Wegen der dabei auftretenden ethischen Probleme sollte niemand ein Bestrafungsverfahren ohne grundsätzliche Billigung durch die Verwaltung durchführen. Programme konzentrieren sich am besten auf die Entwicklung erwünschten Verhaltens durch Verstärkung, im Bedarfsfall kombiniert mit den milderen Eliminierungsverfahren.

Es mag für den Leser irreführend sein, daß der Darstellung von Verfahren der Verhaltenseliminierung so viel Raum gewidmet wurde, während doch die Hauptbetonung immer auf dem Unterricht in erwünschtem Verhalten liegen sollte. Zur Rechtfertigung kann nur gesagt werden, daß auftretende Probleme der Eliminierung zu einer ernsthaften Gefährdung des Patienten führen können, wenn dem Personal nicht die adäquaten Verfahren zur Handhabung dieser Probleme zur Verfügung stehen.

II. Die Programme

3. Erste Verhaltensmodifikations-Programme für geistigbehinderte Kinder in Institutionen

Von LEONARD FIELDING

3.1. Verhaltensmodifikation auf der Basis konsumierbarer Verstärker

Geschichtlich betrachtet, ist die frühe Arbeit mit den Behinderten im Faribault State Hospital durch das Zusammentreffen verschiedener Faktoren entstanden, die zum Zeitpunkt ihres Auftretens scheinbar ohne Zusammenhang waren.

Fast zwei Jahrzehnte lang gab es eine ›schlechte Presse‹. Während der zweijährigen parlamentarischen Sitzungsperiode 1966/67 versuchte die Minnesota Association for Retarded Children die Einrichtung einer Abteilung für geistige Behinderung innerhalb des Ministeriums für öffentliche Wohlfahrt durchzusetzen. Obwohl das Ziel nicht erreicht wurde, bewirkte dieser Druck verstärktes Interesse für Programme auf dem Gebiet der geistigen Behinderung. Zum zweiten führten der schlechte Start bei der Verwendung operanter Techniken, die daraus folgende Publizität und die schließlich entwickelten Minnesota Richtlinien für operantes Konditionieren (*Lucero* et al., 1968) zur Etablierung von Behandlungsregeln, die bei Befolgung in den Programmplänen eine spätere Störung oder Unterbrechung des Behandlungsprozesses verhüten sollten. Die Ernennung eines jungen, psychiatrisch unvorbelasteten Medizinischen Direktors, der vor allem pragmatisch dachte, brachte eine wohlwollende Haltung von Seiten der medizinischen Verwaltung mit sich. Zur selben Zeit wurde ein Anstaltsprogramm-Koordinator ernannt, dessen Fähigkeiten in Koordinierung und Durchführung bekannt waren, und dessen detaillierte Auswertungen die bei Programmwechseln auftretenden Verwaltungs- und logistischen Probleme auf ein Minimum reduzierten. Die Ernennung eines neuen Krankenhaus-Verwalters, der bei der Entwicklung wirksamer Kommunikationssysteme und Verwaltungsaktivitäten in Regierungsinstitutionen viel Erfahrung gesammelt hatte, war entscheidend für die Änderung in der Einstellung des Personals, das die neuen Programme durchführen sollte.

Eine Reihe von Faktoren wurden für die Durchführung eines spezifischen Demonstrationsprogramms als besonders wichtig eingeschätzt:

1. Das durchzuführende Projekt sollte kein intensives Training und keine Schulung für das Betreuungspersonal oder das Personal des mittleren Managements[1] in Theorie, Terminologie und Techniken der Verhaltensmodifikation erfordern.
2. Das Projekt sollte wenig Zeitverlust für das Betreuungspersonal bedeuten.
3. Die Projektplanung sollte alle Patienten der Station so schnell wie möglich einbeziehen. Dies führte zur Entwicklung von »administrativen Anwendungs-Techniken« mit einem Verhältnis von einem Betreuer für fünf Patienten. Für die Dauer des Demonstrationsteils des Programms wurden einzeltherapeutische Programme zurückgestellt.
4. Der Projektplan sollte bei Beendigung einen Zustand hergestellt haben, der die Fortführung von Verhaltenstraining auf individueller Basis mit der zur Verfügung stehenden Anzahl von Betreuern gewährleistete.
5. Schließlich sollte das gewählte Programm einen deutlichen Wandel im Verhalten des Patienten am Ort der Programmdurchführung bewirken, und zwar nicht nur statistisch, sondern auch klar ersichtlich für jeden Besucher, der durch die Station ging.

Diese Faktoren führten zu einem einfachen Reizkontroll-Projekt, willkürlich Aufbauprogramm I und II genannt. Jedes Programm hatte zunehmend größere Reizkontrolle über eine große Auswahl produktiver Verhaltensweisen zum Ziel. Dieses Ziel basierte auf der Notwendigkeit für die Patienten, als Gruppe effektiv zu handeln: sich zur richtigen Zeit zu versammeln, von einem Aktivitätsbereich zum näch-

---

[1] Zum Betreuungspersonal gehören die Psychotherapeuten, zum Personal des mittleren Managements Oberschwestern, Abteilungsleiter und andere für die Beaufsichtigung des Betreuungspersonals zuständige Personen.

sten zu gehen und einen gewissen Grad an Geduld zu entwickeln, bis das Personal für die Beschäftigung mit den Bedürfnissen der jeweiligen Patienten Zeit hatte. Die Aufbauprogramme hatten zum Unterrichtsziel:

a) bei Anweisung des Personals eine Reihe zu bilden;
b) auf die zurückbleibenden Patienten zu warten;
c) mit dem dazu bestimmten Personal in einen anderen Raum innerhalb oder außerhalb des Gebäudes zu gehen;
d) an einem festgesetzten Ort zu warten;
e) mit dem dazu bestimmten Personal in die Stationsabteilung zurückzugehen.

Dies sollte man bewerkstelligen, ohne daß die Patienten herumliefen und selbstzerstörerisches oder aggressives Verhalten zeigten.

Die Aufbauprogramme wurden ursprünglich im Maple- und Cedar-Building eingerichtet. Im Maple-Building gab es 80 schwer- und schwerstbehinderte hyperaktive männliche Patienten im Alter von 11 bis 21 mit äußerst geringem Funktionsniveau. 20 Personen lebten in jeder der vier Stationen im ersten Stock und im Parterre. Das Cedar-Building beherbergte je 30 weibliche Patienten mit vergleichbarem Krankheitsbild auf zwei Stationen.

3.1.1. Eine Reihe bilden

Aufbauprogramm I entwickelte das Verhalten: *eine Reihe bilden und mir folgen.*

Das Programm wurde für eine Station mit 20 Patienten ausgearbeitet; mit einem Betreuer für jede Gruppe von 5—7 Patienten und einer »Oberaufsicht«. Der Verhaltensunterricht bestand im »Reihe bilden« als Vorbereitung für ein Ereignis (wie Mahlzeiten, Medikamentenverteilung, Waschen) und im ruhigen Warten darauf, daß das Signal »mir folgen« gegeben wurde. Dieses Verhaltenstraining mußte die *Ausformung* dann vornehmen, wenn das Auftreten des Verhaltens *nicht* erforderlich war. Das »Reihe bilden« konnte z. B. nur ausgeformt werden, wenn die Patienten sich *nicht* notwendigerweise aufreihen mußten, um irgendwohin zu gehen.

Zu Hilfsmitteln des Programms gehörten: eine Pfeife, um das Zeichen zum »Reihe bilden« zu geben; vier oder fünf farbige Fußbodenmarkierungen von 3 Meter Länge (60 cm pro Patient); konsumierbare Verstärker (z. B. Plätzchen, Süßigkeiten); eine Stoppuhr; ein Zählgerät und eine »Wundertüte« für jeden Betreuer. Man versuchte, die Aufmerksamkeit der Patienten mittels Pfeifen zu gewinnen, da dieser Ton am wenigsten den anderen Geräuschen auf der Station glich, wie Geschrei, Namenrufen oder anderen Versuchen, sich trotz des Lärms Gehör zu verschaffen.

Der erste Schritt im Ausformungsverfahren bestand darin, dem Patienten den konsumierbaren Verstärker 15 Minuten vor der ersten Trainingsperiode anzubieten. Je nach Verstärker (Bonbons, Frühstücksflokken, Mundspray, etc.) variierte die Anzahl dieser Angebote. In jeder Trainingssitzung wurde ein Betreuer an den Anfang der jeweiligen Markierungslinie gestellt. Dann pfiff der Gruppenleiter, die Betreuer gingen zu den Patienten, gaben jedem einen verzehrbaren Verstärker, wandten sich ab und forderten durch Wort oder Geste zum »mir folgen« auf. Dann kehrten die Betreuer zur farbigen Linie zurück. Sie waren angewiesen, den Patienten nicht zu *ziehen* oder zu *berühren*. Wenn der Patient zur Markierung folgte, wies der Betreuer ihm seinen Platz an. Dann wurde der Patient verstärkt: er wurde berührt, man sagte »sehr gut, bleiben Sie hier stehen«, und er bekam etwas zu essen. Wenn der Patient nach mehreren Aufforderungen nicht folgte, ging der Betreuer zum nächsten. Der Leiter pfiff nach Ablauf von drei Minuten erneut, und jeder Patient, der sich auf oder nahe der Linie befand, bekam wieder etwas Eßbares. In jeder Trainingssitzung wurde die Zahl der Patienten, die auch den zweiten Verstärker bekamen, gezählt. Diese Sequenz wurde täglich zehnmal in unregelmäßigen Zeitabständen wiederholt, bis die Zahl der zur Linie kommenden Patienten sich nicht mehr erhöhte. Nach Erreichen dieser Fähigkeiten waren die Patienten so weit, den nächsten Schritt des Ausformungsverfahrens zu beginnen: man versuchte ihnen beizubringen, bei »Aufruf« zur Linie zu kommen, statt durch persönliche Aufforderung. Wieder nahm das Personal seine Position am Anfang jeder Linie ein, und der Pfiff ertönte. Die Betreuer riefen jeden Patienten namentlich auf, zur Linie zu kommen. Wenn der Patient kam, wurde er dafür sofort verstärkt: er wurde angefaßt, man wies ihm einen Platz auf der Linie zu, auf dem er bleiben sollte, und gab ihm einen eßbaren Verstärker. Je nachdem, in welcher Zeit alle Patienten den ersten Verstärker bekommen hatten, wurde nach drei oder weniger Minuten wieder gepfiffen. Die Patienten auf oder nahe der Linie wurden dann ein zweites Mal verstärkt. Alle, die den ersten oder gar beide Verstärker erhielten, wurden in jeder Trainingssitzung aufgeschrieben.

Wenn die Zahl der Patienten, die kamen und auf ihrem Platz blieben, ein konstantes Niveau erreicht hatte; reagierten diese Patienten fast jedes Mal wie erwünscht. In der Folge wurde die Zeitdauer in jeder Trainingssitzung allmählich verlängert.

Schließlich wurde den Patienten nur noch beim zweiten Pfiff etwas Eßbares gegeben, und dadurch wurde der Verstärker fürs »zur Linie kommen« eliminiert. Die Zeitspanne zwischen dem ersten und dem zweiten Pfiff wurde allmählich vergrößert. Folglich hatten die Patienten länger auf die Verstärkung zu warten. Das »Warte«-Intervall wurde um ungefähr fünf bis zehn Sekunden pro Trainingssitzung ausgedehnt. Nachdem eine Minute erreicht war, wurde das Intervall um weitere fünfzehn bis zwanzig Sekunden pro Trainingssitzung verlängert. Nur die Patienten, die ohne Schieben, Drängeln oder Geschrei warteten, wurden beim zweiten Pfeifen verstärkt. Nachdem eine gewisse Anzahl von Patienten in aufeinanderfolgenden Trainingssitzungen vier Minuten lang ruhig wartete, wurde mit dem Aufbauprogramm II begonnen.

3.1.2. Hinterhergehen

Das Aufbauprogramm II: folgen Sie mir.

Das zweite Programm war eine natürliche Erweiterung des Programms I, da viele Beschäftigungen einen örtlichen Wechsel innerhalb der Station oder auf dem Krankenhausgelände erforderten. Die Patienten mußten es lernen, einem Gruppenleiter mit möglichst wenig Krach, unnötigem Herumlaufen und minimaler, aggressiver Interaktion zu folgen. Das Personal-Patienten-Verhältnis wurde aus Programm I beibehalten. Man benutzte dieselben Mittel — zusätzlich als visuelle diskriminative Reizkontrolle einen farbigen Stab für jede Gruppe. Auch hierbei wurde das Hinterhergehen *nicht* bei einem notwendigen Ortswechsel trainiert.

Jeder Betreuer nahm seine Position auf der farbigen Markierungslinie ein und trug einen Stab in der Farbe der Linie. Auf das Pfeifen hin näherten sich die Patienten der Linie, warteten ruhig, und wurden aus dem Raum geführt. Patienten, die der Aufforderung »folgen Sie mir« nicht gehorchten, wurden nicht gezwungen oder weggezogen. Am vorherbestimmten Ort bekamen die Patienten dann etwas Eßbares. Alle, die herumliefen wurden mit einem Minimum an Zwang zur Station zurückgebracht; es erfolgte keine Interaktion von Seiten des Personals, bis die anderen Patienten zurückkehrten. Zu Beginn betrugen die zurückgelegten Strecken außerhalb der Station nicht mehr als zehn Meter. Mit zunehmender Zahl der Trainingssitzungen vergrößerte man diese Strecken allmählich. Um das Verhalten immer mehr unter Kontrolle zu bekommen, wurde Verstärkung *nur* noch bei der Rückkehr zur Station gegeben.

Das Aufbauprogramm I begann auf einer Station des Maple-Building im Oktober 1968. Die Anzahl richtiger Reaktionen auf das »Reihe bilden« wuchs von 53 % am ersten Tag auf 80 % am zehnten an und erreichte nach siebzehn Tagen 100 %. Der Prozentsatz von »vier Minuten warten« stieg von 24 auf 56 %. Im Programm II stieg innerhalb von siebzehn Tagen die richtige Reaktion auf »zur Linie kommen, vier Minuten warten, den Ort wechseln, zurückkehren« von 41 auf 88 %. Nicht richtig reagierende Patienten wurden einzeln therapiert. Auch sie reagierten dann, wenn man einen geeigneten Verstärker gefunden hatte.

Nach dem erfolgreichen Start des Anfangsprogramms richteten andere Stationen im Maple-Building dieselben Programme ein und erreichten vergleichbare Erfolge. Nach dem Vorbild des Maple-Building führte das Cedar-Building die Programme in derselben Reihenfolge ein und erreichte wieder vergleichbare Resultate.

Die Durchführung der beiden Aufbauprogramme ermöglichte die Einführung anderer, komplexerer Programme fürs Händewaschen, auf die Toilette gehen, angekleidet bleiben und für Tischmanieren.

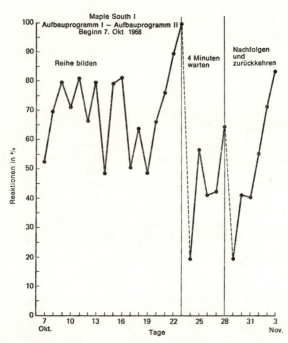

Abb. 3.1: Reaktionen (Instruktion befolgen) in Programm I und Verhaltensentwicklung in Programm II (nach Aufforderung kommen und vier Minuten auf Verstärkung warten), in %.

3.1.3. Waschen

Aufbauprogramm III: In diesem nächsten Schritt hieß das erwünschte Verhalten: *Reihe bilden, dem Personal in die Waschräume folgen und sich mit einem Waschlappen Gesicht, Ohren, Hals und Hände waschen.*

Neben den Hilfsmitteln aus den Programmen I und II wurden ein Waschlappen und duftende Seife verwendet. Die Möglichkeit, die Seife zu benutzen wirkte auf viele Patienten verstärkend, die das Verhalten schnell lernten.

Nachdem die Betreuer auf ihren Plätzen waren, wurde jede Patientengruppe zu den Waschräumen geführt. Der Leiter assistierte dem »Trainer«. Ein Betreuer blieb auf der Station. Zur Aufrechterhaltung des Verhaltens »kommen und warten« erhielten die Patienten durchschnittlich jedes zwölfte Mal einen eßbaren Verstärker kurz vor der Aufforderung »mir folgen«. Nach der Ankunft in den Waschräumen wurde ein Patient in den Raum mit den Waschbecken geführt. Der Trainer forderte ihn auf, zu einem bestimmten Waschbecken zu gehen. Gut sichtbar für den Patienten ließ man etwas Eßbares in den Waschlappen fallen. Der Waschlappen wurde oben offengehalten, so daß der Patient seine Hand hineinstecken mußte, um an den Verstärker zu kommen. In den meisten Fällen zog der Patient die Hand wieder zurück, wenn er sich den Verstärker genommen hatte. Dann wurde ihm ein zweiter Verstärker gezeigt; während er hinschaute, verbarg man ihn in der geschlossenen Hand und tat so, als hätte man ihn in den Waschlappen gesteckt. Dieser wurde offengehalten, und unmittelbar nachdem der Patient die Hand hineingesteckt hatte, erhielt er vom Trainer etwas Eßbares. Während der Verstärker mit der einen Hand ausgeteilt wurde, ergriff die andere Hand des Trainers das Handgelenk des Patienten und tauchte dessen Hand mit dem Waschlappen in das warme Wasser im Becken. Dann gab der Trainer durch Bewegungen und Worte zu verstehen, daß er den nassen Waschlappen zum Gesicht führen solle (dazu *wurde er nicht gezwungen*). Wenn der Patient folgte, wurde ihm sofort ein Verstärker verabreicht – und damit endete die erste Trainingssitzung für den Patienten. Nachdem der Waschlappen abgestreift worden war, wurde der Patient dahin zurückgeführt, wo die anderen aus seiner Gruppe ruhig warteten. Mit dem nächsten Patienten wurde ebenso verfahren. Die Zeitdauer im Waschraum dauerte höchstens fünf Minuten pro Patient und Sitzung. Die Sitzungsdauer wurde aufgezeichnet und als ungefähre Meßziffer für die Lerneffizienz in Programm III genommen.

Sequenz 1

Ausformungssequenz für das Programm *»Gesichtswäsche«*

1. Waschbecken erreichen
2. Waschlappen überziehen
3. Waschlappen ins Wasser tauchen
4. Mit Waschlappen das Gesicht berühren
5. Das Gesicht teilweise waschen
6. Das Gesicht ganz waschen
7. Die gereichte Seife benutzen
8. Benutzung eines einfachen Lappens
9. Benutzung von Lappen und Seife
10. Sich selbständig gründlich waschen
11. Sich selbständig nach dem Waschen abtrocknen

Später wurden die Patienten jeder Gruppe, die auf das Programm am schnellsten reagierten, ohne eine Verstärkung für die früheren Schritte der Sequenz zum Waschraum geführt. Schließlich wurde der Patient nur noch für das Waschen verstärkt, das annähernd dem erwünschten Zielverhalten entsprach.

Das Aufbauprogramm III wurde November 1968 eingeführt. 58 % der Patienten berührten ihr Gesicht mit dem Waschlappen. Drei Monate später gingen alle Patienten zum Waschbecken und streiften den Waschlappen über. 90 % tauchten ihn ins Wasser, berührten das Gesicht damit und wuschen es sich teilweise. Weniger als die Hälfte wuschen ihr Ge-

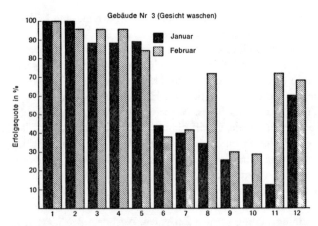

Abb. 3.2: Prozentualer Vergleich der Patienten, die während zweier aufeinanderfolgender Monate die Schritte des Trainings ›Gesichtswäsche‹ durchführen. Die 11 Schritte dieses Programms sind in »Sequenz 1« aufgeführt.

sicht ganz. 38 % benutzten Seife, wenn sie ihnen gegeben wurde, 33 % lernten es, sich auch mit einem einfachen Lappen zu waschen, und 28 % benutzten Lappen und Seife. Zu dieser Zeit wuschen nur 12 % ihr Gesicht ganz und trockneten sich selbst ab. Innerhalb des nächsten Monats wuchs die Zahl der Benutzer von einfachen Lappen auf 70 % an. Das Waschen des ganzen Gesichts verdoppelte sich, und die Zahl derjenigen, die sich selbständig abtrockneten, erhöhte sich auf 71 %.

Ein Jahr später wurde die Zahl der Schritte innerhalb des Programms von elf auf zwanzig erhöht. Einige Patienten bewältigten einen späteren Sequenzschritt, ohne alle vorhergehenden durchgeführt zu haben; z. B. führte der Patient Philipp folgende Schritte aus (gekennzeichnet durch ×):

×   1. Geht zum Waschbecken
      2. Verschließt den Abfluß
×   3. Läßt das Wasser laufen
      4. Nimmt die Seife
×   5. Wäscht sich die Hände
×   6. Nimmt den Waschhandschuh oder einen einfachen Lappen
      7. Taucht den Waschlappen ins Wasser
      8. Wringt den Waschlappen aus
      9. Seift ihn ein
×   10. Wäscht sich das Gesicht teilweise
     11. Wäscht sich das Gesicht ganz
×   12. Ohrenwäsche
     13. Halswäsche
     14. Spült den Waschlappen aus
     15. Entfernung der Seife von Gesicht, Hals, Ohren
×   16. Trocknet sich das Gesicht ab

       17. Trocknet sich den Hals ab
       18. Trocknet sich die Ohren ab
×   19. Läßt das Wasser ablaufen
×   20. Trocknet sich die Hände

Ohne alle Schritte durchzuführen, zeigte Philipp sehr viel von dem in Programm III erwünschten Verhalten. Nur zwei Patienten reagierten auf einem deutlich niedrigeren Niveau als die anderen. Robert lernte die Schritte 1, 6, 7 und 10, die eine Sequenz *allein* für das Gesichtswaschen bildeten; Ricky lernte lediglich, zum Waschbecken zu gehen und den Waschlappen zu nehmen.

Zwei Stationen im Maple Building fingen mit dem Programm ›Gesichtswäsche‹ in der ersten Novemberwoche 1968 an. Nach zwei Monaten gingen alle Patienten bei Aufforderung zu den Waschbecken; 70 % wuschen sich ihr Gesicht teilweise, und 60 % wuschen sich vollständig und trockneten sich auch ganz ab. Fünf Monate nach Programmbeginn hatten 92 % der einen, und 85 % der anderen Station die ganze Sequenz gelernt.

3.1.4. Eliminierung des Essenstehlens

Nach der erfolgreichen Durchführung des Aufbauprogramms I lag die *nächste, durch das Personal bestimmte Priorität* auf der Eliminierung des Verhaltens »Essen stehlen«. Das Ziel war: die Gruppe von achtzehn Patienten dazu zu bringen, daß niemand während der Mahlzeiten Essen vom Teller der anderen stahl.

Der Programmplan schloß das Betreten des Speiseraums (wie in Programm II gelernt) ein. Gewohnheitsmäßige »Essenstehler« wurden so nah wie möglich an den Eingang gesetzt. Zuerst servierte man die Hauptmahlzeit, dann den Nachtisch. Boden und Tische wurden vor dem Nachtisch gesäubert. Wenn ein Patient Essen vom Teller eines anderen stahl, wurde er in seiner Mahlzeit unterbrochen und zum Tagesraum geschickt. Das Gewicht der Patienten wurde wöchentlich kontrolliert. Wenn jemand mehr als zwei Pfund verlor, wurde er dem verantwortlichen Arzt zur Entscheidung über seinen Verbleib im Programm vorgeführt. Jede abgebrochene Mahlzeit wurde aufgezeichnet.

Dieses Programm begann im November 1968. Die Zahl der Mahlzeiten, *während* deren das Essenstehlen in der Anfangsphase des Programms vorkam, betrug (bei 54 möglichen) durchschnittlich 4,4 pro Tag. Die Unterbrechungen gingen zurück, bis sie nach drei Monaten nur noch bei 0,64 % lagen. Die wöchentlichen Gewichtskurven zeigten bei vier Patienten einen Verlust von zwei oder mehr Pfund während der ersten vier Monate an. Nur einer von diesen vier zeigte einen bedenklichen Gewichtsverlust (sieben Pfund).

    Nach vier Monaten begann das Personal die Häufigkeit zu registrieren, mit der ein Patient *nach* der Hauptmahlzeit und vor dem Nachtisch

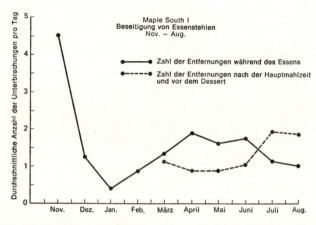

Abb. 3.3: Die durchgezogene Linie bezeichnet die durchschnittliche Anzahl der Essensunterbrechungen (Entfernung des Patienten aus dem Eßraum) und zeigt abnehmende Häufigkeit nachdem die Entfernung kontingent auf Essenstehlen eingesetzt wurde. Die gestrichelte Linie zeigt die durchschnittliche Anzahl von kontingenten Entfernungen nach der Hauptmahlzeit und vor dem Dessert.

stahl. Außerdem wurde die Häufigkeit des »Stehlens« während der Hauptmahlzeiten weiterhin protokolliert. Der Patient wurde dann jedesmal sofort aus dem Speisesaal entfernt; wenn er die Hauptmahlzeit schon gegessen hatte, bekam er keinen Nachtisch. In diesem Monat wurden die Patienten durchschnittlich für 1,39 Mahlzeiten pro Tag entfernt, die Anzahl der Entfernungen nach der Hauptmahlzeit betrug 1.14. Überraschenderweise nahmen die meisten Patienten an Gewicht zu. Ein Junge hatte seit der ersten Märzwoche 9 Pfund abgenommen. Während der nächsten drei Monate blieb die durchschnittliche Zahl der Unterbrechungen ungefähr gleich, die Unterbrechungen nach der Hauptmahlzeit nahmen etwas ab.

Der Patient Charles reagierte nicht auf das Standardprogramm. Während der ersten zwei Monate stahl er mehr Essen als jeder andere: dreizehnmal im November und siebzehnmal im Dezember. Das Standardprogramm der abgebrochenen Mahlzeiten konnte bei ihm nicht durchgeführt werden, weil er zu stehlen anfing, *nachdem* er das ihm servierte Essen vollständig aufgegessen hatte. Besser gesagt — er schlang es in großen Bissen hastig hinunter. Als er schließlich bei 23 Mahlzeiten stahl, wurde sein Essen in sechs Portionen aufgeteilt, die man ihm nacheinander servierte. Wenn Charles während des Essens der einen Portion nichts vom Teller eines anderen gestohlen hatte, bekam er die nächste Portion und wurde gelobt. Von Januar bis Februar verlor er 5 Pfund, aber sein Arzt empfahl den Verbleib im Programm. Bis Ende April hatte er sein ursprüngliches Gewicht sogar um 7 Pfund vermehrt. Während des Spezialprogramms stahl Charles zwischen Februar und März nur viermal Essen, dann nahm er wieder am Standardprogramm teil. In den nächsten fünf Monaten stahl er zehnmal — im Verhältnis zu den ersten drei Monaten, in denen er 53 mal Essen gestohlen hatte, eine deutliche Abnahme. Ein angenehmer Nebeneffekt war, daß

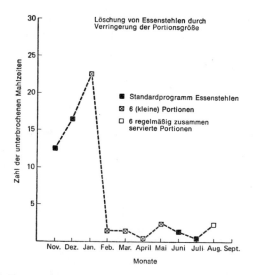

Abb. 3.4: Die Kurve zeigt am Beispiel eines Patienten die Unwirksamkeit eines Programms zur Beseitigung des Essenstehlens, das die Entfernung von den Mahlzeiten kontingent einsetzt, im Vergleich zu einem Programm, welches die Größe der Portion kontingent einsetzt.

Charles aufhörte, nach den Mahlzeiten alles wieder von sich zu geben, was vorher oft der Fall gewesen war.

3.1.5. Zeitstichproben-Untersuchung

Bevor weitere Programme der Verhaltensmodifikation im Cedar-Building eingeführt wurden, führte jede Station (Nord und Süd) eine Zeitstichprobenuntersuchung durch. Das Ziel der Studie war es, die Personal-Patient-Interaktionen vor und nach der (zeitweiligen) Ausstattung der Stationen mit ausreichendem Personal und der Einrichtung strukturierter Programme zu vergleichen. Vier zwanzigminütige Zeitabschnitte wurden jeden Tag auf jeder Station ausgewählt; jede dieser vier Stichproben wurde zu verschiedenen Stunden durchgeführt: zwei am Morgen, zwei am Nachmittag. Sie wurden *nur* zu den Zeiten durchgeführt, wenn sich Personal und Patienten in den Tagesräumen aufhielten. Die Stichproben wurden an drei aufeinanderfolgenden Tagen durch einen Beobachter gemacht, der nicht mit den Patienten und dem Personal interagierte. Dem Personal wurde erklärt, daß er Verhaltensweisen der Patienten beobachte. Nach der Studie kamen zehn psychiatrische Praktikanten für vier Monate auf die Stationen, wo standardisierte Programme eingeführt wurden. Die Aktivitäten der Praktikanten wurden vom Pflegepersonal in Zusammenarbeit mit dem Leiter der Programmeinheit und dem Stationspersonal geleitet. Als Ergänzung zu ihrer Arbeit erhielten die Praktikanten zusätzlich Vorlesungen in Theorie und Praxis der Verhaltensmodifikation. Zwei Wochen nach ihrem Weggang wurde eine zweite Untersuchung mit dem gleichen Stichprobenverfahren durchgeführt.

Der Vergleich beider Studien zeigte deutliche Unterschiede zwischen den ursprünglichen therapeutischen Aktivitäten und denen, die nach ausreichender Betreueranzahl und der Einrichtung strukturierter Programme stattfanden. Die Zahl der von den Betreuern begonnenen verbalen Interaktionen stieg an; die Zahl der von ihnen initiierten physischen Kontakte stieg auf einer Station leicht an und nahm auf der anderen leicht ab. Die von den Patienten ausgehenden verbalen und physischen Interaktionen nahmen in beiden Stationen ab. Die Zahl der durch Therapiehelfer initiierten verbalen Interaktionen stieg auf der einen Station an, nahm auf der anderen ab; die Zahl der von den Therapiehelfern ausgehenden physischen Interaktionen nahm auf beiden Stationen ab. Die bemerkenswerteste Veränderung ergab sich beim störenden Verhalten: verbale und physische Störungen nahmen in beiden Stationen zu einem großen Prozentsatz ab.

3.1.6. Eliminierung von Auszieh-Verhalten

Ein Programm für Patientinnen des Cedar-Building beschäftigte sich mit der Eliminierung von »Auszieh«-Verhalten. Ausgangsdaten (der Gesamtwert von vier Zufallsstichproben pro Tag) zeigten, daß jeden Tag durchschnittlich fünfzehn Patientinnen durch Ausziehen oder Herunterreißen der Kleidung teilweise oder ganz unbekleidet waren. Das Eliminierungsverfahren bestand in *differentieller Verstärkung für das Angezogensein*. Am Morgen wurde jede Patientin angezogen und erhielt etwas Eßbares. Wenn eine Patientin sich zur Zeit einer der Stichproben ausgezogen *hatte*, wurde sie wieder angezogen. Das Personal wartete bis zur nächsten Stichprobe. Wenn die Patientin dann noch angezogen war, wurde sie verstärkt. Lob, Aufmerksamkeit, physischer Kontakt und Eßbares wurden abhängig von der Patientin als Verstärker benutzt. Während der ersten zwei Wochen des Programms waren im Durchschnitt acht Mädchen bei den täglichen Stichproben unbekleidet. Diese Zahl fiel in den nächsten vier Wochen ab, stieg in der siebten Woche aber wieder auf acht an. Von der elften bis zur vierzehnten Woche waren pro Tag nur noch vier oder fünf Mädchen unbekleidet. In der 17. Woche fiel die Zahl der Unbekleideten pro Tag auf weniger als drei ab, von der 19. bis zur 21. Woche betrug sie weniger als eins, und in der 26. Woche war bei den Stichproben kein Mädchen mehr unbekleidet. Das Programm wurde für weitere 15 Wochen fortgeführt. Das Ausziehen trat sehr viel seltener auf

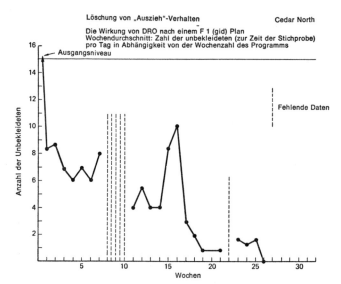

Abb. 3.5.: Abnehmende Häufigkeit unbekleideter Patientinnen als Folge einer differentiellen Verstärkung für Bekleidetsein.

als zu Beginn des Programms. Weniger Zeit war wieder fürs Ankleiden erforderlich, weniger Kleidung mußte geflickt oder weggeworfen werden.

3.1.7. Behandlungsprogramm Toilettenbenutzung

Als im Maple-Building das Programm zur Eliminierung des Essenstehlens einige Monate in vollem Gang war, führte das Cedar-Building ein ähnliches Programm mit ungefähr gleichen Resultaten durch. Das Cedar-Building fügte der Eliminierung des Essenstehlens einige weitere Verfahren der Verhaltensmodifikation hinzu, darunter einzeltherapeutische und solche, die die Insassen der ganzen Station oder des Hauses erfaßten. Viel Zeit mußte das Personal aufgrund des fehlenden Toilettentrainings für Fußbodenwischen und das Säubern der Möbel aufbringen; Zeit, die für andere Trainingsaufgaben besser hätte genutzt werden können.

Bei jedem Vorfall mußte der Patient geduscht und wieder sauber angezogen werden. Das Toilettentrainings-Programm sollte die Häufigkeit der Inkontinenz senken und die Patientinnen zu selbständiger Toilettenbenutzung erziehen. Bestimmte Zeiten am Morgen, Mittag und Abend wurden dafür eingeteilt. Die regelmäßige Durchführung sollte die Einhaltung des Plans und die Verstärkung des Verhaltens garantieren. Die Aufbauprogramme I und II wurden dazu verwendet, der Patientin die Benutzung des Waschraums und das ordentliche Hinsetzen in der Toi-

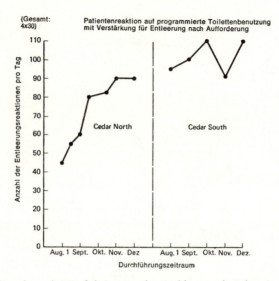

Abb. 3.6: Zunehmende Häufigkeit normalen Stuhlgangs als Folge eines geplanten Trainings zur Toilettenbenutzung. Obwohl nicht dargestellt, nahm in der gleichen Zeit auch die Häufigkeit der »Unfälle« ab.

lette beizubringen. Im Programm waren Verhaltensformungstechniken enthalten; die Patientinnen wurden verstärkt für:

1. Betreten des Waschraums
2. Sitzen auf der Toilette
3. für Stuhlentleerung.

Wenn eine Patientin planmäßig ihren Stuhl entleerte, wurde sie mit Lob und Eßbarem verstärkt. Wenn sie übermäßig lange und ohne Stuhlentleerung in der Toilette blieb, wurde sie nicht verstärkt und zum Tagesraum zurückgeschickt. Die Daten einer Station weisen ziemliche Veränderungen in der Häufigkeit der korrekten Stuhlentleerung von August bis Dezember 1969 auf. Zu Beginn des Programms im August gab es nur 45 Reaktionen pro Tag (von 120 möglichen), im Dezember wurden 90 Reaktionen (eine Verdoppelung) pro Tag verzeichnet. Ein ähnlicher Fortschritt ergab sich, wenn auch nicht in dem Ausmaß, auf der anderen Station. Dort begannen die Patientinnen das Programm auf einem höheren Niveau.

3.1.8. Baden

Im April 1969 führte das Maple-Building ein Badeprogramm ein. Jedem Betreuer wurden zwei oder drei Patienten zugeteilt. Mit jedem der Jungen arbeitete man individuell und brachte ihm bei, so viel wie möglich selbständig zu tun. Das Verhalten wurde (ähnlich dem Programm Gesichtswäsche) in aufeinanderfolgenden Schritten allmählich ausgeformt. Über die Bewältigung der einzelnen Schritte wurden bei jedem Patienten Daten gesammelt und vermerkt, ob er sich kooperativ, unkooperativ oder desinteressiert zeigte. Bei Beginn des Programms waren nur 12 der 18 Jungen kooperativ, und nur 4 von ihnen konnten die Hälfte der geplanten Schritte ausführen. 4 Jungen waren unkooperativ, konnten aber einige Schritte ausführen; 2 zeigten kein Interesse daran, selbständig zu baden. Nach sechs Monaten war ein Fortschritt offensichtlich, 9 Jungen führten die Hälfte der Schritte aus, 6 von diesen 9 Jungen mehr als 6 Schritte der Kette. Nur 2 hatten große Schwierigkeiten: einer war unkooperativ, führte aber 4 Schritte aus, der andere 2 Schritte, obwohl er kein Interesse am Baden selbst zeigte. Von der ganzen Gruppe machten 75% in Maple South Fortschritte. Billy konnte als fortgeschrittenster

---

Auswertung Badeprogramm   Name.................... Datum.............

Anweisungen: Prüfen Sie das jetzige Funktionsniveau des Patienten. Kreuzen Sie nur einen vollständig beherrschten Schritt an. Fügen Sie keine Kommentare hinzu.

( ) Zieht sich aus
( ) Steigt in die Wanne
( ) Benutzt Waschlappen
( ) Benutzt Seife
( ) Fängt an, sich zu waschen
( ) Wäscht sich ganz
( ) Trocknet sich ab
( ) Zieht sich an

( ) Führt die ganze Badesequenz durch (Schritte 1—8)
( ) Legt Seife und Waschlappen beiseite, säubert Wanne und Boden
( ) Ist kooperativ
( ) Zeigt kein Interesse
( ) Ist unkooperativ

Unterschrift des Betreuers............

---

die Schritte drei bis sieben innerhalb von sechs Monaten durchführen. Da sich die Jungen auf beiden Stationen selbständiger beim Baden verhielten, konnte ein Betreuer gleichzeitig einem Patienten bei der Toilettenbenutzung helfen und einen anderen beim Baden beaufsichtigen.

Außer dem Badeprogramm richtete das Personal von Maple noch andere Selbsthilfe-Programme ein, die Rasieren und Zähneputzen beibrachten. Diese Fähigkeiten konnten im Februar 1969 nur die Hälfte der Jungen unter Beaufsichtigung bewältigen. Im April kamen mehr als dreiviertel (79%) der Jungen gut mit elektrischen Zahnbürsten zurecht.

3.2. Münzpläne

Ein Grundproblem bei der Ausformung komplexer Verhaltensweisen bei schwer- und schwerstbehinderten Kindern stellt die Entwicklung wirksamer, dauerhafter Verstärkung dar. Verzehrbare oder Freizeit-Belohnungen unterscheiden sich sehr voneinander. Eine mögliche Lösung dieses Problems liegt in der Münzverstärkung, die sich bei Schwer- und Schwerstbehinderten als sehr wirksam im Training von Selbsthilfe und Reaktionsbereitschaft erwiesen hat.

Watson et al. (1965 a) schilderten den Wert von Spielmarken als Münzen. In der Columbus State School wurden 14 schwer- und schwerstbehinderte Jungen (durchschnittliches Alter: 11,0, mittlerer IQ: 23,1) in der Benutzung eines Automaten für Bonbons oder auditive/visuelle Reize trainiert. Man erlaubte ihnen, die Primärverstärkung mit dem höchsten Anreiz für sich auszuwählen. Die Reaktion auf diese Verstärkung war stark und dauerhaft. Das Personal fand heraus, daß es einem schwerstbehinderten Kind leichter die Bedienung des Automaten als den Eintausch von Münzen im »Laden« beibringen konnte. Außerdem stellt ein Automat eine zuverlässige und objektive Methode zur Beurteilung von Verstärkerpräferenzen und Anreizwert bereit. (*Watson* et al., ebd.).

Auxter (1969) benutzte Sekundärverstärkung für Muskelkoordination und Spielverhalten bei behinderten und emotional gestörten Kindern. 10 Jungen (im Alter von 9 bis 12 Jahren) erhielten erst Murmeln, dann Münzgeld und schließlich soziale Verstärkung. Für einige boten Tüchtigkeits-Ranglisten einen Anreiz. In einigen Anstalten haben sich Münzen, die von Betreuern oder automatischen Wechselapparaten ausgetauscht wurden, als brauchbare Sekundärverstärker erwiesen.

Im Parsons State Hospital and Training Center in Kansas unterrichtete man in einem speziellen Heimprogramm behinderte Mädchen mit IQ's von 20 bis 45 in Selbsthilfe und sozialen Fähigkeiten mit Hilfe von Münzverstärkern (*Girardeau* and *Spradlin*, 1964). Die Mädchen erhielten Münzen für produktives Verhalten wie Anziehen, Gesichtswäsche, Haarekämmen. Die Münzen wurden in einem kleinen »Laden« gegen Bonbons, Haarklips, Parfüm, Farbstifte und Papier eingetauscht.

Am Anna State Hospital in Illinois wurde ein ausgedehntes Münz-Ökonomie-Programm für die ganze Station eingeführt, das für andere Anstalten als Modell diente (*Ayllon* and *Azrin*, 1968). Es handelte sich um eine offene Anstalt. Die beste Verstärkung bestand für viele Patienten (die lange Zeit in einer Anstalt gelebt hatten) in Aktivitäten außerhalb der Station wie Kinobesuch, Tanz, Besuche und einer Anstellung. Folglich wäre ein geschlossenes System geradezu unmöglich.

Das Experiment im Anna State Hospital setzte einige Richtlinien für nachfolgende Münzökonomie-Programme in anderen Institutionen: 1. Das Personal sollte nur in den Verhaltensweisen unterrichten, die auch nach dem Training weiterhin verstärkt werden. 2. Es sollte jeden Patienten zu beobachten versuchen, um herauszufinden, was er speziell tut, wenn sich ihm Gelegenheiten dazu bieten. Diese Aktivitäten können Verstärker sein (*Premack*, 1959). 3. Münzen können als Überbrückung der Zeitverzögerung zwischen angemessener Reaktion und dem Erhalten des Primärverstärkers dienen. 4. Man sollte den Patienten klar zu verstehen geben, welches Verhalten man von ihnen erwartet. 5. Möglicherweise muß das Patientenverhalten zu Beginn ausgeformt werden.

Neuere Berichte zeigen verschiedene Anwendungen von Münzverstärker-Programmen. In der Dixon State Schule wurden Münzverstärker-Programme von psychiatrischen Helfern mit Erfolg bei Geisteskranken und Geistigbehinderten durchgeführt und erleichterten einige der Verwaltungsprobleme, die aus Mangel an Fachpersonal entstanden (*Brierton* et al., 1969). Das Personal der Dixon Schule erstellte Kurvenblätter für ein Heim mit 28 Patienten, die es den klinischen Forschern ermöglichten, Perioden mit relativ geringer Leistung zu erkennen. Jede Aussage über die Leistung konnte sowohl mit den täglichen Berichten über Veränderungen während des Programms als auch anderen einwirkenden Faktoren verglichen werden. Die Daten gaben außerdem Informationen, die man zur Behebung einiger Probleme innerhalb der Münzökonomie benutzte. Das Dixon-Projekt demonstrierte deutlich, daß Helfer mit dem Münzeintausch betraut werden konnten. Die Forscher fanden zwei Ursachen heraus, die zu einem Leistungsabfall führen: a) von Experimentatoren absichtlich eingeführte Veränderungen der Umgebung und b) Münzübersättigung. Diese Faktoren müssen vor der Ausweitung einer Münzökonomie berücksichtigt werden.

3.2.1. Das Faribault-Programm

Im Faribault Hospital wurde ein Stationsprogramm mit Münzökonomie, genannt Aufbauprogramm IV, eingerichtet, das ähnliche Techniken wie die zuvor erwähnten benutzte. Man wählte auf einer Station 19 schwer- und schwerstbehinderte männliche Patienten aus, die kaum die zu Körperpflege und minimalen Interaktionen nötigen Verhaltensweisen besaßen. Eins der Ziele des Münzprogramms bestand darin, ihnen zu stärkerer Unabhängigkeit und Kooperation zu verhelfen. Das Programm IV wurde in Übereinstimmung mit dem Prinzip der positiven Verstärkung für angemessenes Verhalten unter Benutzung einiger Verhaltensweisen aus dem Programm I und II entworfen.

Zunächst wählte man ganz bestimmte Verhaltensweisen zur Verstärkung aus und definierte sie ganz genau. Die Benutzung von Ausformungsmethoden bot sich an. Die »richtige Leistung« jedes Patienten wurde an dessen Funktionsniveau bei Beginn des Programms gemessen. Die Anforderungen wurden mit fortschreitendem Programm gesteigert. Auch die Verkettungsmethode wurde ausgiebig angewandt.

Die spezifischen Verhaltensweisen wurden in folgende Klassen eingeteilt:

Arbeitstherapie
Macht das eigene Bett
Kehrt den Boden
Wischt den Boden
Bewegt Möbel
Säubert Möbel
Macht Botengänge

Gegenseitige Hilfe
Hilft anderen beim Anziehen
Hilft beim Baden
Hilft beim Zähneputzen
Schnürt Schuhe für andere

Kooperation
Teilt das Spielzeug mit anderen
Spielt mit anderen

Folgsamkeit
Kommt auf Anruf
Geht bei Aufforderung in den Trainingssaal
Geht bei Aufforderung in den Schlafsaal oder ins Bett
Geht bei Aufforderung in den Speisesaal
Trägt ein Tablett, ohne etwas zu verschütten

Selbsthilfe
Geht zum Waschraum
Zieht sich an
Schnürt die Schuhe
Wäscht sich das Gesicht
Wäscht sich die Hände
Putzt sich die Zähne

Nach Definition und Einteilung wählten die Betreuer spezifische Verhaltensweisen von hoher oder niedriger Stärke aus und sammelten Ausgangsdaten. Die Patienten blieben in den Gruppen, denen sie zugeteilt waren. Der Gruppenbildung lagen keine besonderen Verhaltensmerkmale zugrunde. Vor Beginn des Programms war festgesetzt worden, daß keine *bestehende* Vergünstigung oder medizinische Versorgung aufgehoben oder beschränkt werden sollte. Schließlich wurde räumlich festgelegt, wo die Einführung der Münzökonomie stattfinden sollte.

Zur Festsetzung des »Wertes« der Münze stellte sich ein Betreuer an Punkt A auf und rief: ».. . , kommen Sie her zu mir.« Wenn der Patient folgte, bekam er eine Münze. Folgsamkeit, Münzverteilung und Münzaustausch wurden unter diesen Probebedingungen aufgezeichnet. Nachdem der Patient die Münze bekommen hatte, nahm ein zweiter Betreuer in der Position B (zu Beginn nahe bei Position A) die Münze wieder weg und tauschte sie gegen einen Verstärker, gewöhnlich etwas Eßbares, ein. Die Entfernung zwischen Position A und B wurde mit jeder Unterrichtsstunde schrittweise vergrößert. B bewegte sich in Richtung auf den »Laden« zu, während A in der ursprünglichen Position verblieb. Wie weit sich B weg bewegte, hing von der Konstanz der Reaktionen der Patienten beim Münzaustausch ab. Wenn B schließlich beim »Laden« angelangt war, boten sich dem Patienten für seine Münzen eine Vielzahl von Gegenständen zum Tausch an.

Zunächst gab man nur Münzen aus, die sofort wieder eingetauscht wurden. Mit fortschreitendem Training verlängerte sich die Zeitspanne zwischen Münzausgabe und Öffnung des »Ladens« immer mehr. Nachdem die Dauer der Münzaufbewahrung eine Stunde erreicht hatte, begann man Münzen für einige der aufgeführten spezifischen Verhaltensweisen auszuteilen. Münzverstärkung wurde nicht sofort für alle Verhaltensweisen gegeben, sondern nur für diejenigen, die bereits mit relativ hoher Intensität auftraten. Nach günstigem Verlauf im Programm Münzaufbewahrung und Münztausch wurde die Liste der Verhaltensweisen um die (nach Meinung des Personals) wichtigsten erweitert.

Bei Beginn des Programms im Dezember 1969 kamen bereits alle Patienten auf Aufruf, worauf jeder eine Münze erhielt, die sofort eingetauscht wurde. Als die Entfernung zur Eintauschstelle mehr als 8 Meter betrug, konnte einer der Patienten die Münzen nicht mehr eintauschen, aber nur während der morgendlichen Trainingssitzung. Bei einer Entfernung von 12 Metern reagierten zwei Patienten schlechter. In der fünften Woche des Programms reagierten bei einem Abstand von 38 Metern zwischen Punkt A und B nur zwei Patienten nicht mit 100%iger Richtigkeit.

Fünf Monate später erhielten die Jungen Münzen für zusätzliche Verhaltensweisen. Haarekämmen, Waschen, Anziehen, Bettenmachen und Tischmanieren wurden bei jedem Jungen täglich protokolliert. Die Aufzeichnungen wurden dann in Münzzahlungen umgesetzt. Münzverstärkung hatte günstige Auswirkungen auf das Verhalten: zwischen 60 und 90% der Münzempfänger tauschten sie nach einer 30minütigen Zeitverzögerung wieder ein.

Im Februar 1970 richtete das Personal im Cedar-Building ein Münzökonomie-Programm für einige Mädchen ein. 25 ältere, für das Projekt ausgewählte Patientinnen (schwer- und schwerstbehindert) erlernten den Wert einer Münze. 23 der 25 behielten sie durchgängig für 90 Minuten und unter Zurücklegen einer Entfernung von 23 Metern. Zu Beginn des Programms kamen bereits 80% der Mädchen auf Anruf, 75% behielten die Münzen und tauschten sie gegen eßbare Verstärker ein. Nach fünf Wochen bekamen 96% der Mädchen Münzen, und 88% tauschten sie gegen Eßbares ein. Am Ende der fünf Wochen kamen *alle* Mädchen auf Anruf und erhielten eine Münze, das richtige Eintauschverhalten wuchs auf über 90% an. Zur Zeit der Niederschrift dieses Berichts werden Münztraining und »Laden« weitergeführt. Einige individuelle Programme sind in Planung, andere laufen bereits.

Zwei Mädchen wurden in einem individuellen Münzprogramm behandelt. Jedes erhielt je eine Münze für die Säuberung von Waschbecken, Hilfe beim Schuheanziehen und Ankleiden einer anderen Patientin. Während der ersten Woche erhielt Virginia vier, Cheryl drei Münzen.

Wenn sie wollten, konnten beide die Münzen sofort umtauschen. In der zweiten Woche verdiente sich Cheryl mit Waschbeckensäuberung und Anziehhilfe neun Münzen, Virginia für dieselben Arbeiten sechs. In der zweiten Woche mußten sie ihre Münzen eine Stunde bis zum Umtausch im »Laden« behalten; diese Zeitspanne wurde in der dritten Woche auf zwei Stunden ausgedehnt. Cheryl verdiente sich zehn Münzen, Virginia nur fünf. Außer für das Putzen und Anziehen wurden auch für andere Verhaltensweisen Münzen angeboten, wie Hilfestellung beim Baden oder Abtrocknen anderer Patientinnen und Teppichreinigen mit der Teppichkehrmaschine; so wurden auch andere verstärkenswerte Verhaltensweisen vermehrt. Jedes der Mädchen kann sich pro Tag fünf Münzen und wöchentlich insgesamt 35 verdienen.

Neben diesen erfolgreichen Programmen im Maple- und Cedar-Building hat die Anstalt außerdem ein arbeitstherapeutisches Münzökonomie-Programm für Patienten eingerichtet, wie das bereits mit Erfolg in anderen Einrichtungen mit verschiedenen Arten von Patienten, darunter den Geistigbehinderten, geschehen ist. Während andere Anstalten Münzen für Essen oder einen »Schlafplatz« angerechnet haben, erlaubt das Faribault-Programm den Patienten an ihrem Arbeitsplatz Münzen zu verdienen, die nach der Arbeit in ihrer Station gegen eine Art Interimsschein (ein provisorisches Geldzertifikat) eingetauscht werden, das man ihm schließlich auf seinem Bankkonto mit Geld vergütet. So erhalten die Patienten unmittelbar an ihrem Arbeitsplatz und beim »Nachhausekommen« Verstärkung, erlernen den Umgang mit Geld und erhalten außerdem einige Kenntnisse über Verfahrensweisen der Bank, was sie auf den Umgang mit der realen Welt nach der Entlassung vorbereitet.

Als Ergebnis der einzel- und gruppentherapeutischen Programme wurden aus hilflosen »Verwahrungspatienten« selbständigere, unabhängigere und »sozialere« Menschen. Verschiedene Besucher in Maple und Cedar bemerkten in den folgenden Monaten einen deutlichen Wandel im Patientenverhalten. Das Fehlen von Verhaltensweisen wie »Herumhängen und -toben« ist ebenso beeindruckend wie die Verbesserung der Lebensbedingungen. Der Wandel in der Einstellung gegenüber Arbeit und Patient beim Personal ist beachtlich, und die Atmosphäre hat sich in diesen Stationen sehr verbessert. Jeder von einem »Außenstehenden« bemerkte Fortschritt wirkt wie ein Verstärker auf das Personal.

4. Ein Verhaltensmodifikations-Programm für geistigbehinderte hospitalisierte Männer

Von JOHN GRABOWSKI und TRAVIS THOMPSON

4.1. Einführung

Die meisten großen, mit öffentlichen Mitteln unterstützten Anstalten für Geistigbehinderte haben ein Gebäude auf ihrem Gelände, das die »schlimmsten« Patienten beherbergt. Dieses Gebäude wird häufig vom Personal wie von Patienten anderer Stationen gefürchtet: von den einen, weil sie nicht dort arbeiten wollen, von den anderen, weil sie die Unterbringung dort als Bestrafung empfinden. Es dient als Quelle von Schauergeschichten, die einige der dort beschäftigten Betreuer erzählen. Eifrige Journalisten mögen in diesem »schlimmsten Haus« Stoff für eine Story wittern. Das könnte zwar auch günstige Folgen haben, wird aber in der Regel zu einem Verschweigen seiner Existenz oder sogar zu einem Besuchsverbot führen. Häuser dieser Art werden soweit wie möglich von den dafür Verantwortlichen ignoriert. Nur gelegentlich beschäftigen sich Betreuer auf unterschiedlichen Ebenen und/oder verschiedener Ausbildung mit den Problemen einzelner Patienten.

Die Bedingungen in dem »schlimmsten« Haus können am wirkungsvollsten geändert werden, wenn es als »Katastrophengebiet« anerkannt wird. 1969 schienen im Dakota Building des Faribault State Hospital alle Merkmale eines »Schlimmsten Hauses« gegeben zu sein. Das Gebäude war Gegenstand von Furcht, Schauermärchen, Zeitungsberichten. Nur selten wurden konstruktive Aktionen von seiten einiger Betreuer durchgeführt.

4.1.1. Die Einrichtung und Handhabung des »schlimmsten« Hauses

Entwicklung und Aufrechterhaltung von Verhaltensweisen der im Dakota-Building eingesperrten Patienten kommen nicht von ungefähr. In der Vergangenheit war die vorherrschende Ansicht, daß Verwahrungsfürsorge die einzige vernünftige Behandlungsmethode für Schwer- und Schwerstbehinderte sei (s. Kapitel 1). Das bedeutete, daß die Patienten Essen und Kleidung erhielten, und die Betreuung in der Aufrechterhaltung der sanitären Bedingungen durch häufiges Aufwischen des Bodens und ebenso häufigen Kleiderwechsel bestand. Patienten wurden in das Dakota-Building gewöhnlich aufgrund von Tätlichkeiten, zerstörerischem oder selbstzerstörerischem Verhalten und dem Fehlen von Selbsthilfe-Fähigkeiten eingewiesen. Die wiederholte Überweisung von Problempatienten ins Dakota-Building schuf eine unhaltbare Situation. Die meisten Insassen waren Ausgestoßene der anderen Stationen, und nur selten wurden sie nach anfänglicher Unterbringung im Dakota-Building in andere Häuser verlegt. Die Folgen der Einweisung für einen Patienten, der vielleicht nur einmal fehlangepaßtes Verhalten gezeigt hatte, waren in einer so brutalen Umgebung vorherzusehen. Entweder lernte er es, die Brutalität in gleicher Weise zurückzugeben, oder wurde selbstzerstörerisch, isoliert, passiv. Das wiederholte Vorkommen solcher Sequenzen führte dazu, daß fast ausschließlich solche Patienten das Haus bewohnten.

Die Lösung des Problems wurde dadurch erschwert, daß die Betreuer auf medizinische und Verwahrungsfürsorge hin trainiert waren (d. h. auf die Verteilung von Beruhigungsmitteln in großem Umfang und die Behandlung von Angriffsverhalten oder selbstverursachten Verletzungen[1], womit auch der größte Teil der Arbeitszeit auf der Station verging. Einmal als geistig schwer- oder schwerstbehindert klassifiziert, konnte der Patient kaum mit Entlassung oder Überweisung in ein anderes Haus rechnen. Das Fachpersonal legte wegen der damit verbundenen schwierigen Probleme keinen besonderen Eifer bei der Einrichtung von Programmen für solche Patienten an den Tag. Einige Patienten ohne Angriffsverhalten beschmutzten sich ihre Kleidung mit Urin und Kot, andere waren nackt, einige masturbierten ständig. Ihre nichtangepaßten Verhaltensweisen waren offensichtlich nicht mit Aktivitäten außerhalb des Gebäudes oder mit einem wirksamen Training im Haus vereinbar. Aber auch wenn diese Einstellung nicht vorherrscht: das Anstaltspersonal wird durch die Fortschritte seiner Patienten verstärkt und das Maß an Fortschritt bei solchen Patienten war nicht ausreichend, um das Personal zu verstärken.

4.1.2. Veränderungen

Der Medizinische Direktor und der Programmkoordinator initiierten mit Unterstützung eines neuen Verwaltungsvorstandes ein Sanierungsprogramm für das Dakota-Building. Während die Unterstützung der Verwaltung für den Start eines Programms wichtig ist, garantiert nur die fortlaufende Unterstützung durch das Betreuerpersonal seine Einrichtung und Durchführung. Diese Gruppe reagierte nicht sofort kooperativ.

---

[1] Zu vermerken ist, daß die Bezeichnung »Symptombehandlung« für Techniken bei Verhaltensschwierigkeiten viel eher auf die herrschenden Fürsorge- und Behandlungsprogramme vieler staatlicher Anstalten zutrifft. Hier herrscht die Einstellung vor, daß Hyperaktivitäten und deren Folgen mit Medikamenten und dem Verbinden von Schnittwunden und Quetschungen behandelt werden müssen, statt daß die Verhaltens- und Umweltbedingungen erforscht werden, die zu den medizinischen Problemen führen.

Jahrelang hatte das Dakota-Personal zahlreiche Bewertungen durchgeführt und war mit der Einführung verschiedener begrenzter therapeutischer Methoden bei einzelnen Patienten oder Gruppen beauftragt worden. Wenn der erwartete Erfolg ausblieb, verließ der Programmplaner die Station, und die Betreuer fuhren nach dem alten System fort. Wiederholte Vorfälle dieser Art bestärkten nur die Ansicht, daß »nichts getan werden« könne. Die Folge davon war ein anfänglicher Widerstand gegen eine Veränderung der Verwahrungsfürsorge. Nur auf Grund der Zusammenarbeit der Stationsschwester mit dem Sozialhelfer des Hauses und des offensichtlichen Fortschritts hielt das Personal die Sache einer Weiterführung für wert. Es wurde dem Personal klar, daß die Verfechter des Programms Modifikationen auf Grund von gewonnenen Resultaten durchführen würden. Fehler auf einem Gebiet führten nicht zu einer Absetzung des gesamten Programms (wie einige gehofft hatten), sondern zur Änderung der Verfahrensweisen. Obwohl sich periodisch Widerstand erhob, wurden beachtliche Fortschritte erzielt.

4.1.3. Ein Vergleich

Zahlreiche Untersuchungen haben die Anwendbarkeit von Methoden der Verhaltensmodifikation beim Training verhaltensgestörter Anstaltspatienten demonstriert (*Bensberg*, 1965; *Lindsley*, 1964; *Roos*, 1965; *Gray* and *Kasteler*, 1969). Im allgemeinen wurden diese Programme auf bestimmten Stationen oder in bestimmten Häusern mit einem besonders ausgewählten und trainierten Personal durchgeführt. Außerdem konnte die jeweils verantwortliche Verwaltung die Konsequenzen für angemessenes und unangemessenes Personalverhalten wirksam kontrollieren. Nur wenige große Einrichtungen können so gut kontrollierte Programme durchführen. Probleme entstehen durch Umverteilung von finanziellen Mitteln, unzureichende personelle Besetzung und bürokratische Regelungen. Unser Ziel war es, die Möglichkeiten zur Entwicklung eines Programms für schwer retardierte Patienten, die auf Dauer in einer Anstalt bleiben, mit dem vorhandenen Personal und den Mitteln in einer typischen staatlichen Einrichtung zu testen. Der grundlegende Ansatz war, angepaßtes Verhalten systematisch, sozial, mit Nahrungsmitteln oder Getränken zu verstärken und unangepaßtes Verhalten zu löschen bzw. unvereinbare Reaktionen zu verstärken.

Die bei diesem Vorgehen auftretenden Probleme unterschieden sich nicht grundsätzlich von denen, die bei der Einrichtung von Programmen in anderen Häusern mit anderen Patientengruppen auftraten. Die Probleme waren jedoch schwerwiegender aufgrund der Vorgeschichte der Patienten und des Personals im »schlimmsten« Haus und wegen der Einstellung anderer Betreuer der Anstalt diesem Haus gegenüber.

4.2. Das Programm

4.2.1. Programmziele

Die Ziele des Programms bestanden in der Beseitigung nichtangepaßten Verhaltens und der Einführung bzw. der ausreichenden Bestärkung eines angepaßten Selbsthilfe-Verhaltens, um einige Patienten auf Stationen mit höherem Funktionsniveau oder möglicherweise sogar in speziell betreute Umgebungen außerhalb der Anstalt zu bringen. Ziel war außerdem, für viele der Patienten eine künstliche Situation mit der möglichen Teilnahme an einer Reihe von verstärkenden Aktivitäten zu schaffen, d. h. den Umfang und die Verfügbarkeit von Verstärkern und der zu ihnen führenden Verhaltensweisen zu erweitern.

4.2.2. Programmbedingungen

Das Gebäude, in dem die Patienten untergebracht werden sollten, hatte 4000 Quadratmeter Fläche und war in zwei große Stationen (eine als Schlafsaal und eine als »Tagesraum« bezeichnet) eingeteilt, einen Speisesaal, verschiedene Büros und acht Nebenräume für die Unterbringung von Patienten mit Destruktions- oder Angriffsverhalten. All diese Räume wurden bis auf einen in Trainingsräume verwandelt, von denen jeder einen großen Tisch, eine ausreichende Anzahl Stühle, ein Pult und einen Vorratsschrank erhielten. Der vormalige Eßraum wurde in einen Freizeitraum mit Hindernisbahn für Programme der grobmotorischen Koordination und damit zusammenhängender Aktivitäten umgewandelt.

4.2.3. Das Personal

Das Stammpersonal bestand aus sieben Therapeuten, die das Training leiteten, einer geprüften Krankenschwester, einem Sozialarbeiter und zwei Beratern. Die Krankenschwester war für die medizinische Versorgung und als diensthabender Programm-Manager eingesetzt. Der Sozialarbeiter half bei der Beschaffung von Materialien und bei Dienstleistungen, hatte Kontakt mit den Verwandten der Patienten und machte Möglichkeiten für die Unterbringung von Patienten ausfindig. Die Berater entwarfen das Programm, bestimmten die Verhaltensziele und die zu deren Erreichung nötigen Schritte.
Im Durchschnitt arbeiteten 15 Therapeuten täglich in drei Schichten im Haus, verteilten sich auf die Trainingsräume und garantierten die Aufrechterhaltung des Stationsdienstes (die Zahl schwankte im Jahr zwischen 12 und 18). Von Beschäftigungstherapie, Sonderpädagogik und Freizeitaktivitäten war bisher kaum Gebrauch gemacht worden; nun unternahm man einen Versuch, dies nachzuholen. Im vorliegenden Programm nahmen diese Sonderleistungen des Personals 10 Wochenstunden in Anspruch. Das Verhältnis Betreuer — Patient betrug in diesem Haus durchschnittlich 1:4 (in der gesamten Anstalt 1:3, 23); darin sind Pförtner, Küchen-, Instandhaltungs- und Pflegepersonal eingeschlossen. Das tatsächliche Zahlenverhältnis der direkt mit den Patienten arbeitenden Therapeuten betrug ungefähr 1:10 am Tag, 2:67 am Abend und nachts 1:67.

4.2.4. Die Patienten

Die 67 Patienten waren 18—60 Jahre alt, die durchschnittliche Dauer der Anstaltsunterbringung betrug 19,1 Jahre. Bei 18 Patienten konnte kein IQ gemessen werden, bei den restlichen 49 ergab sich ein Mittelwert von 23,4. Alle waren nach längerem Aufenthalt in anderen Häusern oder Anstalten ins Dakota-Gebäude überwiesen worden und waren dort bereits seit mindestens zwei Jahren. Die Überweisungen erfolgten im allgemeinen wegen Destruktions- und Angriffsverhalten, Fehlen der einfachsten Selbsthilfe-Fähigkeiten und/oder wegen selbstzerstörerischem Verhalten. Die am häufigsten auftretenden Fehlverhaltensweisen sind in Tabelle 4.1 aufgeführt. Neben einigen angeborenen Störungen hatten die meisten Patienten Störungen und Defekte, die *erst* während des Anstaltsaufenthalts aufgetreten waren. Dazu gehörten:

Tabelle 4.1: Das am häufigsten vorkommende Fehlverhalten bei chronisch hospitalisierten, schwerstbehinderten Patienten. Dazu gehören: Selbstverletzung, gewalttätige und autistische Selbstreizungen und Verhaltensweisen, die auf fehlender Selbsthilfe beruhen.

1. Spucken
2. Beißen (sich selbst und andere)
3. Schlagen (sich selbst und andere)
4. Kratzen (sich selbst und andere)
5. Kopfstoßen
6. Homosexuelle Aktivitäten
7. Verschlucken ungeeigneter Gegenstände
8. Kotschmieren
9. Afterbohren
10. Mit Gegenständen werfen
11. Unkontrolliertes Urinieren und Darmentleeren
12. Belästigung von Personal und Patienten
13. Hin- und Herlaufen
14. Haltungsverzerrung
15. Essenstehlen (von anderen Patienten)

Selbst- oder fremdverursachte Blindheit und Taubheit, Verletzungen und Narben, Anomalien in Körperhaltung und bei den Extremitäten. Die Ätiologie der Behinderungen umfaßte angeborene Syphilis, Kopfverletzungen und Geburtstraumata; für die meisten Patienten war die Ursache jedoch unbekannt.

4.2.5. Materialien

Es wurde eine Reihe der von *Larson* and *Bricker* (1968) entwickelten konstruktiven Aktivitäten modifiziert übernommen. Außerdem wurden die von Therapeuten vorgeschlagenen Aktivitäten neu in eine standardisierte Form gebracht und in das verfügbare Trainingsmaterial eingebaut. Für jede dieser Aktivitäten wurde ein Verhaltensziel, eine Reihe sukzessiver Schritte zur Erreichung des Ziels, und ein Test zur Bestimmung der Zieleinhaltung festgelegt. Bei jeder Aktivität wurde das Konzept der »Rückwärtsverkettung« oder der Verstärkung von Verhaltensweisen durch sukzessive Annäherung an das Endverhalten zugrundegelegt. Die geplanten Verhaltensweisen sind in Tabelle 4.2, und zwei Musterprogramme in Tabelle 4.3 aufgeführt. Die für die jeweiligen Aktivitäten erforderlichen Materialien wurden von den Therapeuten konstruiert bzw. entwickelt, oder auch gekauft, wenn Geldspenden der Angehörigen das erlaubten. Das Programm für individuelle Verhaltensprobleme arbeiteten die Berater schriftlich aus und übergaben es den Therapeuten. Mit Ausnahme der Unterlagen über die Ausformung verschiedener Verhaltensweisen wurden keine anderen Hilfsmittel als die allgemein zugänglichen benutzt. Jeder Raum erhielt Puzzles, Malbücher, Farbstifte, Papier, Bildkarten. Außerdem wurden

Tabelle 4.2: Das Trainingsmaterial für die Therapeuten enthielt eine Beschreibung des Zielverhaltens, Vortests, Trainingsprogramm-Vorschläge, Nachtests und einen Erhebungsbogen. Zu den Verhaltensweisen gehörten:

1. Ruhig (mit dem Gesicht zum Tisch) auf einem Stuhl sitzen
2. Toilettenbenutzung
3. Zähneputzen
4. Händewaschen
5. Baden
6. Rasieren
7. Haarekämmen
8. Richtiges Essen
9. Hemd anziehen (Zuknöpfen)
10. Hose anziehen
11. Socken anziehen
12. Schuhe anziehen (Schnürsenkel binden)
13. Puzzles zusammensetzen
14. Ausmalen
15. Spielen mit dem Ball
16. Spielen mit einem Wagen
17. Nachahmung von Bewegungen
18. Nachahmung von Mundbewegungen
19. Nachahmung von Lauten
20. Nachahmung von Wörtern
21. Halsketten aufziehen
22. Zahlen und Zählen lernen
23. Farben kennenlernen und benennen

Tabelle 4.3: Die zwei ausgewählten Programmanleitungen zeigen, wie die Anweisungen für durchzuführende Aktivitäten normalerweise aussehen. Bei beiden findet eine Ausformung des Zielverhaltens durch sukzessive Annäherung statt.

A) Aktivität: Toilettenbenutzung

1. Führen Sie den Patienten zur Toilette, helfen Sie ihm beim Herunterziehen der Hose und beim Hinsetzen. Lassen Sie ihn bis zum Urinieren und/oder Darmentleeren sitzen. Verstärken Sie ihn.
2. Führen Sie den Patienten zur Toilette. Fordern Sie ihn auf, die Hose herunterzuziehen und sich hinzusetzen. Verstärken Sie ihn. Fordern Sie ihn zum Sitzenbleiben auf, bis er uriniert und/oder defäkiert hat. Verstärken Sie ihn.
3. Führen Sie den Patienten zu dem Ort, wo sich die Toiletten befinden. Weisen Sie ihn an, zur Toilette zu gehen, die Hose herunterzuziehen und

sich hinzusetzen. Verstärken Sie ihn. Fordern Sie ihn zum Sitzenbleiben auf, bis er uriniert und/oder defäkiert hat. Verstärken Sie ihn.
4. Bleiben Sie in einiger Entfernung von der Toilette stehen. Weisen Sie den Patienten an, zur Toilette zu gehen. Verstärken Sie ihn, wenn er die Hose heruntergezogen hat und auf der Toilette sitzt. Fordern Sie ihn zum Sitzenbleiben auf, bis er uriniert und/oder defäkiert hat. Verstärken Sie ihn.
5. Weisen Sie den Patienten an, zur Toilette zu gehen und zurückzukommen. Verstärken Sie ihn, wenn er die Sequenz ausgeführt hat.

Anmerkung: Führen Sie diese Folge in regelmäßigen Zeitintervallen durch. Vergrößern Sie die Zeitintervalle, sobald sich das angepaßte Verhalten entwickelt.

B) Aktivität: Buchstaben, Zahlen und Figuren malen

1. Benutzen Sie eine dicke Pappschablone und einen großen Bleistift. Zeichnen Sie eine Linie in die Schablone ein und weisen Sie den Patienten an, sie nachzuzeichnen. Verstärken Sie ihn.
2. Benutzen Sie eine dünne Schablone und wiederholen Sie Schritt 1.
3. Zeichnen Sie den Buchstaben und weisen Sie den Patienten an, ihn nachzuzeichnen. Verstärken Sie ihn.
4. Zeichnen Sie den Buchstaben als gestrichelte Linie. Weisen Sie den Patienten an, die Linien nachzuzeichnen. Verstärken Sie ihn.
5. Wiederholen Sie Schritt 4, aber verkleinern Sie allmählich die Größe der Striche, bis der Patient den ganzen Buchstaben auf Anweisung zeichnen kann. Verstärken Sie ihn für jede richtige Reaktion.

Anmerkung: Führen Sie dieselben Schritte mit verschiedenen Schablonen für Kreise, Quadrate oder andere Figuren und Objekte durch.

Aktivitäten zur Entwicklung von grundlegenden Fertigkeiten (wie Auge-Hand-Koordination, Farbunterscheidung) als Vorbereitung auf das Training in Selbsthilfe durchgeführt.

In den Schränken wurde ein Vorrat an eßbaren Verstärkern wie Zuckerwaffeln, Schokolade, usw. angelegt. Das Verschließen der Schränke erwies sich als erforderlich, da eines der von diesen angeblich untrainierbaren Patienten am schnellsten gelernte Verhalten das Schranköffnen und »Stehlen« war.

4.2.6. Training für das Personal

Das bisherige Training hatte sechs Monate gedauert und im Bettenmachen, Verteilen der Medikamente und in der Remotivierungstherapie bestanden. Es enthielt keine Unterrichtung in Verhaltensmodifikation (heute beinhaltet das Trainingsprogramm für die ganze Anstalt Unterricht in Verhaltensmodifikation). Pro Woche wurden fünf Unterrichtsstunden den Prinzipien der Verhaltensmodifikation, den Programmzielen und Diskussionen über das Verhalten der Patienten gewidmet. Jede Lektion wurde mit einer Prüfung abgeschlossen. Einige Therapeuten informierten sich mit Hilfe eines Einführungstextes über operantes Konditionieren beim Menschen (*Reese*, 1966). Zufriedenstellende Ergebnisse bei den Prüfungen sowie die erfolgreiche Modifikation eines Verhaltens eines Patienten waren die Bedingung für eine »Gehaltserhöhung«.

4.2.7. Patiententraining

Die Patienten waren in heterogenen Gruppen von 8—10 Teilnehmern mit einem Therapeuten für annähernd 7 Stunden am Tag zusammen. Heterogene Gruppen scheinen jedoch nicht notwendigerweise die Erfolgschancen zu vergrößern. Patienten mit weniger nicht-angepaßten Verhaltensweisen können nach Unterrichtung beim Training anderer helfen. Außerdem wäre ein Betreuer in der unglücklichen Position des Leiters einer extrem schwierigen Gruppe, wenn die Patienten nach ihren Schwierigkeiten oder der Schwere ihrer Störung gruppiert werden, was auch den eifrigsten Verfechter der Verhaltensmodifikation abschrecken kann.

Selbsthilfe wurde früh am Morgen trainiert (z. B. Baden, Toilettenbenutzung und Anziehen). Aktivitäten zur Entwicklung anderer Verhaltensweisen wurden während der restlichen Zeit der täglichen Gruppensitzungen durchgeführt.

Zu Beginn aßen die Patienten in einem großen Speisesaal. Einige wurden wegen fortgesetzten Essenstehlens und anderem Fehlverhalten beiseite gesetzt. Später aßen die Patienten in den Trainingsräumen, was die Unterrichtung im selbständigen Essen erleichterte.

Die Therapeuten wurden angewiesen, den Patienten das Selbstankleiden beizubringen (Tabelle 4.2, Verhaltensweisen 9.12). Zuerst wurde jeder einzeln im Trainingsraum trainiert. Mit fortschreitendem Training führten die Therapeuten die Patienten jeden Morgen in den Raum und forderten sie auf, sich selbst anzuziehen.

Training im Sprechverhalten wurde im Programm zunächst nicht besonders gefördert. Als die Verhaltenskontrolle dann jedoch anwuchs, wurde auch das Training der Mundbewegungen für Laute und Worte stärker betont (Tabelle 4.2, Verhaltensweisen 18.20).

Die Entwicklung der Selbsthilfe hatte zur Folge, daß verschiedene spezielle Hilfeleistungen (z. B. Sonderpädagogik, Beschäftigungstherapie und Sprachtherapie) dem Dakota-Building-Personal mehr Zeit für Techniken des Trainings und der Entwicklung von Patientenfähigkeiten boten.

Hochgradig zerstörerische und angriffslustige Patienten waren in der Vergangenheit in den nun zu Trainingsräumen umgewandelten Räumlichkeiten eingeschlossen worden. Dieses Verfahren wurde fast völlig aufgegeben, und die einzige Konsequenz störenden Verhaltens bestand nun in einem kurzen Ausschluß aus dem Trainingsraum. Seit die Patienten die meiste Zeit mit konstruktiven Aktivitäten verbrachten, gab es infolgedessen auch nur wenig Gelegenheit zu zerstörerischem Verhalten. Günstige, bestärkende Folgen für das Personal waren:

1. Der Fortschritt im Verhalten der Patienten, der die Arbeit mit ihnen angenehmer und erfreulicher machte;
2. die Zahl der von jedem Therapeuten programmierten Aktivitäten für Patienten wurde täglich veröffentlicht (was man später einstellte); und
3. Anerkennung seitens der Verwaltung, Beachtung durch Berater und Besucher.

4.3. Ergebnisse

4.3.1. Das »schlimmste« Haus – ein Jahr später

Im April 1970 existierte das Programm der Verhaltensmodifikation im Dakota-Building bereits ein Jahr. Es war keine Zeit der ununterbrochenen Fortschritte, sondern eher abwechselnd von Perioden des Erfolgs und des Rückgangs geprägt. Alles in allem war der Erfolg jedoch größer als irgend jemand erwartet hätte. Die Veränderungen, die hier besprochen werden sollen, betreffen nicht nur das Patientenverhalten, sondern auch den Verhaltens- und Einstellungswandel beim Personal auf allen Ebenen.

4.3.2. Veränderungen im Patientenverhalten

Der erste Trainingsschwerpunkt hatte auf der *Toilettenbenutzung* gelegen. Unter verschiedenen anderen Gründen waren dafür maßgeblich:

1. Der mit dem Aufwischen von Kot und Urin verbundene Zeitaufwand, der die Trainingszeit der Patienten verkürzte.
2. Das Personal arbeitete lieber mit reinlichen und in Toilettenbenutzung trainierten Patienten.
3. Die richtige Toilettenbenutzung stellte ein Verhalten dar, von dem die Autoren annehmen konnten, daß es den Widerstand einiger Betreuer gegen die Verhaltensmodifikation am ehesten aus dem Weg räumen würde.

Zu Beginn des Programms gingen 65% der Patienten nicht selbständig zur Toilette, weshalb ein Programm für den regelmäßigen Gang dorthin ausgearbeitet wurde. Bereits innerhalb einiger Wochen warteten die meisten Patienten konsequent ab, bis die ganze Gruppe zur Toilette ging. Unter diesen Bedingungen wurden die Patienten für angemessene Toilettenbenutzung verstärkt (sozial oder materiell). Sobald sie das richtige Verhalten angenommen hatten, vergrößerten sich die Pausen zwischen den Toilettensitzungen. Am Ende des einen Jahres benutzten 81% die Toilette selbständig, 18% benötigten noch eine Aufforderung, und ein Patient, bei dem man einen medizinischen Grund annahm, zeigte häufig Inkontinenz (später gelang einem Betreuer auch die Beseitigung der Inkontinenz dieses Patienten).

Dies ist ein Beispiel für die benutzten Verfahren und die erzielten Resultate. Am bedeutsamsten ist die Tatsache, daß das Training in selbständiger Toilettenbenutzung nicht die Beseitigung des Fehlverhaltens sondern die Verstärkung des adaptiven Verhaltens in den Vordergrund stellte. Das heißt, die regelmäßige Toilettenbenutzung führte mit einem entsprechenden Kontingenzmanagement schließlich zu dem ein- oder zweimaligen Stuhlgang pro Tag, wie es auch bei normalen Erwachsenen meist der Fall ist.

Das wurde ganz einfach durch Verstärkung einer mit dem Urinieren und Defäkieren unvereinbaren Verhaltensweise erreicht. Zudem konnten auch ohne die Entwicklung besonderer Verfahren für die Beseitigung von Afterbohren oder Kotschmieren, diese und ähnliche Verhaltensweisen beseitigt werden (obwohl das Thema nicht gerade appetitlich ist: es ist klar, daß die regelmäßige Toilettenbenutzung dazu führt, daß die für Inkontinenz erforderlichen Fäkalien dann nicht mehr zur Verfügung stehen).

Andere Verhaltensweisen wurden auf ähnliche Art und Weise eliminiert, indem auf die Herausbildung angepaßten Verhaltens (d. h. Verstärkung unvereinbaren Verhaltens) besonderer Wert gelegt wurde. Einiges davon soll hier kurz dargestellt werden.

Vor Beginn des Programms der Verhaltensmodifikation waren 50% der Patienten entweder ganz unbekleidet oder nur teilweise angezogen (z. B. nur mit Hosen). Das Personal führte Anziehverfahren über das einfache Anziehen des Patienten und dessen Training im Anbehalten hinaus durch. Die normale Anstaltsbekleidung bestand aus reißverschlußlosen, taschenlosen Hosen mit einem elastischen Bund, losen Hemden, die über den Kopf gezogen wurden, und unmodischen Schuhen. Das mit dem Gruppentraining beschäftigte Personal beschaffte Hemden, bequeme Hosen und Schuhe, die gut aussahen und gut paßten. Eine Reihe von Patienten, die sich geweigert hatten, »Anstaltskleidung«

zu tragen, lernten es rasch, sich anzukleiden und die Kleidung anzubehalten, als ihnen verschiedene Kleidungsstücke zur Wahl standen. Das eindeutigste Beispiel für die Abhängigkeit des Verhaltens von der Umgebung bietet eine Betrachtung der Kleidung und der Zeiten, zu denen solche Kleidung getragen wurde. Zu Beginn des ersten Programmjahres war es nicht ungewöhnlich, daß die Patienten zwar während der Gruppensitzungen vollständig angekleidet waren, sich dann jedoch auf der Station teilweise oder völlig auszogen. In der Vergangenheit waren angekleidete Patienten häufig von anderen belästigt worden, die ihnen die Kleidung herunterreißen wollten. Um diese unangenehme Situation zu vermeiden, zogen sich einige teilweise oder ganz aus und wurden auf die Weise nicht mehr belästigt. Diese Verhaltensmuster blieben auch in den ersten Phasen des Trainingsprogramms bestehen. Allerdings blieben die meisten Patienten während der Trainingssitzungen, wo das Runterreißen der Kleidung nicht vorkam, bis zur Rückkehr auf die Station angekleidet.

Ein weiteres Beispiel für das Ausmaß umweltbedingten Lernens bietet die Tatsache, daß im späteren Programm einige der Patienten ihre »gute« Kleidung während der Trainingssitzungen trugen und sie bei der Rückkehr auf die Station gegen »Anstaltskleidung« austauschten. So war die Bekleidung zu einem Verstärker geworden. Die Diskrimination, die daraus resultierte, unterschied sich kaum von unserer eigenen. Wenn wir bei der Arbeit sind, tragen wir Anzug und Krawatte, Uniformen oder Kleider, zu Hause dagegen Freizeitkleidung. Wieder bestand das Grundverfahren in der soliden Verstärkung eines Verhaltens, Kleidung zu tragen, und der Nichtverstärkung für das Verhalten Unbekleidetsein. Das Runterreißen der Bekleidung anderer nahm ebenfalls ab, weil es vermutlich mehr Verstärkung für damit unverträgliche Verhaltensweisen gab. Nach einem Jahr waren normalerweise 91% Patienten ganz, 9% teilweise bekleidet (»teilweise« bedeutete zu diesem Zeitpunkt bereits das Tragen von Hemd und Hose ohne Schuhe).

Ähnliche Resultate ergaben sich beim selbständigen Eßverhalten. Vor Beginn des Programms aßen nahezu 40% der Patienten nicht selbständig. Viele der selbständigen Esser hatten die Technik entwickelt, alles Essen von ihrem Tablett in die Hände zu nehmen und in den Mund zu stopfen. Für diejenigen, die mit der Situation nicht vertraut sind, wird dies wie unangepaßtes Verhalten aussehen. Andererseits führte langsames Essen häufig dazu, daß dem Patienten alles von anderen weggenommen wurde, die ihr eigenes Essen hinuntergeschlungen hatten und sich dann den Tellern anderer Patienten zuwandten. Verschiedene Verfahren wie doppelte Essensportionen, kurze Auszeit vom Essen oder Essensausgabe in mehreren kleinen Portionen (und dadurch die Verlängerung der Essensdauer) können die Häufigkeit des

Essenstehlens senken. Im vorliegenden Programm beseitigte man dieses Problem im großen und ganzen durch konsequente Verstärkung für richtiges Essen. Nach einem Jahr konnten 95% der Patienten selbständig essen, wobei sie Löffel, in vielen Fällen sogar zusätzliches Besteck benutzten. Noch gegen Ende des Jahres setzte ein »Essenstehler« seine Lieblingsbeschäftigung fort. Dieses Verhalten konnte dann jedoch allmählich durch ein systematisches Auszeit-Verfahren beseitigt werden.

Das vielleicht am schwersten einzutrainierende Verhalten war das Sprachverhalten. In Stationen wie im Dakota-Building wird das Sprechen bezeichnenderweise durch Patienten oder das Personal nicht verstärkt. Wenn es auftritt, ist es häufig echolalisch (d. h. der Patient antwortet auf den Anruf »Hallo Markus« sofort mit »Hallo Markus«). Bizarre Sprechweisen und Echolalien werden gelegentlich durch andere Patienten verstärkt. Vermutlich liegt ein Grund für die Verstärkung in den durch diese Lautgebung verursachten Reaktionen oder Selbstreizungen, nicht unähnlich den Verhaltensweisen wie Summen und Pfeifen bei normalen Erwachsenen. Jedoch wurde auch manchmal beobachtet, daß solche Sprechweisen andere Patienten oder das Personal dazu brachten, sich zurückzuziehen, und daß sie oft in Anwesenheit anderer an Häufigkeit zunahmen. Dies ist ein weiterer Fall von offensichtlich unangemessenem und nichtangepaßtem Verhalten. Betrachtet man es aber unter dem Gesichtspunkt der bestehenden Anstaltssituation, so erscheint es nicht nur als angepaßt, sondern möglicherweise sogar als lebenswichtig. Solche Lautgebungen, die dem Patienten über Jahre hinweg nützlich waren, sind schwer eliminierbar.

Es sollte möglich sein, durch die Entwicklung eines effektiven Sprachverhaltens das Auftreten von Phantasielauten und Echolalien zu reduzieren. Doch ist die genaue Festlegung der Schritte beim Sprachtraining komplizierter als bei anderen Verhaltensweisen, und das Verfahren selbst auch. Im vorliegenden Programm wurde auf das Sprachtraining im ersten Jahr nicht besonders Wert gelegt. Trotzdem hatten einige Betreuer Erfolg damit: Zu Programmbeginn waren 94% der Patienten als »sprachlos« beschrieben worden, und bei Jahresende gebrauchten 43% einige Worte richtig. In der Folge entwickelte eine Anzahl von Patienten ein richtiges Vokabular, was teilweise von der stärkeren Betonung des Sprachtrainings im zweiten Jahr des Programms herrührte. Einige Patienten hatten ganz gut sprechen können, bevor sie in eine Station eingewiesen wurden, wo sie auch lange blieben und die das Sprechverhalten kaum verstärkte. Aus diesem Grund trugen wahrscheinlich die generelle Veränderung der Umgebung und der Einsatz von Verstärkern in großem Maß zur Entwicklung von Sprachverhalten auf dieser Station bei. Die Einstellung eines Sprachtherapeuten hat das Interesse des Personals an der Entwicklung von Sprachverhalten erhöht und zu weiteren Erfolgen geführt.

Andere Selbsthilfefähigkeiten wurden in unterschiedlichem Ausmaß erlernt, wie z. B. *Rasieren, Baden* und *Zähneputzen*. Zusätzliche Fertigkeiten wie *Farbunterscheidung* und *Auge-Hand-Koordination* sind unter Benutzung von Puzzles und ähnlichen Beschäftigungen entwikkelt worden. Das Erlernen dieser Verhaltensweisen erleichtert das Lernen von Selbsthilfe-Verhalten und bereitet schließlich die Basis für das Erlernen komplexerer *Aufgaben und Arbeiten, die den normalen Alltagsbeschäftigungen glichen.*

In der bisherigen Schilderung ist das aggressive und zerstörerische Verhalten kaum erwähnt worden, das einen wesentlichen Bestandteil des Repertoires der Insassen von Häusern wie Dakota-Building bildet. Zweifellos muß ein wesentlicher Teil der medizinischen Fürsorge hier für Verletzungen aufgewandt werden, die den Patienten durch andere zugefügt werden. Solche Wunden werden z. B. dadurch verursacht, daß ein Patient den Finger in das Auge eines Mitpatienten stößt oder ihn in die Nase beißt. Vor Beginn des Verhaltensmodifikations-Programms sollten einem angriffslustigen Patienten im Dakota-Building deswegen die Zähne herausgezogen werden, um seine Bisse unschädlich zu machen. Man führte in der Anstalt schließlich als Lösung eine Frontal-Lobotomie durch. Die Fallgeschichte zeigt uns, daß der Patient kurz nach der Rückkehr in die Station (nach »erfolgreicher« Gehirnoperation) einen Mitinsassen durch Bisse schwer verletzte[2]. Wie allgemein bekannt, wird in Anstalten normalerweise Angriffsverhalten mit Isolierung, Einschränkungen oder Abschließung beantwortet. Diese Maßnahmen werden in vielen Anstalten als unerläßlicher Bestandteil der Behandlungsmethoden angesehen. In diesem Punkt kann das Dakota-Projekt eindeutig als Erfolg angesehen werden, weil es solche Verhaltensweisen und auch deren Konsequenz, wie die Abschließung, beseitigte. Es wurden keine speziellen Verfahren zur Beseitigung aggressiven Verhaltens benutzt; vielmehr baute man ein System positiver Verstärker auf, die den Patienten für adaptives, individuell und sozial nützliches Verhalten zur Verfügung standen. Vor Programmbeginn zeigten annähernd 45% der Patienten häufig Angriffsverhalten, und für aggressive Vorfälle waren 2 400 Verwahrungsstunden verhängt worden (siehe Abbildung 4.1). Das entspricht einer monatlichen Verwahrung von vier Personen für 24 Stunden eines Tages. Nach den ersten sechs Monaten im Programm wurde kein Patient mehr in den Isolierraum gebracht.

Das Programm ist im Hinblick auf Veränderungen in der Selbsthilfe,

---

[2] Ähnliche Vorfälle sind seit dem dritten Monat des Verhaltensmodifikations-Programms nicht mehr vorgekommen.

in der Gesamtheit von Verwahrungsstunden für Angriffsverhalten und im Hinblick auf Einzelfälle ausgewertet worden. Es gibt aber noch weitere indirekte Indikatoren für Fortschritte; dazu gehören geringerer Verbrauch von Medikamenten (z. B. das Verschreiben von Tranquilizern), Zerstörungen an Haus und Möblierung, die Häufigkeit akuter medizinischer Notfälle durch selbst- oder fremdverursachte Verletzungen und die Zahl der Überweisungen in andere Häuser oder Anstalten.

Als das Programm begonnen wurde, erhielten 79% der Patienten täglich Tranquilizer. Gegenwärtig sind es nur 54%, und die Dosierung wurde bei weiteren 19% der Patienten wesentlich herabgesetzt. Folglich wurde für 44% die Senkung der Medikamentation oder sogar die vollständige Absetzung möglich. Die Folgen sollten klar sein: die

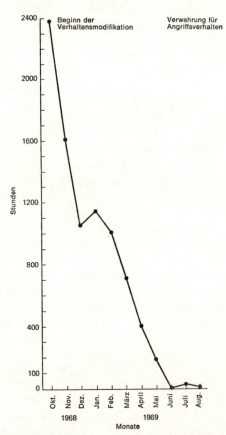

Abb. 4.1: Anzahl der Verwahrungsstunden pro Monat für Angriffsverhalten. Das Verhaltensmodifikations-Projekt wurde im Oktober 1969 begonnen. Die Ausgangszahl von 2400 Verwahrungsstunden pro Monat entsprach einer ganzzeitigen Verwahrung von 3.3 Patienten.

Verabreichung starker Beruhigungsmittel, die man bis dahin für eine Verhaltenskontrolle als nötig erachtete, ist in vielen Fällen nicht mehr erforderlich. Tatsächlich ist es inzwischen üblich, daß die Betreuer eine Verminderung der medikamentösen Behandlung verlangen — es hat sich für das Training als Erleichterung erwiesen, wenn die Patienten nicht mehr durch Beruhigungsmittel gedämpft sind.

Anzahl und Schwere medizinischer Probleme haben sich wesentlich gemindert. Während eines Zeitraums von 10 Monaten vor dem Programm gab es jeden Monat durchschnittlich 6,5 schwere Verletzungen im Haus; nach dem zweiten Programmjahr waren es nur noch 1,0.

Zu Beginn des Programms lebten 67 Patienten im Haus. Später wurden 8 in andere Anstalten überwiesen, 10 in andere Häuser der Anstalt mit weniger gestörten Patienten. 6 weniger gestörte Patienten, die nur geringe Fortschritte machten, wurden in ein anderes Haus, 3 Blinde in ein anderes Programm überwiesen. Nach der Überweisung dieser Patienten wurden neue Patienten aufgenommen; 31 von ihnen entwickelten sich nun zufriedenstellend innerhalb des Programms.

4.3.3. Veränderungen im Verhalten des Personals

Der tiefgreifendste Verhaltenswandel wurde beim verantwortlichen Stationspersonal für die Durchführung des Programms beobachtet. Es ist klar, daß viele Betreuer zuvor wenig zur Entwicklung der Fähigkeiten ihrer Patienten beigetragen hatten, und zwar nicht deshalb, weil sie daran nicht interessiert gewesen wären, sondern weil bestehende Personalstrukturen und fehlende Unterstützung beim Training dies nicht zuließen. Natürlich gab es anfänglich auch Widerstand, und die vorherrschende Einstellung lautete: »Diese Patienten sind lernunfähig.« Aufgrund von Gruppendruck kamen die das Programm unterstützenden Betreuer nicht zu Wort. Tatsächlich gab es Tage, an denen die Berater fast mit der vorherrschenden Betreuermeinung übereinstimmten, aber aus anderen Gründen. Bei gegebenen Möglichkeiten und Verfahrensvorschlägen demonstrierte das Personal mit Erfolg, daß etwas getan werden konnte. Mitunter gab es eine harte Konkurrenz und Diskussionen über den jeweiligen Erfolg des Betreuers. Zu anderen Zeiten, besonders wenn sich keine weiteren Verbesserungen in der Entwicklung mehr zeigten, fiel man wieder in die alte Meinung zurück, daß irgendeine neue Aktivität von diesem oder jenem Patienten nicht gelernt werden könne[3]. Ein Beispiel: Beim Programmbeginn sagte ein Betreuer: »Bill kann nicht selbständig zur Toilette gehen.« Wenn am Ende des ersten Jahres Bill zur Toilette gehen, sich anziehen, selbständig essen, einige Worte sagen und an

---

[3] Dennoch hatte ein Meinungswandel stattgefunden.

einer Reihe von Aktivitäten teilnehmen könnte, würde derselbe Betreuer sagen: »Bill ist nicht in der Lage, sitzend sechs oder sieben Stunden am Tag zu arbeiten.« Mit anderen Worten: wenn am Ende des ersten Jahres Klagen kamen, wurde deutlich, daß das Niveau der diskutierten Aktivitäten sich wesentlich geändert hatte. Wie sehr einige Betreuer interessiert waren und wie stark sie den Wunsch hatten, die Patienten zu trainieren und die Bedingungen zu verbessern, zeigt der zusätzliche, unbezahlte Zeitaufwand einiger, oder die Aufwendung eigener Geldmittel zum Kauf von Arbeitsmaterialien.

Einige allgemeine Bemerkungen wären über die Effektivität des Personals zu machen. Weibliche Betreuer arbeiteten im allgemeinen effektiver als männliche in diesem Haus mit männlichen Insassen. Männer, die schon längere Zeit vor der Einrichtung des Programms im Haus gearbeitet hatten, waren im allgemeinen weniger effektiv als solche, die zu Programmbeginn oder später mit der Arbeit begonnen hatten. Und endlich schienen — mit ein paar größeren und bemerkenswerten Ausnahmen — jüngere Betreuer interessierter und erfolgreicher zu sein als die älteren (obwohl zu den erfolgreichsten eine Frau gehörte, die seit 20 Jahren in der Anstalt gearbeitet hatte und immer noch ausgesprochen bereit war, Veränderungen einzuführen und deren Entwicklung mitzuerleben.)

4.3.4. Schlußbemerkungen

Das Programm für das Dakota-Building wurde innerhalb der Grenzen der allgemein für eine staatliche Anstalt mit chronisch hospitalisierten Patienten verfügbaren Mitteln und normaler Personalausstattung entwickelt. Früh wurde im Programm deutlich, daß bei einer Änderung des Betreuerverhaltens auch ungeheure Veränderungen im Verhalten der Patienten erzielt werden konnten. Unter normalen Anstaltsbedingungen gibt es nur relativ wenige der benötigten Verstärker für das Personal. Die Therapeuten sind schlecht bezahlt, Lohnerhöhungen sind kaum zu bekommen, und administrative oder gewerkschaftliche Bestimmungen lassen planmäßige zusätzliche Freizeit oder bezahlte zusätzliche Beurlaubung kaum zu.

Die Therapeuten hatten im Dakota-Building vor allem Überwachungsfunktionen gehabt, weshalb das Programm einen bedeutenden Wandel ihrer täglichen Routinearbeit mit sich brachte. Dies rief verständlichen Widerstand hervor, der sich erst nach Beendigung des Selbsthilfe-Trainings in hauptsächlichen Verrichtungen verringerte.

Die Tatsache, daß weibliche Betreuer effektiver arbeiten, hing zum Teil mit den schlechten Erfahrungen der Patienten mit männlichen Betreuern zusammen. Betreuer, die mit Programmbeginn eingestellt wurden, arbeiteten wirksamer als langjährige Mitarbeiter; dies war zu erwarten, da die von den Therapeuten in der Vergangenheit gezeigten Verhaltensweisen größtenteils fehlangepaßt waren. Es ist besonders bemerkenswert, daß weibliche Therapeuten in dieser Umgebung nicht nur das Programmziel erfüllten, sondern sogar übertrafen, nachdem vor Programmbeginn Frauen im Haus nicht zugelassen waren, es sei denn, sie hatten einen männlichen Therapeuten als Begleitperson dabei.

Die Einrichtung besonderer Räume und Patientengruppen für jeden Therapeuten schien die Arbeitsleistung der Betreuer günstig zu beeinflussen, ebenso die Besuche von Verwaltungsbeamten, Besuchergruppen, und die im allgemeinen günstigere Publizität. Am meisten verstärkend wirkten die Fortschritte der Patienten wie auch die Möglichkeit, neue Programme vorzuschlagen und Materialien für den Trainingsraum zu erhalten.

Es zeigte sich auf verschiedene Weise, daß das Verhalten der schwerstgestörten, chronisch hospitalisierten Patienten unter Reizkontrolle gebracht worden war. Die wachsende Anzahl adaptiver Verhaltensweisen und die Verminderung verschiedener fehlangepaßter Verhaltensweisen innerhalb der Trainingsräume war erstaunlich[4].

In einem frühen Programmstadium öffneten die Therapeuten um 7 Uhr die Trainingsräume und schlossen sie kurz für Kaffeepausen und Mittagessen. Später blieben viele Patienten von 7 bis 14.30 Uhr dort. Wenn sie sich nicht im Trainingsraum aufhielten, wurde jede Gruppe auf die Station zurückgebracht, wo einige Patienten sich auszuziehen und viele der nichtangepaßten Verhaltensweisen anzunehmen begannen, die noch kurz zuvor in beiden Situationen aufgetreten waren. Nach einigen Monaten zogen viele Patienten bei der Rückkehr ihre Kleidung aus und vertauschten sie mit saloppen Hemden und Hosen, die sie dann anbehielten. Gegenwärtig bleibt die Mehrheit der Patienten auf der Station bekleidet, geht selbständig zur Toilette und zeigt kein besonderes grobes Fehlverhalten; viele laufen allerdings in der Station umher, schaukeln, oder haben andere Autismen.

Schließlich entwickelten sich nebenbei Veränderungen, die nicht zu den speziellen Zielen des Programms gehört hatten, wie: regelmäßiger Schlaf, weniger häufiges nächtliches Bettnässen und weniger selbstverursachte physische Verletzungen. Die Zahl der ambulanten und/oder Krankenhausbehandlungen nahm stark ab, Zerstörung von Möbeln und Ausrüstungsgegenständen unterblieb. Außerdem war ein starker Rückgang in der Benutzung von Tranquilizern und Barbituraten zur Verhaltenskontrolle zu verzeichnen.

Als bedeutendstes Einzelergebnis erwies sich die Möglichkeit, die

---

[4] Das Verhalten in den Trainingsräumen unterschied sich stark vom Verhalten auf der Station.

Mehrzahl der aggressiven, störenden und unerwünschten Verhaltensweisen zu vermindern oder zu beseitigen, ohne direkte Verhaltenskonsequenzen für die Reaktionen anzuwenden. Die Häufigkeit dieser Verhaltensweisen stand in jedem Fall zur Häufigkeit konstruktiver Aktivitäten in umgekehrtem Verhältnis. Als man Verstärkung kontingent auf konstruktives Verhalten einsetzte, vergrößerte sich die Stundenzahl, während der konstruktive Aktivitäten stattfanden. Jedoch schien diese Wirkung nicht nur auf dem Ersatz einer Aktivität durch die andere zu beruhen, denn die Rate fehlangepaßten Verhaltens blieb auch dann niedrig, wenn die Patienten bloß im Trainingsraum am Tisch saßen. Daraus kann geschlossen werden, daß Verhaltenskontrolle durch Reizbedingungen im Verein mit konstruktiven Aktivitäten und erhöhter Häufigkeit positiver Verstärkung ausgeübt wird, wie andererseits die große, abgeschlossene Station sehr viel Gelegenheit zu Fehlverhalten gibt.

5. Eine Intensivunterrichts-Einheit für schwer- und schwerstbehinderte Frauen

Von GEORGE BIGELOW und ROLLAND GRIFFITHS

5.1. Einführung

Im Juli 1969 wurde im Iris-Building mit dem Intensivunterricht zur Entwicklung fortgeschrittener Fähigkeiten bei den chronisch hospitalisierten, schwer- und schwerstbehinderten Frauen am Faribault State Hospital begonnen.

Die Patientinnen kamen alle aus dem Holly-Building, das die Frauen mit den schwersten Störungen beherbergte.

Das Iris-Programm trainierte diese Patienten intensiv, teilte sie in Kleingruppen (zu ungefähr 12) ein und benutzte Verfahren der Verhaltensmodifikation in einer reichhaltiger ausgestatteten Umgebung bei einer höheren Personal-Patient-Quote. Es war als Ganztagsprogramm geplant. Die verbesserte Behandlung wurde durch verbesserte Einrichtungen, eine größere Zahl der aktiven Betreuer, erhöhte Aufmerksamkeit von Seiten der Therapeuten, zunehmende medizinische Sorgfalt, genauere Beaufsichtigung, und vor allem durch den wirksamen Einsatz von Verfahren der Verhaltensmodifikation erreicht.

Ziel der Intensivbehandlung war die Verbesserung des Patientenverhaltens bis zur Überweisung in Häuser mit weniger gestörten Insassen, wo die Patienten weniger Fürsorge benötigten und neue Möglichkeiten zur Weiterentwicklung haben würden.

5.2. Intensivunterricht

In den vergangenen Jahren sahen sich die Anstalten einer wachsenden Anzahl von schwer- und schwerstgestörten Patienten gegenüber. 1960 waren es im Faribault State Hospital 26 % der Insassen, 1970 stieg diese Zahl auf 84 %.
Es handelt sich um die Patienten, die bei therapeutischen Bemühungen meistens vernachlässigt werden. Tatsächlich ist häufig angenommen worden (z. B. bei *Stevens*, 1964), daß solch schwergestörte Patienten durch keine Art von Behandlung entwicklungsfähig seien. Daher wurden diese Patienten in staatlichen Einrichtungen lediglich überwacht (s. Kap. 1).
Aber die Atmosphäre in den Anstalten wandelt sich allmählich. Nun sind wirksame Lehrmethoden vorhanden, und die Verwaltung steht folglich vor der Frage, wie diese Methoden möglichst erfolgreich bei den Patienten eingesetzt werden können. Bei den seltenen Gelegenheiten, daß eine Anstalt einmal über zusätzliche Geld- oder Personalmittel für ein Behandlungsprogramm verfügt, läßt sie sich leicht dazu verführen, die Mittel in bestehende Einrich-

tungen zu investieren und auf Fortschritte zu hoffen. Die Einrichtung einer Intensiveinheit stellt eine Alternative zur einfachen Erweiterung bestehender Programme dar.

Intensiveinheiten konzentrieren ihre Bemühungen auf eine spezifische Trainingstechnik. Solche Einheiten können die Form einer Klasse annehmen, die die Patienten mehrmals wöchentlich zum Unterricht in einer kleinen Anzahl von Fertigkeiten oder Aktivitäten besuchen. Es kann aber auch der gesamte Stationsbereich organisiert werden, wo die Patientengruppen ständige Unterweisung in einer Vielzahl von Aktivitäten erhalten. Wie immer die Intensiveinheiten aussahen, sie sind in Theorie und Praxis an einem Unterrichtsziel orientiert, das innerhalb eines strukturierten therapeutischen Rahmens verfolgt wird.

Intensiveinheiten verstehen sich als Gegensatz zum konventionellen Ansatz, der planlos mit einer Reihe von Unterrichtstechniken innerhalb der normalen Anstaltsbedingungen experimentiert. Intensiveinheiten bieten besser durchorganisierte, besser geleitete und konsistentere Trainingsmethoden, die unter speziell therapeutischen Bedingungen angewandt werden. Der Begriff der Reizkontrolle, wie er in Kapitel 2 vorgestellt wurde, besagt, daß eine durchgreifende Veränderung der Reizbedingungen während der Intensivtrainings-Periode den Wandel im Patientenverhalten bedeutend erleichtern kann. Die Einrichtung eines solchen Intensivprogramms innerhalb einer Anstalt kann die schwer- und schwerstbehinderten Patienten mit der besonderen Sorgfalt im Training betreuen, die bei ihnen erforderlich ist.

5.2.1. Unterrichtung oder Aufrechterhaltung von Verhalten

Am Intensivtraining nehmen die Patienten im allgemeinen nur für kurze Zeit teil, d. h., es ist normalerweise nicht mit der Unterbringung kombiniert, und zwar deshalb, weil das Intensivtraining nur für das Beibringen, nicht aber für die Aufrechterhaltung des entwickelten Verhaltens eingesetzt wird. Das letztere kann auch unter nicht-intensiven Bedingungen erreicht werden. *Lindsley* (1964) führt aus, daß die Erlernung eines Verhaltens oft mit dessen Aufrechterhaltung verwechselt wird. Dabei sind ganz verschiedene Voraussetzungen dafür nötig.

In der Intensiveinheit wird eine Umgebung geschaffen, in der eine Gruppe von Patienten durch konzentrierten Unterricht verschiedene Fertigkeiten *erwirbt*. Wenn die Patienten dieses Ziel erreicht haben, werden sie in ein normales Programm überführt, das der *Aufrechterhaltung* des entwickelten Verhaltens angemessen ist. Die Intensiveinheit kann dann eine neue Gruppe aufnehmen. Auf diese Weise können die Einheiten viele Patienten in aufeinanderfolgenden Lehrgängen in erwünschten Verhaltensweisen trainieren.

Beibehaltung. Annahme und Ausführung der Intensivprogramme für Schwer- und Schwerstgestörte sind unzweifelhaft durch Befürchtungen verzögert worden, die Patienten würden das Gelernte nicht behalten können, so daß alle Mühe verschwendet wäre. Solche Befürchtungen unterstellen, daß die Behinderten zu zerstreut sind oder so schwere Gedächtnisstörungen haben, daß sie — welche gelernte Fähigkeit auch immer — sie später in jedem Fall wieder vergessen werden.

Untersuchungen durch *Belmont* and *Ellis* (1968), *Ellis* and *Anders* (1968) und *Haywood* and *Heal* (1968) zeigen, daß diese Befürchtungen übertrieben sind. Sehr überzeugend demonstriert eine Nachuntersuchung — 3 Jahre nach einem Intensivunterrichts-Programm von *Leath* and *Flournoy* (1970), wie gut die Teilnehmer das Gelernte behalten konnten. Die Autoren folgerten, daß Ausformungstechniken positive Langzeiteffekte bei einer Vielzahl von Selbsthilfe- und sozialen Fertigkeiten haben. Der außerordentliche Fortschritt innerhalb der Trainingsperiode konnte im großen und ganzen über die drei Jahre hinweg beibehalten werden, obwohl der Intensivunterricht nicht fortgesetzt wurde.

5.2.2. Ein Überblick über Intensivprogramme

Ein Überblick über die neuere Literatur zeigt, daß (besonders in Bezug auf Schwer- und Schwerstbehinderte) der Intensivunterricht immer mehr als ein wirksames Behandlungsmittel akzeptiert wird. Obwohl viele der veröffentlichten Berichte geradezu peinlich weitab jeder objektiven Beschreibung oder Beurteilung sind, kann eine Zusammenfassung dieser Berichte dennoch einen gewissen Einblick in die Funktionsweise solcher Einheiten geben.

Tobias and *Cortazzo* (1963) haben über die Arbeit einer beschäftigungstherapeutischen Tagesstätte für schwerbehinderte Kinder berichtet. Das Programm legte besonderes Gewicht auf Fertigkeiten, die für ein selbständiges Leben der Kinder für wichtig gehalten wurden, wie z. B. Körperpflege, nützliche Beschäftigung und Essenszubereitung. Obwohl die Autoren keine detaillierte Beschreibung ihrer Verfahrensweisen gaben, erwähnten sie die Entwicklung von Kleingruppenprogrammen. Das Programm wurde in Fragebogen, die an die Eltern verteilt wurden, als erfolgreich beurteilt.

Davis (1969) hat ein Projekt zur Verbesserung der Anstaltsarbeit[1] beschrieben, in dem 160 schwer- und schwerstbehinderte Erwachsene nach einem geregelten Aktivitäts-Plan unterrichtet wurden. Primär wurden in Kleingruppen künstlerische und handwerkliche Fähigkeiten bei einer durchschnittlichen Klassenstärke von 7 Patienten und einer wöchentlichen Teilnahme von durchschnittlich drei Stunden pro Patient beigebracht. Laufende Bewertungen zeigten bei 80 % der Patienten meßbare Fortschritte, die von der Schwere der Aufgaben abhingen.

---

[1] Hospital Improvement Project (HIP)

Eine Reihe anspruchsvollerer Programme versuchte, ein durchgängiges Training mit schwer- und schwerstbehinderten Kindern in Wohngemeinschaften mit den Betreuern durchzuführen. *Colwell* (1969) hat die »erstaunlichen Fortschritte« in den Selbsthilfe-Aktivitäten bei systematischer Anwendung operanter Methoden unter Wohnhaus-Bedingungen dargestellt. *Roos* (1965) beschrieb — ebenfalls ohne Zahlenangaben — (Quantifizierung) eine ähnliche Unterrichtseinheit, die Methoden operanter Konditionierung benutzte. Außer im Unterricht zur Selbsthilfe war die Einheit erfolgreich beim Personaltraining und in der Entwicklung neuartiger Unterrichtsverfahren und -mittel. *Roos* betonte die Bedeutung der Teamarbeit und der Beteiligung der Anstaltsverwaltung bei der Durchführung solcher Programme.
In der Einführung zu ihrem Arbeitsbericht schilderten *Miller* and *Trainor* (1968) ein Intensiv-Rehabilitationsprogramm für schwer- und schwerstbehinderte Kinder. Hier wurden die Patienten in Gruppen zu je 10—12 eingeteilt, und mehr Betreuer eingesetzt, um die Anwesenheit eines Gruppenleiters und eines Fürsorgers für jede Gruppe in der Morgen- und Nachmittagsschicht sicherzustellen. Die Autoren berichteten von Fortschritten bei einer großen Anzahl von Verhaltensweisen und schrieben einen gewissen Teil des Programmerfolgs der Entwicklung des Teamarbeitsverfahrens zu.
Gorton and *Hollis* (1965) informierten über eine Wohneinheit für geistig schwerbehinderte Mädchen von 6—12 Jahren am Parsons State Hospital and Training Center. Das am Projekt beteiligte Personal nahm an Vorlesungen teil, sah Filme und diskutierte über die Prinzipien der Verhaltensmodifikation. Zum Patientenunterricht gehörten: eine Vielzahl von Fertigkeiten der Selbsthilfe, des Essens, Trainings und der Entwicklung der Motorik.
Von diesen Studien stellt ohne Zweifel die methodologisch befriedigendste die von *Kimbrell* et al. (1967) dar. Hier wird die siebenmonatige Durchführung eines Gewohnheits-Intensivtrainings in Alltagsgewohnheiten und sozialer Entwicklung für schwer- und schwerstbehinderte Mädchen beschrieben. Die Patientinnen lebten in Zehnergruppen in Schlafsälen, die mit Spielzeug und Trainingsmaterialien ausgerüstet waren. Um den Bedürfnissen der Mädchen zu entsprechen, wurde die Umgebung möglichst einfach gestaltet. Die Patientinnen wurden zu Spiel, Gruppenaktivitäten und Selbsthilfe mit Methoden operanter Konditionierung ermutigt. Die Patientinnen machten im Verhältnis zu Vergleichsgruppen statistisch signifikante Fortschritte. Abgesehen davon benötigten die trainierten Patientinnen nur noch die Hälfte der Wäsche, die Vergleichspatientinnen bei konventioneller Fürsorge und Behandlung brauchten. Eine Nachuntersuchung zeigte, daß die erzielten Fortschritte sich nach drei Jahren auch ohne methodischen Unterricht gehalten hatten. (*Leath* and *Flournoy*, 1970)
Zusammenfassung. Unglücklicherweise sind Beschreibungen von Intensiveinheiten im allgemeinen alles andere als ausführlich gewesen. Daher ist eine detaillierte, objektive Bewertung unmöglich. Zu viele Informationen fehlen in diesen Berichten, um eindeutige Aussagen für zukünftige Intensivprogramme oder die Unterscheidung in erwünschte und unerwünschte Programmcharakteristika zuzulassen. Zu den für die Ausarbeitung und Auswertung anstehenden Fragen gehören:

1. Welche spezifischen Verhaltensweisen können am schnellsten beigebracht werden?
2. Wieviel Unterrichtszeit sollte pro Tag aufgewandt werden?
3. Wie groß sollten die Unterrichtsgruppen sein?
4. Sollte am Unterricht in einer bestimmten Aktivität mehr als ein Betreuer beteiligt sein?

5. Wie kann das Personal wirksame Unterrichtstechniken am besten lernen?
6. Wie kann der Fortschritt der Patienten am besten gemessen werden?

In allen bisherigen Projektberichten fand Kleingruppenunterricht statt, und alle Autoren, die ihre Techniken beschrieben, waren nach Prinzipien der Verhaltensmodifikation vorgegangen (*Gorton* and *Hollis*, 1965; *Ross*, 1965; *Kimbrell* et al. 1967; *Colwell*, 1969; *Miller* and *Trainor*, 1968). Die Literatur über geistige Behinderung läßt keinen Zweifel darüber, daß die Verhaltensmodifikation den bisher erfolgreichsten Ansatz im Unterricht von Schwer- und Schwerstbehinderten darstellt. Über wirksame Verfahren beim Unterricht von Toilettenbenutzung, Essen, Anziehen, Pflege, Motorik, Sprache und komplexen Arbeitsfertigkeiten wurde berichtet. Einen ausgezeichneten Überblick geben die Studien von *Hollis* and *Gorton* (1967), *Watson* (1967) und *Nawas* and *Braun* (1970 a, b, c).

5.2.3. Interaktion zwischen Personal und Patient

Intensivunterrichts-Einheiten scheinen durch eine erhöhte Anzahl von Personal-Patient-Interaktionen gekennzeichnet zu sein. Sie sind besonders stark auf Kleingruppenarbeit aufgebaut. Der Unterricht wurde entweder individuell (*Roos*, 1965) oder in kleinen Gruppen durchgeführt (*Tobias* and *Cortazzo*, 1963; *Gorton* and *Hollis*, 1965; *Davis*, 1969); ehrgeizigere Projekte untersuchten Wohngemeinschaften mit Kleingruppen (*Colwell*, 1969; *Kimbrell* et al., 1967; *Miller* and *Trainor*, 1968). Die vermehrten Interaktionen gewinnen an Bedeutung, wenn eines der wichtigsten Prinzipien der Verhaltensmodifikation anerkannt wird: Aufmerksamkeit kann ein außerordentlich wirksamer und dauerhafter Verstärker sein. Die Erhöhung der Anzahl der Interaktionen ist oft gleichbedeutend mit der Erhöhung der Gesamtzahl der Verstärkungen für jeden Patienten.

Die Prinzipien der Verhaltensmodifikation besagen außerdem, daß ein Wandel in den zur Verstärkung ausgewählten Verhaltensweisen eine wirksame Unterrichtssituation kennzeichnet.

Gorton and *Hollis* (1965) zeigen, daß das Personal unter herkömmlichen Bedingungen (d. h. unter denen der Verwahrungsfürsorge) normalerweise seine Aufmerksamkeit auf Patienten richtet, bei denen akute Gefahr von Selbstverletzungen besteht, auf offen Aggressive und auf die Opfer solcher Aggressionen, auf Inkontinente und solche, die ihre Kleidung zerreißen. Aus einer Verhaltensanalyse der Situation kann man schließen, daß das Personal unter diesen (herkömmlichen) Bedingungen unabsichtlich unerwünschtes Patientenverhalten verstärkt.

Beschreibungen von Intensiveinheiten zeigen, daß sich die Natur der Personal-Patient-Interaktionen entscheidend gewandelt hat. Verhaltenstherapeutisch ausgedrückt werden die unerwünschten Verhaltensweisen gelöscht und die erwünschten verstärkt.

Wir haben den Eindruck, daß dieser Wandel entscheidend für den Erfolg der Intensiveinheiten ist. Eine Betrachtung der bisherigen Berichte über Intensiveinheiten gibt uns mindestens drei wesentliche Gründe für den systematischen Wandel der Interaktion an:

Der erste und bedeutendste Grund liegt in der Tatsache, daß die meisten Betreuer von Intensiveinheiten in der Anwendung von Verfahren der Verhaltensmodifikation geschult waren. Sie hatten gelernt, erwünschtes Verhalten zu verstärken und unerwünschtes zu ignorieren.

Zum zweiten sind in einer Reihe von Intensiveinheiten Station und Unterrichtsräume besser ausgestattet worden, um die Interaktionen zu erleichtern. Zu Beginn waren diese Bemühungen daran orientiert, den Patienten die Annahme des erwünschten Verhaltens und dadurch dem Personal auch die Verstärkung zu erleichtern. Man nennt dies häufig eine »abwechslungsreiche Umgebung«, oder mit einem Ausdruck von *Lindsley* (1964) den Wandel der Umgebung in eine »künstliche« Umwelt, die auf richtiges Verhalten eingeht und es besser unterstützt (z. B. durch Freizeit-Möglichkeiten im Gegensatz zu Fürsorge in einer sterilen, uninteressanten Umgebung).

Ein dritter, nicht so offensichtlicher Faktor beeinflußt die Interaktionen zwischen Betreuer und Patient: der Einstellungswandel beim Personal, der sich allmählich während des Unterrichts entwickelt. Wenn Betreuer die Handhabung wirksamer Verfahren zur Verhaltensänderung gelernt haben, beurteilen sie die Patienten optimistischer (*Davis*, 1969; *Miller* and *Trainor*, 1968; *Roos*, 1965; sie beginnen eigenständige Techniken zu entwickeln und verlassen sich weniger auf Beruhigungsmittel. Sie fangen an, sich mehr als Lehrer und weniger als Fürsorger zu begreifen.

5.3. Ein Überblick über das Iris-Programm

5.3.1. Ausstattung

Das Iris-Building wurde 1902 erbaut, hat zwei Stockwerke mit je einem Schlafraum zu 8 Betten und außerdem eine Reihe von Unterrichtsräumen. Zwei dieser als Tagesräume für Aktivitäten[2] benannten Zimmer sind mit Unterrichtsspielzeug und -material für den Unterricht in besonderen Fähigkeiten, wie dem Gebrauch von Eßbesteck, wie Hygiene und grobmotorische Koordination ausgerüstet. Die Mahlzeiten werden in einer Cafeteria des Nachbargebäudes serviert. Diese Ausstattung ist im Vergleich zum üblichen Anstalts-Standard ziemlich großzügig. Unter normalen Bedingungen würde das Haus zwei- bis dreimal soviele Patientinnen beherbergen.

---

[2] Day Activity Center (DAC)

5.3.2. Personal

Während der beiden Arbeitsschichten (6.30—15.00 Uhr und 14.30—23.00 Uhr) haben je zwei Betreuer Dienst, nachts nur einer. Montags bis freitags haben während der beiden Schichten Dienst: eine Krankenschwester (als Gebäudeaufsicht), ein Beschäftigungstherapiehelfer und ein Stationsaufseher (der die meiste Verwaltungs- und Schreibarbeit erledigt). Diese drei nehmen direkt am Training der Patientinnen teil, auch wenn sie die meiste Zeit mit anderem beschäftigt sind: mit medizinischer Versorgung, Verwaltung, Aufsicht usw. Alle Betreuer hatten sich für dieses spezialisierte Intensivunterrichts-Programm freiwillig gemeldet, und die meisten hatten schon vorher in der Anstalt gearbeitet.

Im allgemeinen kommt ein Betreuer auf sechs Patientinnen. Diese Quote ist ungefähr zwei- bis dreimal so hoch wie der Durchschnitt innerhalb der Anstalt.

5.3.3. Die Patientinnen

Die Zahl der Patientinnen beträgt im Iris-Building durchschnittlich 12—15. Zwischen Juli 1969 und Dezember 1970 haben 33 am Iris-Programm teilgenommen. 25 der Teilnehmerinnen waren sehr schwere (IQ unter 25) und 7 schwere (IQ 25—40) Fälle. Eine mäßigbehinderte Patientin (IQ von 49) mit einem besonderen Verhaltensproblem wurde ebenfalls behandelt. Das durchschnittliche Alter betrug 20 bis 44 Jahre, mit dem Schwerpunkt auf den 20jährigen (obwohl fünf Patientinnen über 40 waren). Für alle traf zu, daß sie vor der Beteiligung am Programm zwanzig Jahre im Faribault-Hospital verbracht hatten.

Die einzige Bedingung, die zur Aufnahme in das Iris-Programm erfüllt werden muß, ist eine ausreichende Körperbeweglichkeit der Patientin: sie muß Treppen gehen und den Weg zur Cafeteria zurücklegen können. Die aus dem Holly-Building ausgewählten Patientinnen stellen einen annähernd repräsentativen Querschnitt seiner Insassinnen — mit Ausnahme der aggressivsten — dar. Drei Patientinnen wurden aus anderen Häusern ausgewählt, weil sie schwer zerstörerische Verhaltensweisen zeigten, die nirgends sonst unter Kontrolle gebracht werden konnten.

5.3.4. Programmziele

Spezifische Programmziele sind sehr wichtig. Das Iris-Behandlungsprogramm nimmt ein breites Spektrum von spezifischen Verhaltensweisen in Angriff. Das Ziel ist nicht wie bei vielen vorherigen Programmen, die Verhaltensqualität der Patientinnen nur innerhalb eines kleinen Gebiets (z. B. Toilettenbenutzung) zu verbessern. Die Patientinnen sollen angemessene Verhaltensweisen *für den ganzen Tag* zur Verfügung haben; befähigt man sie dazu nicht, kann man damit störendes Verhalten begünstigen, und die Erfolge in spezifischen Unterrichtsaktivitäten können wieder verloren sein.

Daher werden die Patientinnen vom Iris-Building in einer Reihe von verschiedenen Fähigkeiten zugleich unterrichtet, und zwar auf den drei Hauptgebieten:

1. Selbsthilfe,
2. Aktionsfähigkeit und
3. ruhiges Verhalten.

Auf jedem dieser Gebiete wird eine Reihe besonderer Programme durchgeführt, die noch beschrieben werden sollen. Die Patientinnen werden nicht unterschiedslos in allen Aktivitäten trainiert, sondern der jeweilige Unterricht wird danach ausgewählt, ob er für die einzelne Patientin relevant und nützlich ist.

Selbsthilfe. Wenn die Anstalten ihre reine Überwachungsfunktion aufgeben wollen, müssen sie dem Patienten beibringen, die täglichen Routinehandlungen selbständig auszuführen. Dazu gehören im Iris-Programm Anziehen (Hemd, Hose, Strümpfe, Schuhe; das Binden der Schnürsenkel, Zuknöpfen, Reißverschluß zumachen), Toilettenbenutzung, Händewaschen, Baden, Zähneputzen, Essen (mit Messer, Gabel und Löffel; in normalem Tempo essen; ordentlich kauen).

Aktionsfähigkeit. Hier soll die Patientin dazu gebracht werden, ihre Zeit auf irgendeine positive Weise zu verbringen. Fertigkeiten zum Lernen, für die Freizeit und den Beruf fallen in diese Kategorie. So wird ein sehr breites Spektrum geboten und die den Bedürfnissen der jeweiligen Patientin angemessenen Fähigkeiten fürs Training ausgewählt.

Einige lernen einfache sensomotorische Fähigkeiten (Holzstäbe in Löcher stecken, Gestaltunterscheidung, Farbunterscheidung, Zuordnung gleicher Exemplare, Ringe oder Klötze aufstapeln). Auf einer fortgeschritteneren Stufe lernen sie das Spielen mit verschiedenem Spielzeug (Puzzles zusammensetzen, Malen, sich ein Buch ansehen, mit Bauklötzen spielen). Sie lernen es, Freizeitaktivitäten für sich auszuwählen. Vielversprechende Kursteilnehmerinnen können Unterricht im Sprechen oder der Benennung von Gegenständen bekommen. Es gibt außerdem Unterricht in häuslichen und beruflichen Fähigkeiten wie Bettenmachen, Fegen, Aufwischen, Wäschefalten, Waschbeckensäubern und Tischabwischen. Indem sie diese Fähigkeiten erlernt, hat die Patientin mehr Möglichkeiten zu einem unabhängigeren Leben in der Anstalt, kann vielleicht einen Job annehmen und schließlich sogar die Anstalt verlassen.

Keiner Patientin wurde irgendeine Beschränkung im Erlernen auferlegt. Trotzdem folgte man im allgemeinen einem Schema, nach dem man den Patientinnen zunächst die Grundfähigkeiten fürs Lernen und für die Freizeit beibrachte und ihnen erst später die verschiedenen Selbsthilfefertigkeiten vermittelte. Das erste Ziel ist der Unterricht in lernerleichternden Fähigkeiten (Kooperation, Aufmerksamkeit, Sensomotorik), dann das Training von Freizeitaktivitäten und schließlich von nützlichen Beschäftigungen.

Ruhiges Verhalten. Da viele der am Programm beteiligten Patientinnen Verhaltensprobleme zeigten, stellte die Kontrolle und Eliminierung von störendem und zerstörerischem Verhalten eine wichtige Aufgabe des Programms dar. In der Praxis kann dieses Problem meist so gelöst werden, daß zum Ersatz für das Fehlverhalten positive Verhaltensweisen aus den obigen beiden Kategorien entwickelt werden. Gelegentlich haben sich Programme auf eine Art des Fehlverhaltens — wie Kopfstoßen, Essenstehlen oder Möbelbeschädigen — spezialisiert.

5.3.5. Programmdurchführung

Die Behandlungssequenz. Der Einsatz von Zeit, Mühe und Geld in Intensiveinheiten ist nur dann gerechtfertigt, wenn ernsthafte Versuche unternommen werden, um die Aufrechterhaltung der gelernten Verhaltensweisen nach Verlassen der Unterrichtseinheit zu sichern. *Es ist daher wichtig, daß angemessene Programme zur Aufrechterhaltung des Verhaltens in den Häusern entwickelt werden, in die die Patientinnen danach kommen.* Das gesamte Behandlungsprogramm umschließt dann alle Häuser in einer Sequenz, in der die Intensiveinheit einen Schritt darstellt.

Die ganze Iris-Behandlungssequenz ist in der Abbildung 5.1 aufgeführt. Die Teilnehmerinnen des Programms kommen aus dem Holly-Building, wechseln über zum Intensivunterricht ins Iris-Building und werden dann schließlich ins Daisy-Building oder in eine Sonderabteilung des Holly-Building gebracht. Speziell ausgearbeitete Verhaltenstherapie-Pläne werden in all diesen Abteilungen und Häusern durchgeführt; überall wendet man die in Kap. 2 beschriebenen Verfahrensweisen der Verhaltensmodifikation an.

Diese Behandlungssequenz ermöglicht die Wirksamkeit und Leistungsfähigkeit der Intensiveinheit. Die stufenweise Anordnung des Trainings erreicht zwei Ziele: einmal macht sie die Patientinnen mit den Unterrichtsmethoden *vor dem Eintritt* in die Intensiveinheit einigermaßen vertraut; zum zweiten garantiert sie eine angemessene Umgebung zum Zweck der Aufrechterhaltung des Verhaltens nach der Beendigung des Intensivprogramms. Im Durchschnitt leben in der Vorbehandlungs-Abteilung des Holly-Building (einem einzigen großen Stationsraum) 20—30 schwerstbehinderte Patientinnen zusammen. Ein anderer Raum dient als Schlafsaal. Es war möglich, als Vorbereitung einige Unterrichtsprogramme einzurichten. Die Ziele sind dieselben, wie sie für das Iris-Programm genannt wurden, aber der Unterricht geht aufgrund mangelnden Personals sehr langsam voran. Die Patientinnen werden an die Unterrichtsmethoden gewöhnt, haben die Gelegenheit, einen Teil des Tages mit sinnvollen Aktivitäten auszufüllen, verbessern einigermaßen ihre

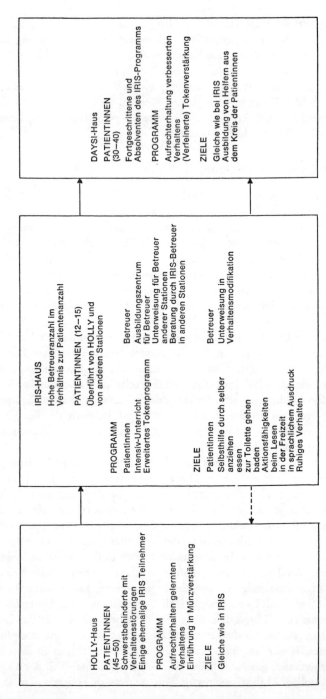

Abb. 5.1: Beschreibung der drei Häuser, die zur unterschiedlichen Behandlung von den Patienten durchlaufen werden.

Selbsthilfe-Fähigkeiten wie Toilettenbenutzen und Baden und kommen zum erstenmal mit Münzverstärkern in Berührung, die gegen etwas Schönes oder Eßbares eingetauscht werden können. Allerdings wird nur ein Teil des Tages mit Lernen zugebracht, weil hier noch weiterhin Fürsorgepflichten des Personals nötig sind.

Wenn man die ›Absolventinnen‹ des Iris-Programms dann in ihre alte Umgebung zurückbrächte, würde sich ihr Zustand rapide verschlechtern, und die aufgewendete Zeit und Mühe wäre umsonst. Das ist nicht als Anklage gegen das Personal des Holly-Building gemeint, denn es tut sein Bestes innerhalb der bestehenden Station. Bei der Planung eines Intensivprogramms muß jedoch im Hinblick auf das Prinzip der Reizkontrolle (Kap. 2) berücksichtigt werden, daß bei einer Rückkehr des Patienten in die Umgebung, in der er *vor* dem Programm lebte, mit einer rapiden Verschlechterung zu rechnen ist.

Die aus dem Iris-Programm kommenden sind jetzt in Umgebungen untergebracht worden, wo ihr verbessertes Verhalten gestützt werden kann, wo das Personal wenig Zeit mit Überwachungsaufgaben zubringt und infolgedessen mehr Zeit für aktiven Unterricht hat. Die räumlichen Einrichtungen im Daisy-Building und in der Sonderabteilung des Holly-Building gleichen denen vom Iris-Building; statt des einzigen großen Raumes in der Abteilung vor dem Intensivtraining, gibt es hier eine Reihe von Räumen. Programme zur Aufrechterhaltung und Unterrichtung erwünschter Verhaltensweisen werden den ganzen Tag in beiden Abteilungen durchgeführt.

Diese Programme garantieren die Kontinuität der Arbeit mit den Patientinnen und die regelmäßige Verstärkung für verbessertes Verhalten. Wegen der niedrigeren Personal-Patient-Quote geht der Unterricht hier notwendigerweise langsamer voran als im Iris-Building. Die Programme sind so aufgebaut, daß sie die im Iris-Programm erworbenen Fähigkeiten aufrechterhalten, und in vielen Fällen wird ein zusätzlicher Fortschritt erzielt.

Neben gleichen Programmzielen gibt es auch Erweiterungen: im Daisy-Building werden einige Patientinnen zu bezahlten Helferinnen innerhalb der Anstalt ausgebildet, was eine weitere Ausdehnung der Unterrichtung in beruflichen Fähigkeiten bedeutet. Dieselbe Station führte außerdem eine Münzökonomie ein, die der in Kapitel 6 beschriebenen ähnelt. Den ganzen Tag können die Patientinnen Münzen für eine Reihe erwünschter Verhaltensweisen erwerben und dann gegen andere Verstärker eintauschen.

So bildet die Überweisung vom Holly- ins Iris-Building und von da in die Daisy-Abteilung eine geschlossene Behandlungssequenz, in der die Patientinnen ihre Grundvorbereitung im Holly-, den Intensivunterricht im Iris-Building erhalten, und schließlich in die Daisy-Station kommen, wo verhaltenstherapeutische Programme für die Aufrechterhaltung verbesserten Verhaltens sorgen und fortgesetzter Unterricht die Gelegenheit zu weiterem Lernen und Fortschritt in Richtung auf Unabhängigkeit gibt.

Geplanter Unterricht. Der therapeutische Erfolg der Intensiveinheiten ist nicht nur auf mehr Personal und bessere Ausrüstung zurückzuführen, sondern auf die erzieherischen und therapeutischen Interaktionen zwischen Betreuer und Patientin. Ein entscheidender Faktor der Intensivprogramme ist die Ermöglichung solcher therapeutischen Interaktionen, wie sie spontan im allgemeinen nicht häufig genug für größere Fortschritte auftreten und deshalb geplant werden müssen.

Zwei Aspekte sind bei der Planung dieser Interaktionen zu beachten: Quantität und Qualität. Unter dem ersteren werden Betreuer und Patientinnen einfach in einer strukturierten Situation zusammengebracht, um das Auftreten der Interaktionen sicherzustellen. Der zweite Aspekt bezieht sich auf die Unterrichtung des Personals in den Prinzipien der

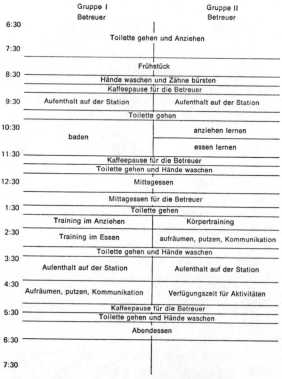

Abb. 5.2: Beispiel eines Tagesplanes für zwei IRIS-Gruppen.

Verhaltensmodifikation, was die pädagogische und therapeutische Wirkung der Interaktion garantiert.

Das Hauptinstrument für die Sicherung strukturierter Interaktionen ist ein genauer Plan für das Personal — ein Tagesarbeitsplan für jeden Betreuer. Teil eines typischen Iris-Betreuerplans wird in Abbildung 5.2 gezeigt.

Die Patientinnen sind in zwei Gruppen eingeteilt und bleiben den ganzen Tag zusammen. Während jeder Arbeitsschicht ist ein Betreuer für jede Gruppe verantwortlich. Der Betreuerplan gibt Anweisung, was mit der jeweiligen Gruppe zu tun ist. Dieser Gesamtplan ist sieben Tage der Woche in Kraft.

Wie die Abbildung (5.2) zeigt, besteht der Tagesablauf der Patientinnen sowohl aus regelmäßig eingeplanten Unterrichtszeiten (z. B. für Fertigkeiten im Essen, Anziehen und im Day Activity Center), als auch aus einer Anzahl von Routineaktivitäten des Alltags (wie Mahlzeiten, Toilettenbenutzung, Baden). Die Routinebeschäftigungen sind diejenigen, die herkömmlicherweise die meiste Zeit in den Verwahrungsanstalten in Anspruch nehmen. Im Iris-Building wird diese Zeit für den Unterricht genutzt.

Ein Beispiel: Wenn die Patientinnen morgens aufwachen, ist nicht der einzige Gedanke, sie möglichst rasch anzuziehen und zum Frühstück zu schaffen. Die Betreuer nutzen diese Zeit als eine *sehr brauchbare* Gelegenheit, um ihnen richtiges, selbständiges Anziehen beizubringen. *Das Personal achtet sorgfältig darauf, nichts für die Patientin zu tun, was die Patientin selbst für sich tun kann.* Lieber nutzt es die Zeit zum Unterricht bei denjenigen, die Verbesserungen nötig haben. Dasselbe gilt für andere »Routine«-Handlungen wie Baden, Zähneputzen, etc.

Die Betreuerpläne sollen sicherstellen, daß jede Patientin Unterricht in einer für sie angemessenen Anzahl von Aktivitäten erhält. Die Zeiten für Einzelunterricht sind kurz bemessen (eine Stunde oder weniger), um Langeweile bei Patientinnen und Betreuern zu vermeiden. Da die verschiedenen Aktivitäten in verschiedenen Räumen unterrichtet werden, grenzen sich die Beschäftigungen durch den jeweiligen Gang zu einem anderen Unterrichtsraum voneinander ab. Innerhalb einer Trainingsphase (wie z. B. für Fertigkeiten im Essen und Anziehen) können die Betreuer die bestimmten Aktivitäten auswählen, von denen sie meinen, daß sie einer bestimmten Patientin am angemessensten seien. Eine Reihe von schriftlich fixierten Programmen kann in jeder Unterrichtsphase benutzt werden. Im allgemeinen entsprechen die Programme den Aktivitäten, die unter den »Programmzielen« aufgeführt wurden. Solche schriftlichen Programme stehen ebenfalls für die Unterrichtung in den alltäglichen Verrichtungen zur Verfügung.

Über die ganze Behandlungssequenz hinweg benutzt das Personal schriftliche Programme mit einer Verfahrensanleitung für den Unterricht. Diese schriftlichen Programme sichern ein gleiches Vorgehen des Personals beim Unterricht und schließen so die Möglichkeit aus, daß sich die Betreuer bei der Arbeit behindern.

Viele Aktivitäten werden in Rückwärtsverkettung unterrichtet: der letzte Schritt der Aufgabe wird zuerst trainiert. Besonders dieser Programmtyp erfordert eine schriftliche Verfahrensanleitung für das Personal, weil er normalem ›gesunden Menschenverstand‹ widerstrebt. Um weiterhin die richtige Programmdurchführung sicherzustellen, werden bei einer Reihe von Aktivitäten Bewertungslisten angefertigt. Mit deren Hilfe kann der Betreuer die Unterrichtsaufgabe auf einem für jede Patientin angemessenen Schwierigkeitsniveau angehen.

5.3.6. Auswertung

Das wichtigste Kriterium für jedes Behandlungsverfahren ist die einfache Frage nach seiner Effektivität. Werden die Ziele des Programms erreicht? Lernen die Patienten auch das, was sie lernen sollen? Alle Behandlungsversuche, die getestet werden, müssen mit dem Ziel der Weiterentwicklung und Korrektur ausgewertet werden. Keinesfalls sollte ein Verfahren, das nicht objektiv ausgewertet wurde, von anderen blind übernommen werden.

Von den 33 Teilnehmerinnen am Iris-Programm haben 13 ihren Intensivunterricht noch nicht beendet. Die Auswertung des Programms beruht daher auf den Daten der übrigen 20. Es sollen hier einige Auswertungsmethoden besprochen werden.

Das Schicksal der behandelten Patientinnen. Eine recht übliche Möglichkeit der Bewertung stellt die Untersuchung des weiteren Schicksals und Verbleibs der Programmteilnehmerin dar. Das besondere Ziel des Iris-Programms war es, die Patientinnen für ein zufriedenstellendes Verhalten in Häusern mit weniger gestörten Patientinnen auszubilden. 14 der 20 ›Absolventinnen‹ sind in solche Häuser gekommen. 5 kehrten ins Holly-Building zurück, wo sie in einer Abteilung untergebracht sind, die im Vergleich zur Holly-Abteilung vor der Behandlung ein erheblich höheres Funktionsniveau aufweist. Eine Patientin erkrankte kurz vor der Überweisung in ein Haus mit höherem Funktionsniveau und starb nach einigen Monaten Krankenhausaufenthalt.

Wenn man nach diesem sehr allgemeinen Kriterium urteilt, war das Programm also erfolgreich. Die Aufrechterhaltung des angemessenen Verhaltens zeigt eine zufriedenstellende Weiterentwicklung an. Die folgenden Auswertungsverfahren stellen quantifizierte Maße über den Verhaltensfortschritt vor.

Umfassendes Bewertungs-System. Um in breitem Umfang Informationen über das Patientenverhalten zu bekommen, wurde vor und nach dem Intensivtraining eine Checkliste zur Bewertung sozialer Fertigkeiten ausgefüllt, die eine Menge von Fragen zu spezifischen Aspekten des Patientenverhaltens enthält. Zur Auswertung des Behandlungsprogramms wurden aus der größeren Liste 41 Punkte ausgesucht, die für die Ziele des Iris-Programms relevant sind. Diese Punkte betreffen Toilettenbenutzung, Baden, Ankleiden, Essen, Pflege, Freizeit- und Berufsfertigkeiten. Die Bewertung wird von einem Betreuer durchgeführt, der die Patientin kennt. Die Daten aus Vor- und Nach-Tests lassen sich in einer Bewertungstabelle aufführen. Außerdem wird hier der während des Behandlungszeitraums auftretende Veränderungswert aufgeführt. Der Prozentsatz der für jede Patientin möglichen Veränderung zeigt Abb. 5.3. Die Auswertung der »möglichen Veränderung« beruht auf der Differenz von Vor-Test-Wert und dem Maximalwert einer erfolgreichen Patientin, oder dem Vor-Test und einem Nullwert bei Patientinnen, die Rückentwicklungen zeigten.

12 der 16 Patientinnen zeigen Fortschritte in den von dieser Skala erfaßten Verhaltensweisen. Die meisten der Patientinnen, die keine Fortschritte zeigen, hatten sehr hohe Vor-Test-Werte, was bedeutet, daß diese Skala ihr Fähigkeitsniveau nicht angemessen erfassen kann, weil zu wenig Raum für Verbesserungen blieb. Dabei ist das Programm offensichtlich recht erfolgreich bei der Verbesserung des Verhaltens der Teilnehmerinnen.

Verlaufsangaben. Regelmäßig geführte Tabellen vom Verhaltensfortschritt der Patientinnen über einen gewissen Zeitraum sind die verläß-

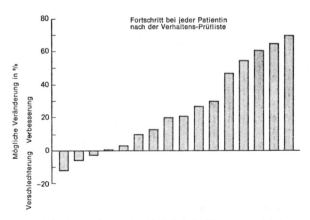

Abb. 5.3: Mögliche Veränderung in % bei jeder der 16 Patientinnen, deren Daten aus Vor- und Nachtests zur Verfügung stehen.

lichsten und detailliertesten Informationen. Solche fortlaufenden Tabellen sind vom Personal für eine begrenzte Anzahl von Verhaltensweisen angelegt worden. Obwohl es sich einerseit um das wertvollste Auswertungsverfahren handelt, so benötigen andererseits Personal (während des Unterrichts) und Programmüberwacher (bei der Endauswertung) die meiste Zeit dafür. Durch kontinuierliche Aufzeichnungen wird es möglich, den Erfolg eines bestimmten Trainings bereits nach einer Versuchsperiode zu bewerten. Unterrichtsansätze mit mangelndem Erfolg können dann verbessert werden, bevor zuviel nutzlose Mühe verschwendet worden ist. Bei einer neu am Iris-Programm teilnehmenden Gruppe gibt man zuerst Unterricht in richtiger Toilettenbenutzung. Abbildung 5.4 zeigt die Abnahme der Inkontinenz während der Teilnahme der Patientinnen am Iris-Programm.

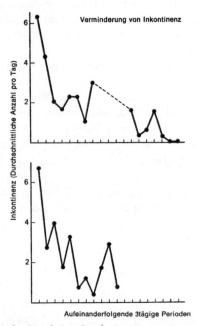

Abb. 5.4: Jede Linie beginnt bei Ankunft einer neuen Gruppe im Iris-Building. Die vollständige Inkontinenz (Urinieren und Defäkieren mit Bettnässen) nimmt während der Behandlung ab.

Regelmäßige Aufzeichnungen sind auch für andere, alltägliche Selbsthilfe-Aktivitäten wie Baden, Händewaschen und Zähneputzen gemacht worden. Eine Überprüfung der Daten bezüglich des Badens hat keinen deutlichen Fortschritt erkennen lassen, woraufhin das Unterrichtsprogramm und das Aufzeichnungsverfahren geändert werden mußten. Die Programme fürs Händewaschen und Zähneputzen waren ein ziemlicher

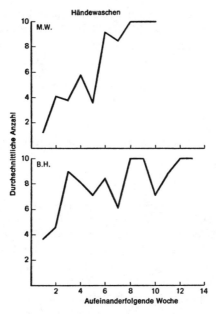

Abb. 5.5: Repräsentative Meßdaten, die die Fortschritte zweier Patientinnen beim Händewaschen zeigen.

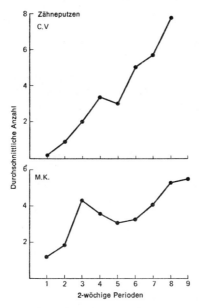

Abb. 5.6: Repräsentative Meßdaten über den Fortschritt zweier Patientinnen beim Zähneputzen.

Erfolg. 17 von 20 Patientinnen erreichten den möglichen Maximalwert für das Händewaschen, und 18 von 20 für das Zähneputzen. Repräsentative Veränderungstabellen von zwei Patientinnen werden in Abbildung 5.5 (für Händewaschen) und 5.6 (für Zähneputzen) gezeigt. Die Meßwerte und Arten der Verhaltensänderung können bei verschiedenen Patientinnen sehr unterschiedlich sein.

5.4. Genauere Angaben über Organisation und Durchführung

5.4.1. Der Beginn des Behandlungsprogramms

Die Probleme bei der Einführung von Verfahren der Verhaltensmodifikation im Iris-Building unterschieden sich sehr von denen, auf die man gewöhnlich bei der Einführung eines solchen Programms trifft. Als erstes muß man normalerweise das Personal dazu bringen, sich von der fürsorgerischen Einstellung zu lösen und aktiven Unterricht zu planen. Im Iris-Building hatte sich jedoch bereits eine bestimmte Haltung manifestiert: das Personal hatte intensiv mit den Patientinnen gearbeitet und gemerkt, daß es ohne Hilfe nicht weiterkommen würde.

Während der ersten drei Monate nach der Einführung der Intensivunterrichts-Einheit im Iris-Building wurde das Personal zunehmend frustriert. Die Betreuer gaben zu, daß sie einfach nicht mehr wußten, was sie mit den Patientinnen noch machen sollten. In dieser Anfangsperiode hatten die Patientinnen eine reichhaltige Umgebung und mehr Betreuer bekommen. Der Anreiz, den dieses Behandlungsverfahren bot, war jedoch nicht groß genug, um die erhofften Veränderungen zu bewirken. Zwar waren die Patientinnen sauber und ordentlich gekleidet, und ihre Umgebung war sauber und freundlich, aber dies war lediglich die Folge von mehr Personal und beruhte nicht etwa auf dem überwältigenden Wandel im Patientinnenverhalten.

Zu diesem Zeitpunkt wurden die Berater für Verhaltensmodifikation eingeschaltet. Die Diagnose war klar: Das Iris-Building verfügte über Personal, Ausrüstung und allgemeine Ziele, aber es fehlten wirksame Unterrichtsverfahren. Das war deshalb besonders interessant, weil die Betreuer bereits an einem herkömmlichen Trainingsprogramm für Anstaltspersonal teilgenommen hatten.

5.4.2. Die erste Betreuerversammlung

Man war der Meinung, daß eine Betreuerversammlung für die ausreichende Bekanntmachung mit den Methoden der Verhaltensmodifikation sorgen würde, damit die ersten Programme eingeführt werden konnten.

Wenn das Personal vom Iris-Building auch sehr bereit dazu war, so ist die Einführung neuer Behandlungsmethoden in Anstalten doch immer von einer gewissen Skepsis begleitet. Für Betreuer ist ein nachweisbarer Erfolg am eindruckvollsten (*Nawas* and *Brown*, 1970 a). Deshalb beschlossen wir, daß die Betreuer die neuen Verfahren zu Anfang während des Tages nur kurz anwenden sollten. Wenn das Personal später mit ihnen vertrauter sein und ihre Wirksamkeit nicht mehr bezweifeln würde, konnte man es auffordern, die Verhaltensmodifikations-Prinzipien den ganzen Tag über anzuwenden.

Bei dem ersten allgemeinen Treffen hatte man sich vier Ziele gesetzt:

1. eine *Einführung* in die Methoden der Verhaltensmodifikation;
2. ein *Verhaltensproblem* für jeden Betreuer;
3. die Einrichtung eines speziellen *Demonstrationsprogramms;*
4. die Einführung eines *geplanten Unterrichtsprogramms.*

Methoden. Bei dem Treffen erhielt jeder Betreuer eine Verfahrensanleitung (Tabelle 5.1). Sie war von dem Gedanken bestimmt, daß das Verhalten durch die Umwelt bedingt ist, und hob die Verstärkung als dessen Hauptursache hervor. Weiter behandelte sie die Methode, wie man die Ursache einer bestimmten Situation finden könne, und wie man die Verstärkung im Unterricht einsetzen solle.

Verhaltensprobleme. Das Personal bekam außerdem Richtlinien zur Analyse des Patientenverhaltens (Tabelle 5.2). Jeder Betreuer sollte innerhalb einer Woche ein Verhalten analysieren und ein Programm zur Verbesserung mit Hilfe der Prinzipien der Verhaltensmodifikation planen. Dieses Probeprogramm sollte dem Personal nicht nur Erfahrungen mit objektiver Analyse vermitteln, sondern auch den Beratern Auskunft über das Verständnis der Prinzipien der Verhaltensmodifikation auf Seiten des Personals geben.

Demonstrationsprogramm. Um die Wirksamkeit und Unkompliziertheit der Verhaltensmodifikation zu zeigen, wurde ein Demonstrationsprogramm entwickelt. Um die Wirkung der Demonstration zu erhöhen, wurde ein störendes Verhalten gewählt, das das Personal besonders ärgerte: das unglaublich hastige und schlampige Eßverhalten einer Patientin. Diese Patientin versuchte buchstäblich ihr ganzes Essen auf einmal in den Mund zu stopfen, was häufig zu Verschlucken und Wiederausspucken führte. Das Programm bestimmte, daß sie jeden Bissen einzeln herunterschlucken mußte, bevor sie die Gabel wieder zum Mund führen durfte. Während das Programm zu Beginn durchgängige Beaufsichtigung der Mahlzeiten vorsah, konnte die Patientin nach einiger Zeit ohne viel Aufsicht ordentlich essen.

Programmplan. Das Personal sollte zwei einstündige Sitzungen pro Schicht mit den Patientinnen im Day Activity Center arbeiten. Wir begannen mit nur einem gut durchstruktuierten und geplanten Programm, um das Personal mit dem Verfahren vertraut zu machen. Wichtig war,

Tabelle 5.1: Wiedergabe einer Anleitung für jeden Betreuer beim ersten Unterricht in den Prinzipien der Verhaltensmodifikation.

Verfahren zur Verhaltensänderung

Die Technik wird »Verhaltensmodifikation« genannt.

Das Hauptziel ist die Verbesserung des Patienten*verhaltens*.

Verhalten ist verursacht und kann durch Veränderung einiger seiner Ursachen geändert werden. Eine Hauptursache des Verhaltens ist seine Konsequenz — was auf das Verhalten *folgt*.

Grundprinzip ist, *alles zu tun, was irgendwie* zur Verbesserung beiträgt. Das erfordert:
1. Man muß wissen, welche Verhaltensweisen man will: d. h. es müssen bestimmte *Verhaltensweisen verstärkt werden.*
2. Man muß wissen, welche Verhaltensweisen man nicht will: d. h. bestimmte Verhalten*sweisen müssen abgeschwächt werden.*
3. Diese Verhaltensweisen müssen *gemessen* werden, damit man Aussagen über den Fortschritt machen kann.

Die Grundtechnik besteht aus drei Schritten:
1. *Genaue Bestimmung:* Beschreiben Sie das Verhalten so detailliert, daß die Häufigkeit seines Auftretens von jedem gezählt werden kann, der Ihre Beschreibung liest. Dies ist das *Zielverhalten.*
2. *Zählen und/oder Tabellieren:* Es müssen Daten gesammelt werden, damit Fortschritte beurteilt werden können.
3. *Ändern* Sie eine Verhaltensbedingung, von der Sie annehmen, daß sie die Häufigkeit des Zielverhaltens beeinflussen könnte.

Wie man an ein Verhaltensproblem herangeht:

Erinnern Sie sich daran, daß das *Verhalten eine Ursache hat. Untersuchen* Sie die Verhaltensbedingungen:

A) Beschreibung des gegenwärtigen Verhaltens
1. *Bestimmung:* Sie muß genau genug für eine Zählung sein
2. *Vorher:* Bedingungen oder Umstände, unter denen das Verhalten meistens auftritt
3. *Nachher:* was folgt auf das Verhalten?

Könnte irgendeines dieser Vorkommnisse als Verstärkung dienen?

B) Beschreibung des erwünschten Verhaltens
1. *Bestimmung*
2. *Vorher*
3. *Nachher*

Entscheiden Sie sich für ein *Verhaltensziel:*
1. Unterstützung eines Verhaltens durch *Verstärkung.* Verstärker sollten in *unmittelbarer* Folge auf das erwünschte Verhalten gegeben werden.
Wenn ein neues Verhalten gelernt wird, sollte die Verstärkung zuerst *kontinuierlich bei jedem* Auftreten des erwünschten Verhaltens gegeben werden.
Um das Verhalten dauerhafter zu machen, sollte die Verstärkung später intermittierend erfolgen.
2. *Schwächung* eines Verhaltens durch *Löschung*
Löschung eines Verhaltens durch Ignorieren oder Verhindern einer verstärkenden Konsequenz, z. B. durch Auszeit.
Das beste Mittel zur Schwächung eines unerwünschten Verhaltens ist Löschung bei gleichzeitiger Verstärkung eines alternativen, erwünschten Verhaltens, das das unerwünschte Verhalten ersetzen soll.
Bestrafung stellt auch eine Möglichkeit der Verhaltensschwächung dar; von dieser Technik ist jedoch abzuraten.

Die Prinzipien bei der Planung eines Programms:
Geben Sie häufig genug Verstärkung, um die Leistung des Patienten aufrechtzuerhalten.
Fordern Sie nicht zu viel. Beginnen Sie als erstes mit einer Aufgabe, die der Patient schon ausführen kann.
Fordern Sie allmählich mehr. Erhöhen Sie die Anforderungen immer langsam und schrittweise.

---

daß es lernte, Verstärker richtig, schnell und ausreichend zu verteilen, wenn der weitere Unterricht erfolgreich sein sollte. Die ausgewählte Aufgabe bestand darin, den Patientinnen das Zuknöpfen und Öffnen von Reißverschlüssen an Jacken beizubringen. Programm- und Bewertungsverfahren waren genau beschrieben, und von den Betreuern wurde erwartet, daß sie täglich mehrere Patientinnen in dieser Aktivität bewerten sollten.

5.4.3. Unterrichtung für das Personal

Die Bemühungen der Berater galten am Anfang vor allem der Unterrichtung des Personals in der richtigen Anwendung der Prinzipien der Verhaltensmodifikation. Einen Teil ihres Arbeitstages verbrachten sie in der Zusammenarbeit mit dem Personal auf der Station. Während der Unterrichtszeiten führten sie Techniken vor und machten Vorschläge zur Verbesserung der Techniken des Personals. Diskussionen mit dem Personal über das Patientenverhalten erlaubten es den Betreuern, Vorschläge über die Handhabung bestimmter Verhaltenssituationen zu machen, was eine weitere Bekanntmachung mit speziellen Techniken des Verhaltensmanagements erlaubte. Das Grundprinzip der Behandlungsprogramme wurde dem Personal immer erklärt.

Tabelle 5.2: Wiedergabe einer Verhaltensproblem-Liste, die jeder Betreuer innerhalb eines ersten Trainings in verhaltenstherapeutischen Verfahrensweisen ausfüllen sollte.

Vorlage zu einem Verfahren nach Verhaltensmodifikation

I. Patient

II. Allgemeine Art des Verhaltens

III. Beschreibung des derzeitigen Verhaltens

 A) *Genaue Bestimmung:* Muß genau sein, damit gemessen werden kann; Angabe der Häufigkeit des Auftretens.

 B) *Vorher:* Bedingungen oder Umstände, unter denen es meistens auftritt.

 C) *Nachher:* Was folgt auf das Verhalten?
 Könnte irgendeines dieser Ereignisse als Verstärker dienen?

IV. Beschreibung des erwünschten Verhaltens

 A) *Genaue Bestimmung:* Muß genau genug sein, damit gezählt werden kann.

 B) *Vorher:* Bedingungen oder Umstände, unter denen es auftreten soll

 C) *Nachher:* Welche Verstärkungskonsequenz folgt auf das Verhalten, die zur Aufrechterhaltung dienen kann?

V. Detaillierte Verfahren und Programme zur Entwicklung des erwünschten Verhaltens.

Zu Beginn schrieben die Berater die Programme im Iris-Building alle selbst, sowohl die für die ganze Station als auch die für einzelne Patientinnen. Da eines der Ziele darin bestand, eine möglichst selbständige Station zu entwickeln, wurden die Betreuer dazu ermuntert, Programme vorzuschlagen. Sobald sie sich darin bewährt hatten, sollten sie den Beratern schriftliche Programme zur Prüfung vorlegen. Schließlich sollten sie mit irgendeiner Patientin individuell an einer Aufgabe ihrer Wahl arbeiten. Jeder Betreuer unterbreitete sein schriftlich angefertigtes Programm und ein Meßverfahren. Demgemäß unterrichtete er die Patientin täglich und protokollierte die Ergebnisse.

Unterstützung, schriftliche Fixierung und Durchführung solcher Programme machten die Betreuer mit den Prinzipien der Verhaltensmodifikation vertraut. Als die begriffen, daß diese Verfahren das Leben der Patientinnen radikal verändern konnten, waren sie an der Anwendung wirksamer Behandlungsmethoden zunehmend interessiert. Sie merkten auch, daß eine fehlerhafte Anwendung das Verhalten der Patientinnen gegensätzlich beeinflußt und damit zukünftige Probleme für das ganze Personal heraufbeschwört. Aus diesem Grund begannen einige Betreuer Diskussionen über die wirksamsten Verfahren bei bestimmten Patientinnen zu führen. Bald konnten sie das Für und Wider verschiedener Methoden abwägen. Auch machten sie offen Vorschläge zur Verbesserung einer Situation, wenn sie sahen, daß diese Situation nicht richtig gehandhabt wurde. Das mag dem Leser als selbstverständlich erscheinen, ist aber in Wirklichkeit für eine staatliche Anstalt recht ungewöhnlich.

Nach sechs Monaten konnte keine Frage mehr bestehen, daß aus den Iris-Betreuern wirksame Vertreter der Verhaltensmodifikation geworden waren. Sie konnten nicht nur effektiv unterrichten, sondern die Probleme auch genau untersuchen, wirksame Programme formulieren und durchführen. Während die Berater ursprünglich sehr viel Zeit für das Entwerfen von Therapieprogrammen benötigt hatten, wurden sie nach und nach zu Personalplanern und erleichterten dem Personal die Weiterentwicklung von Programmen.

5.4.4. Betreuer-Zeitplan

Ein häufig übersehener, aber überaus wichtiger Faktor für das erfolgreiche Funktionieren einer Station ist die richtige zeitliche Arbeitseinteilung des Personals. Ein Zeitplan legt fest, was das Personal mit den Patientinnen tun soll und wann. Die Wichtigkeit des Plans liegt darin, daß er ein hohes Maß an therapeutischen Aktivitäten während des ganzen Tages sichern kann.

Die ersten Veränderungen wurden im Iris-Building mit wenig Rücksicht auf einen Betreuer-Zeitplan eingeführt. Man verlangte vom Personal eine Verlängerung der Unterrichtszeit von einer auf vier Stunden pro Schicht. Das war einfach zuviel. Wenn der Unterricht mit den Schwerstbehinderten auch aufregend und bestätigend sein kann, so ist er doch gleichfalls ermüdend. Die Betreuer sollten zu lange am selben Ort mit derselben Patientengruppe arbeiten – Betreuer und Patientinnen wurden sich lästig.

Das Problem liegt bei der Planung darin, daß man sich unter einer Reihe von Aktivitäten für die entscheiden muß, die sowohl dem Betreuer Spaß machen, als auch eine große Unterrichtswirksamkeit garantieren. *Vielseitigkeit* war ein wichtiger Aspekt der Planung. Statt weniger, ausgedehnter Unterrichtsperioden in demselben Raum wurde eine größere Anzahl kürzerer Unterrichtsperioden in verschiedenen Räumen und mit verschiedenen Patientinnen geplant. Ein Modell-Betreuerplan ist in Abbildung 5.2 zu sehen. Während jeder Schicht ist ein bestimmter Betreuer dafür verantwortlich, eine Gruppe von Patientinnen zu den verschiedenen Trainingsräumen zu führen. Für jeden dieser Räume (z. B. in den Waschräumen: Waschen, Zähneputzen, Toilettenbenutzung; im Eßraum: Benutzung von Gabel, Messer, Löffel, Tablett usw.) liegen schriftliche Programme vor, innerhalb deren die Betreuer einige Entscheidungsfreiheit darüber haben, welche Aktivität nun genau unterrichtet wird.

Man probierte einige verschiedenartige Methoden aus, um zu überprüfen, ob das Personal die vorgeschriebene Zeit für die jeweiligen Aktivitäten aufwandte. Eine zeitlang wurden die Betreuer gebeten, den Zeitpunkt des Beginns und der Beendigung des Programms in Listen einzutragen. Dann wurden Zeitprotokolle für den ganzen Tag ausgefüllt. Zu einem weiteren Zeitpunkt wurde die Zahl der Aktivitäten jedes einzelnen Betreuers pro Tag aufgezeichnet.

Obwohl keines dieser Verfahren optimal ist, sind die Autoren doch der Meinung, daß irgendeine Form der Bewertung der Personalleistung nützlich ist. Sie ermöglicht Beratern und Verwaltung eine realistische Einschätzung des Unterrichts. Außerdem können sie so die Wirkungen der Programmplanung bewerten. Eine solche Bewertung hält die Betreuerleistung auf hohem Niveau und läßt das Personal nicht vergessen, daß seine Aufgabe im aktiven Unterricht liegt. Wenn solche Leistungsindikatoren konstruktiv benutzt werden, schätzen die Betreuer sie als Rückmeldung.

5.4.5. Programm-Erweiterungen

Nachdem das Personal im Umgang mit den Verfahren genügend vertraut war, wurde die Zahl der programmierten Aktivitäten pro Tag erhöht. Verschiedene Selbsthilfe-Programme wurden entwickelt und genau geplant.

Die Toilettenbenutzung wurde für den ganzen Tag programmiert. Dies war besonders wichtig, um vormals inkotinente Patientinnen an die richtige Benutzung der Toilette zu gewöhnen. Inkontinenz tritt bei Patienten häufig deshalb auf, weil sie selten — wenn überhaupt — für die richtige Toilettenbenutzung verstärkt werden. Daher muß häufige Toilettenbenutzung eingeplant werden, da sich hierdurch die Chance für Verstärkung erhöht.

Ein Programm wurde für tägliches Baden in der Badewanne aufgestellt. Vorher hatten die Patientinnen geduscht. Da das Duschen den Betreuern keine Gelegenheit zu wirksamem Unterricht geboten hatte, nahmen sie an, daß das Baden vornehmlich zu den fürsorgerischen Tätigkeiten zählte, statt zum Unterricht. Zusammen mit dem Badeprogramm wurden Anweisungen für Aus- und Anziehen gegeben.

Weitere Fertigkeiten in Selbsthilfe wurden unterrichtet: Händewaschen mit Seife und Wasser (viermal am Tag) und Zähneputzen (zweimal).

Ein Unterrichtsraum wurde für das Training von Eßfertigkeiten benutzt. Die hier angewandten Programme enthielten Unterrichtung im Tragen von Tabletts und in richtiger Handhabung des Bestecks. Das Personal entwickelte einige sinnreiche Programme in Bezug auf den Gebrauch des Bestecks. In einer Aufgabe lernten Patientinnen den Umgang mit Löffeln, indem sie Maiskörner von einer Schüssel in die andere löffelten. Den Gebrauch der Gabel erlernten sie durch das Aufspießen von Bällchen aus Knetmasse, den des Messers durch das Schneiden von Knetmasse.

Um einige der fortgeschritteneren Patientinnen zu Helferinnen innerhalb der Anstalt auszubilden, wurde besonders Haushalttraining eingeplant. Dazu gehörten Fegen, Putzen, Waschbecken- und Tischesäubern.

Pädagogische und Freizeitprogramme wurden ebenfalls während der DAC[3]-Zeiten erweitert.

Die Programme wurden im Iris-Building ausgeweitet; neue wurden hinzugefügt. Das Endziel war die Einrichtung wirksamer therapeutischer Aktivitäten für den ganzen Tag.

5.4.6. Die Entwicklung von Münzökonomien

Die Verwendung von Münzen entwickelte sich aus einem Programm für geringfügigeres Fehlverhalten. Viele der aufgenommenen Patientinnen zeigten anfänglich eine Vielzahl von abweichenden Selbstreizungen wie Bohren im After und in der Nase, Kauen von Bindfäden oder fortgesetztes Absuchen der Kleidung nach Fusseln. Ein Betreuer schlug ein Programm zur systematischen Verstärkung jedes anderen als des jeweiligen Fehlverhaltens vor. Dieses Programm wurde Differentielle Verstärkung anderen Verhaltens genannt (DRO)[4] und beinhaltete die Verstärkung der Patientinnen nach einer festgesetzten Zeitspanne, wenn sie das spezifische Fehlverhalten nicht gezeigt hatten. Diejenigen, die es zeigten, bekamen keine Verstärkung.

Wir waren überzeugt, daß eine unmittelbare Reaktion auf ein Fehlverhalten dem Programm förderlich sein würde. Jede Patientin bekam deshalb zu Beginn jeder Sitzung eine Halskette aus Münzen. Wenn das Fehlverhalten während der Sitzung auftrat, nahm man ihr die Kette wieder ab. Am Ende der Sitzung konnte jede Patientin, die ihre Kette noch besaß, sie für etwas Leckeres eintauschen. Die Betreuer lobten die Patientinnen mit Kette und ignorierten die anderen. Nach mehreren Unterrichtsstunden hatten die Patientinnen den richtigen Gebrauch der Münzkette erlernt. Dies erhöhte die Wirksamkeit des DRO-Programms und ermöglichte eine Verlängerung der Verstärkungsintervalle von 15 auf 30 Minuten.

Wenn die Patientinnen den Wert der Münzkette kennengelernt hatten, konnte das Münzprogramm auf andere Tageszeiten ausgedehnt werden. Münzen wurden zum Beispiel auch zur Verhaltensverbesserung bei den

---

[3] Day Activity Center
[4] Differential Reinforcement of other Behavior

Mahlzeiten benutzt. Jede Patientin mit falschem Eßverhalten verlor ihre Kette. Am Ende jeder Mahlzeit tauschten die anderen Patientinnen ihre Münzen gegen Süßigkeiten ein und wurden gelobt.

In einer Erweiterung des Münzprogramms wurden Münzketten als positive Verstärker benutzt. Wenn die Patientinnen ein erwünschtes Verhalten zeigten, bekamen sie eine Kette: zum Beispiel fürs Händewaschen vor den Mahlzeiten.

Obwohl Münzprogramme in Anstalten zunehmend beliebter werden (*Ayllon* and *Azrin*, 1968) sind sie bei Schwer- und Schwerstgestörten so selten angewandt worden, daß sie oft als wirksame Form der Verhaltenskontrolle bei solchen Patienten völlig übersehen werden.

5.4.7. Ausdehnung auf andere Häuser

Bevor Patientinnen aus dem Iris-Programm entlassen wurden, mußte man als nächsten Schritt der *Behandlungssequenz* angemessene Programme zur Aufrechterhaltung von Verhaltensweisen in den Häusern aufstellen, in die sie überwiesen werden sollten. Da im Daisy-Building und Holly-Building erheblich weniger Personal zur Verfügung stand, mußte hier notwendigerweise mit geringerer Intensität gearbeitet werden. Das Hauptgewicht lag hier auf der aktiven Beschäftigung des Personals mit den Patientinnen. Betreuerpläne wurden wie im Iris-Building angefertigt. Da kein besonders rascher Fortschritt im Patientinnenverhalten erwartet wurde, konzentrierte sich die Protokollierung vor allem auf die Aktivität des Personals, und darauf, ob es die Aufmerksamkeit der Patientinnen an eine Aufgabe binden konnte. Weniger Gewicht wurde auf Fortschrittstabellen der Patientinnen gelegt. Die bei der Einführung im Daisy-Building benutzten Verfahren können dies verdeutlichen.

Vor dem Programm saßen die Patientinnen die meiste Zeit faul in einem nett eingerichteten Raum herum. Es gab wenige Möglichkeiten zur Beschäftigung. Eine der ersten Aufgaben des Programms im Daisy-Building bestand darin, die Betreuer dazu zu bringen, daß sie die Patientinnen zur aktiven Teilnahme an einer Beschäftigung ermunterten. Die Zahl der aktiv beteiligten Patientinnen wurde notiert. Die Daten wurden durch verschiedene tägliche Stichproben gewonnen und sind in Abbildung 5.7 zusammengestellt.

Zu Beginn taten die Patientinnen nichts. Die erste Veränderung ergab sich durch einige Freizeitmaterialien (Puzzles, Spielzeug etc.), die in den Tagesraum gebracht wurden (das bedeutet: Herstellung einer reichhaltigeren Umgebung). Sofort schnellte die Zahl der aktiv beteiligten Patientinnen auf 40—50%. In den nächsten 10 Tagen sank sie jedoch wieder auf ungefähr 15—20% ab. Offensichtlich lag der anfängliche Anstieg nur an der Neuheit der Beschäftigungsmöglichkeiten. Die reichhal-

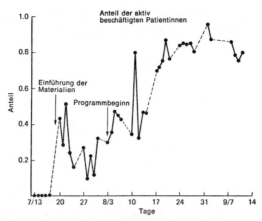

Abb. 5.7: Anteil der Patientinnen, die sich im Daisy-Tagesraum aktiv beschäftigten: vor Programmbeginn, nach der Einführung von Beschäftigungsmöglichkeiten und nach dem Beginn eines Verstärkungsprogramms.

tige Umgebung allein konnte das hohe Maß an aktiver Beteiligung aber nicht aufrechterhalten.

An diesem Punkt bestimmte ein Betreuerplan einen Betreuer für den Tagesraum. Der Plan enthielt Instruktionen für die Bestätigung und Verstärkung der Patientinnen, die aktiv waren. Aus Abbildung 5.7 ist ersichtlich, daß die Anzahl beschäftigter Patientinnen schnell auf 85% anstieg. Daten über Patientenbeteiligung wie diese können als wirksamer Indikator dienen, ob das Personal mit den Patienten arbeitet und sie angemessen verstärkt.

Andere Programme im Daisy-Building beschäftigten sich mit der Aufrechterhaltung der im Iris-Programm erreichten Verhaltensfortschritte. Dazu gehörten die Tageseinteilung verschiedener Selbsthilfe-Fertigkeiten wie Baden, Waschen, Zähneputzen, und die regelmäßige Planung von Unterrichts- und Freizeitaktivitäten. Eine Münzökonomie wurde wie im Poppy-Building (Kapitel 6) begonnen, in der die Münzen den ganzen Tag über erworben und später in einem »Laden« gegen etwas Leckeres oder gegen besondere Kleidungsstücke eingetauscht werden konnten. Eines der im Daisy-Building eingeführten fortgeschritteneren Programme bildete die Patientinnen zu Haushaltshelferinnen innerhalb der Anstalt aus. Hauptaufgabe dieses Programms war die Überweisung der Patientinnen in Häuser mit höherem Funktionsniveau, wo sie unabhängiger und freier leben konnten.

5.4.8. Intensiveinheiten und Verhaltensprobleme

Wenn die Betreuer eine gute praktische Ausbildung in Verhaltensmodifikation bekommen haben, eignen sich Intensiveinheiten besonders gut für die Lösung von Verhaltensproblemen. Eine besondere Stärke des Iris-Behandlungsprogramms lag darin, daß Patientinnen mit außerordentlich komplizierten und störenden Verhaltensproblemen von anderen Stationen aufgenommen und auf ein höheres Funktionsniveau gebracht werden konnten.

Patientin J. O. Eine der Patientinnen hatte eine lange Vorgeschichte von Selbstverletzungen. Sie schlug sich gegen den Kopf und verbrachte die meiste Zeit des Tages in einem Bett, an Armen und Beinen gefesselt, um sie vor Selbstverletzungen zu schützen. Sie sprach nichts, und man nahm an, daß sie Sprach- und Hörstörungen hatte. Als J. O. auf ihrer Station nicht mehr behandelt werden konnte, wurde sie in die Intensivstation des Krankenhauses eingeliefert. Trotz der veränderten medizinischen Behandlung behielt sie ihr zerstörerisches Verhalten bei und erforderte dadurch Einschränkung in ihrer Bewegungsfreiheit durch Fesseln. Nach einem Jahr in der Intensivstation wurde sie ins Iris-Building gebracht, und man versuchte die Methoden der Verhaltensmodifikation anzuwenden.

Wir zogen aus ihrer Fallgeschichte den Schluß, daß diese besonders schwere Selbstdestruktion durch die Aufmerksamkeit bestärkt wurde, die sie unvermeidlich produzierte. Protokolldaten zeigten, daß die Patientin für Anfälle von Gestörtheit verstärkt wurde: »Der Therapeut behauptete, daß die Patientin häufig durch Massieren von Rücken und Nacken oder durch Mitnehmen an die frische Luft aus ihrem Anfall von Gestörtheit geholt werden könne.«

Das Iris-Behandlungsprogramm bestand hauptsächlich darin, das selbstzerstörerische Verhalten zu ignorieren und gleichzeitig Aufmerksamkeit für angepaßtere Verhaltensweisen zu vergeben. Es wurde bestimmt, daß alle Betreuer die Patientin ignorieren sollten, sobald sie unruhig zu werden oder mit dem Kopf zu stoßen begann. Wenn das Kopfstoßen mehr als ein paar Minuten anhielt, sollte ein Betreuer ihr einen Football-Helm auf den Kopf setzen und dabei so wenig wie möglich mit ihr interagieren. Der Helm war mit einem Kinnband so hergerichtet, daß sie ihn nicht abnehmen konnte.

Der Grund für diese Behandlung war, daß der Beginn der selbstzerstörerischen Phase keinerlei Aufmerksamkeit des Personals auslösen sollte. Das erforderte sofortiges Ignorieren beim ersten Auftreten des Verhaltens. Obwohl wir meinten, daß J. O. ruhig das erste schmerzhafte Aufschlagen spüren sollte, mußte sie doch vor einer möglichen schweren Verletzung bewahrt werden.

Das schwere Kopfstoßen dieser Patientin, das bereits über Jahre hinweg ein Problem dargestellt hatte, verschwand innerhalb weniger Wochen. Wenn J. O. auch weiterhin lautstarke Wutausbrüche bekam, nahmen sie doch ebenfalls während ihres siebenmonatigen Aufenthalts im Iris-Building ab. Obwohl sie im Holly Building mit den störendsten Patientinnen gelebt hatte, konnte sie nun in ein Haus mit höherem Funktionsniveau überwiesen werden.

Patientin J. A. war eine relativ intelligente (IQ 49) Patientin mit Sprachverhalten, die die Betreuerarbeit schwer störte. Sie hatte wiederholt Hör-Halluzinationen, von denen sie so geplagt wurde, daß einige Betreuer meinten, sie »brauche« jemanden, mit dem sie mehrmals am Tag reden könne. Bezeichnenderweise wurde sie zunehmend gestört und störte auf der Station, wenn niemand mit ihr sprach, wodurch sie dann doch noch Aufmerksamkeit erhielt.

Als sie ins Iris-Building kam, war das Personal angewiesen, ihr unerwünschtes Verhalten zu ignorieren und mit ihr nur über positive, akzeptable Verhaltensweisen zu sprechen. Vor allem mußte bei ihrer Erwähnung von Störungen oder Halluzinationen die Interaktion mit ihr abgebrochen werden. Der Fortschritt stellte sich prompt ein und war dramatisch. Die Halluzinationen hörten ganz auf oder peinigten sie nicht mehr, und sie begann, ein akzeptableres Sozialverhalten gegenüber Betreuern und Mitpatientinnen zu zeigen. Nach einigen Monaten nahm sie eine Teilzeitarbeit als Helferin in der Cafeteria an, und einige Monate später wurde sie in das Haus mit dem höchsten Funktionsniveau der ganzen Anstalt überwiesen. Dort wohnten auch Patientinnen, die eine Stelle außerhalb der Anstalt bekamen. Eines Tages wandte sich die Patientin an einen der Betreuer und sagte: »Danke, daß Sie mir geholfen haben. Ich wollte mich immer verbessern, aber ich wußte einfach nicht, wie.«

Für gewöhnlich entwickeln sich Verhaltensprobleme durch Aufmerksamkeit für störende Verhaltensweisen wie Ausziehen, Inkontinenz, Belästigung, Kopfstoßen usw. Da es sich um ärgerliche Dinge handelt, ist der Problempatient meist nicht beliebt beim Personal, weshalb es sich ihm gegenüber abweisend oder strafend verhält. Bei der Verhaltensmodifikation bekommt der Patient keine Aufmerksamkeit für unangepaßtes Verhalten. Wenn er dann allmählich unproblematischer wird, beginnt ihn das Personal mehr zu mögen und wendet gleichzeitig zunehmend Aufmerksamkeit auf sein angemessenes Verhalten. Die Wirkungen zeigen sich schnell und deutlich.

Die erfolgreiche Behandlung von Verhaltensproblemen war ein unerwarteter Nutzen der Intensiveinheiten. Zu Beginn hatten wir vermutet, daß wir im Iris-Programm nahezu ausschließlich mit dem allgemeinen Erlernen von Selbsthilfe und Aktivitäten zu tun haben würden. Nun zeigt sich, daß diejenigen Patientinnen, die den meisten Nutzen vom Iris-Projekt haben, ursprünglich über höher entwickelte Verhaltensweisen verfügten, sich jedoch *während* der Anstaltsunterbringung rückentwickelten. Bei richtigem Einsatz (d. h. einen schnellen merklichen Fortschritt nach nur kurzen Behandlungszeiten zu erreichen) scheint dieser Patiententyp geradezu ideal für Intensiv-Behandlungs-Programme zu sein.

5.4.9. Koordination

Der Erfolg der Intensivunterrichts-Einheiten beruht auf der Zusammenarbeit von drei unterschiedlichen Gruppen: Mitarbeiter der Anstaltsverwaltung, therapeutische Berater und Stationspersonal. Wenn eine dieser drei Gruppen nicht mitarbeitet, ist das Programm gefährdet.

Anstaltsverwaltung. Roos (1965) wies darauf hin, daß der Erfolg einer Intensiveinheit bedeutend größer war, wenn der Verwaltungsdirektor direkt am Programm teilnahm und es nach Kräften zu erleichtern versuchte, statt die übliche ›laissez-faire-Haltung‹ einzunehmen. Es gibt keinen Zweifel, daß im Faribault-Hospital die Verwaltung den ersten Anstoß zur Programmentwicklung für die ganze Anstalt gab. Im Iris-Programm leistete die engagierte Unterstützung der Anstaltsverwaltung zusammen mit der qualifizierten Arbeit des Leiters der Einheit unschätzbare Dienste bei der Programmdurchführung.

Therapeutische Berater. Nawas and Brown (1970 a) betonten die Bedeutung der Berater bei der Entwicklung von Programmen der Verhaltensmodifikation. Diese Berater arbeiten mit dem Stationspersonal und der Verwaltung zusammen. Innerhalb des Hauses entwickelt der Berater Programme, trainiert das Personal und macht Vorschläge zur Betreuer-Zeitplanung. Er sollte als Verbindung zwischen Haus und Verwaltung fungieren. Die Aufgabe des therapeutischen Beraters ist es, in Zusammenarbeit mit der Verwaltung neue Programme zu entwickeln.

Stationspersonal. Schließlich – ohne Zweifel ist dies der wichtigste Punkt – muß das Betreuerpersonal seinen Teil zum Erfolg beitragen. Wie *Nawas* und *Brown* (1970 a) ausführen, kann ein Betreuer sich Veränderungen widersetzen und manchmal sogar aktiv (aber heimlich) das Programm zu sabotieren versuchen. Das Personal nimmt häufig Veränderungen übel, die notwendigerweise die ›bequeme‹ Routine außer Kraft setzen. Ein flexibles, aufgeschlossenes Personal dagegen, das bereit ist, die Techniken der Verhaltensmodifikation auszuprobieren, wird die Programmentwicklung sehr beschleunigen.

6. Das Münzverstärker- (token) System für geistigbehinderte Frauen: Verhaltensmodifikation, medikamentöse Therapie und die Kombination aus beidem

Von O. LINDA MC CONAHEY

6.1. Vorliegende Forschungsergebnisse mit Münzprogrammen für Geistigbehinderte

Experimente mit Münzverstärkern wurden 1937 (*Kelleher*, 1966) zum erstenmal durchgeführt, als man Tiere durch Nahrungsverstärkung so weit trainierte, daß sie Münzen in einen Schlitz steckten. Nachdem die Münzabgabe von einer Reaktion — ein Hebel mußte betätigt werden — abhängig gemacht wurde, veränderte man Austausch-Intervall (die Zeitspanne, bis die Münzen ausgetauscht werden konnten) und Austausch-Quotient (die Anzahl der Münzen, die zum Austausch erforderlich waren). *Kelleher* (1966) hielt Münzverstärker-Programme für Spezialfälle langer Verhaltensketten, bei denen die Ausgabe der Münze als Verstärker für jeden Teilschnitt dient. (Verkettete Verstärkungspläne [*Ferster* und *Skinner*, 1957]).

Seit der Einführung von Münzprogrammen erschienen viele Untersuchungen über ihren therapeutischen Nutzen bei der Anwendung in Heilanstalten. (*Atthowe* u. *Krasner*, 1968; *Ayllon* u. *Azrin* 1965; *Ball*, 1969; *Birnbrauer* u. *Lawler*, 1964; *Birnbrauer* et al. 1965; *Burchand* 1967; *Hunt* et al. 1968; *Fischer* 1966; *Lent* 1968; *Lent* u. *Spradlin*, 1966; *Liberman*, 1968; *Lloyd* u. *Abel*, 1970; *Lloyd* u. *Garlington*, 1968; *Perline* u. *Levinsky*, 1968; *Phillips*, 1968; *Roberts* u. *Perry*, 1970; *Winkler*, 1970; *Zimmermann* et al. 1969.)

Das umfassendste Werk darüber ist wohl »The Token Economy« von *Ayllon* u. *Azrin* (1968). Ihre Untersuchungen beschreiben die Anwendung der Prinzipien der Verhaltensmodifikation bei therapeutischen und pädagogischen Problemen. Im Gegensatz zu einem Großteil der Literatur über Verhaltensmodifikation, die sich mit einem einzelnen Verstärker (z. B. Nahrungsmittel) beschäftigt, der zu dem Zweck eingesetzt wird, die Häufigkeit des Auftretens einer einzelnen Reaktion bei einem Patienten zu verändern, beinhalten die Münzprogramme viele verschiedene Verstärker für eine Anzahl von Reaktionen bei vielen Patienten. Häufig erstrecken sich die Verstärkungsprogramme auf einen vierundzwanzig Stunden-Tag und sieben Tage einer Woche.

Auf einer Station mit Münzökonomien bieten die Verhaltensweisen mit niedriger Auftrittswahrscheinlichkeit (wie Körperpflege, soziale Interaktion und konstruktive Beschäftigung) vermittels Münzen Zugang zu Verhaltensweisen mit hoher Auftrittswahrscheinlichkeit (wie essen, Freizeitbeschäftigung und herumsitzen). Man nimmt an, daß ein Verhalten mit hoher Auftrittswahrscheinlichkeit verstärkend für ein Verhalten mit niedriger Auftrittswahrscheinlichkeit wirken kann (*Premack*, 1959).

Münzen werden ganz allmählich eingeführt, indem man ihre Ausgabe mit anderen Verstärkern (meist mit etwas Eßbarem) koppelt, und ganz langsam die Zeitspanne und die räumliche Distanz zwischen der Ausgabe der Münzen und ihren Eintausch gegen den eßbaren Verstärker ausdehnt. Zu Anfang werden die Münzen ausgegeben, ohne ein spezifisches Verhalten des Patienten als Voraussetzung dafür zu fordern. Allmählich steigern sich dann die Anforderungen, um eine Münze zu bekommen, solange, bis das Verhalten des Patienten schließlich dem vorher festgesetzten Kriterium entspricht. Auf diese Weise können die individuellsten Unterschiede im Lernen und Agieren in einem umfassenden Münzsystem berücksichtigt werden.

Obgleich die Verwendung von Anreizen zur Erreichung angepaßten Verhaltens nicht neu ist, war das bisher praktizierte System in Heilanstalten selbst unter idealen Voraussetzungen nicht durchführbar, da die Verteilung der Belohnungen nicht systematisch erfolgte, und es außerdem schier unmöglich war, Protokolle darüber zu führen. Die meisten Protokolle wurden, wenn überhaupt, im Nachhinein angefertigt. Wenn verbale Verstärkung erteilt wurde, variierte die Art und Weise, wie diese Verstärkung erfolgte, sehr, selbst wenn die gleichen Worte benutzt wurden. Es war unbedingt nötig, das erwünschte Verhalten, wie auch den Verstärker im voraus zu spezifizieren, um eine gewisse Gleichmäßigkeit zu gewährleisten.

6.1.1. Vorteile der Münzverstärker

Münzverstärker sind aus verschiedenen Gründen nützlich:

1. Die Anzahl der Münzen, die ›verdient‹ wird, kann in eine quantitative Beziehung zum Ausmaß des Verstärkers gebracht werden.
2. Der Patient kann die Münzen von der Stelle wegtragen, wo die Verstärkung erfolgte. Außerdem ist es durch sie möglich, das Verhalten des Patienten zu jeder Zeit und an jedem beliebigen Ort zu verstärken.
3. Es gibt keine Höchstgrenze an Münzen, die ein Patient besitzen darf. Folglich tritt keine Sättigung ein (d. h. der Patient wird der Münzen nicht überdrüssig).
4. Münzen können kontinuierlich zwischen dem Verhalten und dem Endverstärker ausgegeben werden und somit den Verzug zwischen dem Verhalten und der eigentlichen Verstärkung überbrücken.

5. Die Münzen sind ein haltbarer, unverwechselbarer Gegenstand.
6. Münzen ermöglichen es, Verhaltenssequenzen zu verstärken, ohne daß eine Unterbrechung wie bei der Verabreichung von primären Verstärkern (z. B. Nahrung) eintritt. *Ayllon* u. *Azrin*, (1968).

Wenn Münzprogramme auf einer ganzen Station eingeführt werden, so können sie einen Kompromiß zwischen Verhaltensformungsprogrammen für einzelne Patienten und einem einzigen Programm für alle darstellen. *Zimmermann* et al. (1969) erteilten bei der Unterrichtung einer Gruppe von sieben geistigbehinderten Jungen mündliche Instruktionen und verwandten Münzen, die nach den Sitzungen gegen primäre Verstärker eingetauscht werden konnten. Dieser Ansatz, Instruktionen zu befolgen, war bei allen, außer den schwerstgestörten Kindern erfolgreich. Im Gegensatz dazu entwickelten *Lent* u. *Spradlin* (1966) ein Münzsystem für geistigbehinderte Mädchen, das individuelle Programme enthielt. Es war überall da sehr effektiv, wo verhältnismäßig viel Personal für die Patienten zur Verfügung stand. Leider gibt es diesen Idealfall in staatlichen Heilanstalten so gut wie nie. Auf Grund mangelnden Personals und unzureichender Geldmittel besteht ein typisches Münzprogramm aus breit angelegten Richtlinien für den Münzerwerb aller Patienten, und aus Spezialprogrammen für Einzelpersonen, soweit das erforderlich ist.

Wenn man eine Station in Gruppen unterteilt mit denen gearbeitet werden kann, geht man normalerweise nach einer der beiden folgenden Methoden vor. Entweder werden die Patienten nach ihrem Grad an angepaßtem Verhalten eingeteilt, und jede dieser Gruppen besteht aus gleichartigen Patienten; oder aber jede Gruppe ist vollkommen heterogen. Bei beiden Methoden gibt es Vor- und Nachteile. Eine homogene Gruppe ist leichter zu unterrichten, da alle das gleiche Niveau haben. Wenn die Gruppenmitglieder dann Fortschritte machen, können sie weniger gestörten Gruppen zugeteilt werden. Andererseits sind die Mitglieder jeder Gruppe ›gebrandmarkt‹, und die Gruppenleiter tendieren dazu, von schwer gestörten Gruppen viel weniger zu erwarten. Die heterogene Gruppe ist weit schwieriger zu unterrichten, da man ihr gleichzeitige mehrere Aktivitäten unterschiedlichen Grades bieten muß. Andererseits besteht bei dieser Gruppe die Möglichkeit, daß sich die niedrig entwickelten Patienten mit den hoch entwickelten auseinandersetzen. Nicht selten wurden dadurch schnellere Erfolge beim Erlernen angepaßten Verhaltens erzielt. *Lloyd* u. *Abel* (1970) schilderten auf einer Verhaltensebene homogene Gruppierungen in einer psychiatrischen Abteilung. Sie kamen zu dem Schluß, daß das Gruppieren unnötig werden könnte, wenn man die Regeln weniger willkürlich aufstellen würde. Außerdem fanden sie heraus, daß keine Relation zwischen der Verschreibung von Medikamenten, psychiatrischer Diagnose, dem Alter des Patienten, der Länge des Aufenthalts in der Anstalt und dem vielversprechenden Fortschritt innerhalb eines Token-Verstärkungsprogramms bestand.

Man kann in Frage stellen, ob die kontingente Vergabe von Münzen wirksam das Verhalten ändert, oder ob es einfach nur an der vergrößerten Zahl an Betreuern und deren erhöhter Aufmerksamkeit liegt, wenn sich das Verhalten der Patienten ändert. *Ayllon* u. *Azrin* (1965), *Winkler* (1970), *Lloyd* u. *Garlington* (1968) haben aufgezeigt, daß das angepaßte Verhalten nachließ, wenn entweder gar keine Münzen oder wenn sie unabhängig vom Verhalten ausgegeben wurden.

Ayllon u. *Azrin* untersuchten Patienten, die achtzehn Monate lang auf einer Station mit Münzprogrammen gelebt hatten. Die Veränderung gegenüber den früheren Bedingungen verursachte großen und abrupten Wechsel in der Anzahl der Stunden, die die Patienten arbeiteten. *Winkler* (1970) zeigte auf, daß Verhaltensänderungen bei Patienten nicht allein durch solche Faktoren wie vermehrte Aufmerksamkeit des Personals, besondere Vergünstigungen oder erhöhte Erwartungen erklärt werden konnten. Er untersuchte die Effekte (1) der Absetzung von Münzen für kurze Zeit (2) der nicht kontingenten Ausgabe von Münzen und (3) der Aufhebung von Geldbußen auf positiv verstärktes Verhalten, auf nicht verstärktes Verhalten und auf Verhaltensweisen, die mit Geldbußen belegt wurden. Alle Verhaltensweisen, die positiv verstärkt worden waren, hatten sich mit der Zeit gebessert, und sowohl Gewalttätigkeit wie auch Lärmerei (beides nicht verstärktes Verhalten) hatten deutlich nachgelassen. Als man keine Münzen mehr verteilte, zeigten alle Patienten nachlassende Leistungen (in diesem Fall handelte es sich ums Schuheputzen). Als man die Münzen dann wieder einsetzte, glich sich das Verhalten wieder den Ausgangswerten an (Abb. 6.1).

Als man Münzen nicht-kontingent auf das Verhalten (für einfache ›Fließband-Jobs‹) in der Arbeitstherapieabteilung ausgab, fiel die Arbeitsleistung unmittelbar darauf ab (Abb. 6.2).

Während der Beschäftigungstherapie hörte man auf, Geldbußen für Lärmerei aufzuerlegen, während man sie auf der Station weiterhin verteilte. Krach und Gewalttätigkeiten nahmen in dem Raum zu (Beschäftigungstherapie), wo es keine Geldbußen gab, nicht jedoch dort, wo weiterhin Bußen auferlegt wurden (Station) (Abb. 6.3).

Lloyd u. *Garlington* (1968) erforschten Verhaltensweisen, die mit der Körperpflege zusammenhingen, und stellten fest, daß die Verhaltensbeurteilungen während gezielter Münzverstärkung durchgehend besser waren. Andere Verfahren im *Faribault State Hospital*, die im zweiten Abschnitt dieses Kapitels beschrieben werden, zeigen, daß die festge-

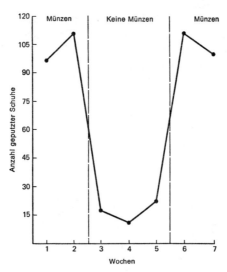

Abb. 6.1: Vergleich der Anzahl der geputzten Schuhe während positiver Münzverstärkung und während der Zeit ohne Münzverstärkung.

stellten Verhaltensänderungen nicht nur auf vermehrte Aufmerksamkeit des Personals oder erhöhte Erwartungen zurückgeführt werden können.

Token-Verstärkungssysteme haben sowohl das Verhalten von geistig Schwer- als auch Leichtbehinderten verändert. *Hunt* et al. (1968) benützten Münzen, um die ordentliche äußerliche Erscheinung von Patienten zu verstärken, die Ausgangserlaubnis hatten und voraussicht-

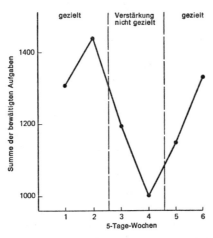

Abb. 6.2: Arbeitsleistung als Folge von Kontingenz und Nicht-Kontingenz der Münzverstärkung.

lich innerhalb des nächsten Jahres entlassen werden würden. Indem ein System angewandt wurde, bei dem die Patienten Punkte für angepaßtes Verhalten sammeln konnten, verstärkte man ordentliche Kleidung sowohl kontinuierlich als auch intermittierend. Die Resultate zeigen, daß sich durch diese Behandlungsweise das äußere Erscheinungsbild von dreiviertel aller Patienten veränderte.

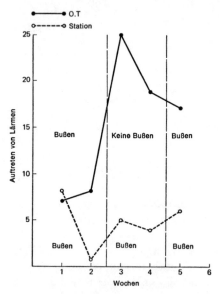

Abb. 6.3: Unnötiger Lärm als Folge von auferlegten und nicht auferlegten Geldbußen. (O. T. = Beschäftigungstherapie).

Durch die Methode der intermittierenden Verstärkung wurde das verbesserte Verhalten am besten aufrechterhalten, wenn die Verstärkung später abgesetzt worden war.

Nachdem *Liberman* (1968) viele Verhaltensmodifikationsprojekte in Kalifornien überprüft hatte, legte er besonderen Nachdruck auf eine adäquate Ausbildung des Personals in den Grundprinzipien und in der Anwendung der Verstärkungsprogramme. Außerdem diskutierte er Vor- und Nachteile von individuellen- und Gruppenprogrammen. Er kam zu dem Schluß, daß die Gruppenmethode ökonomischer ist, was den Personal- und Zeitaufwand betrifft, während das individuelle Programm, wie sich schon vermuten ließ, am effektivsten ist, um individuelle Veränderungen im Verhalten zu erzielen. *Liberman* referierte außerdem über die bei einem Münzprogramm für eine ganze Station auftretenden Probleme, wenn einige Patienten sich dem Verstärkungsprogramm entziehen können. Einige der erfolgreichen Lösungen sind, daß man eine Art von Münzparkuhr an den Außentüren der »offenen« Abteilungen anbringt, daß man den Patienten immer wieder in die Station mit Münzsystem zurückbringt, nachdem er ›ausgerissen‹ ist, daß man die Farbe der Münzen regelmäßig wechselt und die vorher benutzten Farben entwertet, um das Horten zu vermeiden. Weiterhin schließen diese Lösungen ein, daß man Durchsuchungen durchführt und überzählige Münzen beschlagnahmt oder bankmäßig verwaltet, um Stehlereien zu verhindern, daß man mit leichten Elektroschocks arbeitet, um die Anfälle zu verringern, in die sich Patienten steigern, um sich dem Verstärkungsplan zu entziehen (siehe Kapitel 2 bezüglich der Anwendung von Strafen).

Ball (1969) schilderte die Probleme, die bei der Einführung eines Münzverstärkungssystems entstehen, einschließlich der Anforderungen, die an das Personal gestellt werden, der Vorauswahl der Patienten und einer Beschreibung des Programms durch die Stationsschwester. Ganz besonderen Wert legte er auf die Notwendigkeit einer adäquaten Ausbildung des Personals und auf dessen Beteiligung am Programm. Ob das Münzökonomieprogramm letzten Endes erfolgreich ist, hängt vom psychiatrischen- und vom Pflegepersonal ab — von jenen Betreuern, die am engsten mit den Patienten interagieren und die die hauptsächliche Verantwortung für deren Wohlergehen haben.

Roberts u. *Perry* (1970) führten für *alle* Insassen des *Mental Retardation Center, Pueblo, Colorado* Münzverstärkungs-Programme ein. In der Verwendung von Münzen und eines Punktesystems wurde das gesamte Verhalten jedes einzelnen Patienten innerhalb des Programms erfaßt. Sie lösten das Problem privater Geldmittel einzelner Patienten dadurch, daß sie festsetzten: »Keinerlei U.S.-Währung darf auf dem Anstaltsgelände ausgegeben werden!« Dollars, die durch irgendwelche Jobs verdient wurden, oder von Angehörigen geschickt worden waren, mußten deponiert werden und durften nur außerhalb der Anstalt ausgegeben werden. Die Vergünstigung, das Anstaltsgelände verlassen zu dürfen, um das Geld ausgeben zu können, bekam der Patient nur dann, wenn er eine bestimmte Anzahl von Münzen ›verdient‹ hatte.

Burchand (1967), der mit geistig leicht behinderten asozialen Patienten arbeitete, entwickelte ein Verhaltens-Kreditsystem (Behavior Credit System BCS) um die Wirkung von Verstärkerentzug zu überprüfen (dem Patienten wurden für nicht angepaßtes Verhalten Münzen weggenommen). Eine BC- (Behavior Credit) Liste wurde wöchentlich angeschlagen. Um ein BC zu erlangen oder das Maximum an BC's (sieben) aufrechtzuerhalten, mußte jeder Patient, der mit einer Strafgebühr für schlechtes Verhalten belegt worden war, diese Gebühr noch am gleichen Tag zahlen. Preise und Privilegien waren zum Teil durch die Anzahl an BC's, die ein Patient hatte, bestimmt. Patienten mit weniger als sieben

BC's mußten zusätzliche Münzen für jeden Gegenstand zahlen, den sie erwerben wollten. Außerdem hatten sie kein Anrecht auf Privilegien außerhalb der Anstalt. Auf diese Weise kann das Problem, daß Patienten in »Minus-Münzwerte« kommen, eliminiert werden.
Münzverstärkung ist von *Birnbrauer* u. *Lawler* (1964), *Birnbrauer* et al. (1965) und *Perline* u. *Levinsky* (1968) beim Schulunterricht in Heilanstalten erfolgreich angewandt worden. *Birnbrauer* u. *Lawler* unterrichteten geistig schwerbehinderte Kinder, die bis dahin noch nicht zu funktionellem Verhalten fähig gewesen waren, ihre Mäntel vor dem Betreten des Schulzimmers aufzuhängen, sich ruhig auf ihre Plätze zu setzen und auf ihre Aufgaben zu warten. Elf von siebenunddreißig brachten es so weit, mit Ausdauer an Aufgaben mit Mehrfachantworten zu arbeiten. *Birnbrauer* et al., die mit geistig leicht- und mäßig behinderten Kindern arbeiteten, setzten die Münz- bzw. (Punkte)verstärkung ab, um herauszufinden, ob die Münzen wesentlich zum relativ hohen Maß an Präzision und zu den ziemlich guten Lernergebnissen beitrugen. Während einer dreiwöchigen Versuchsphase ohne Münzverstärker fanden sie folgendes heraus:

1. Fünf der fünfzehn Schüler zeigten keinerlei Leistungsänderung.
2. Zehn der fünfzehn Schüler machten prozentual gemessen generell mehr Fehler, lernten weniger oder zeigten ein zunehmend störendes Verhalten.

6.2. Ein Münzprogramm für mäßig und schwer geistigbehinderte Frauen

Poppy Building ist das Heim von einundfünfzig Frauen innerhalb des *Faribault State Hospital*. Die offizielle Bezeichnung für die dort lebenden Insassinnen lautet »Frauen im Alter von neunzehn aufwärts, die a) ambulant sind, b) generell sauber (kontinent) sind, c) hyperaktiv oder d) schwer geistigbehindert sind«.
Diese Angabe ist nicht ganz zutreffend, da dort auch einige nicht kontinente, in Körperpflege nicht trainierte Patientinnen lebten und andere, die man nicht als schwer gestört bezeichnen konnte, die aber soviele Verhaltensstörungen hatten, daß es unmöglich war, sie auf den Stationen mit weniger Gestörten unterzubringen, in denen mehr das Prinzip der »offenen Tür« herrschte.
Die Gruppe bestand aus Zwanzig- bis Fünfundsechzigjährigen (M=33,2) mit einem mittleren IQ von 34,8. Alle Insassinnen waren als geistigbehindert (schwer bis mäßig) diagnostiziert worden, und fünfunddreißig Prozent erhielten krampflösende Medikamente. Bei fünfzehn Prozent lautete die Diagnose auf psychotisch und geistigbehindert.
Das *Poppy Building* bestand aus zwei großen Tagesräumen (Station), zwei großen Schlafsälen, einem Speisesaal, vier Badezimmern (je zwei bei den Aufenthaltsräumen und den Schlafsälen), acht kleinen Isolierräumen (später wur-

den fünf davon in Unterrichtsräume für die Patientinnen umfunktioniert), einem Büro und einem Aufenthaltsraum für das Personal. Die Hälfte der Patientinnen wurde in die geschlossene Nord-Station eingewiesen und hatte tagsüber keinen freien Zugang zu Örtlichkeiten, die außerhalb der Station lagen.

Das Münzsystem wurde in zwei Phasen im *Poppy Building* eingeführt. In der ersten Phase wurden fünfundzwanzig Patientinnen ausgesucht, die weder körperbehindert waren, noch krampflösende Medikamente erhielten. Diese Patientinnen nahmen vom Dezember 1969 bis Mai 1970 an einem Programm teil, in dessen Verlauf die Wirkungen der Verhaltensmodifikation, der medikamentösen Therapie und deren Wechselwirkungen beobachtet wurden.

Die folgenden Aufzeichnungen machte ich im Herbst 1969 nach dem ersten meiner zahlreichen Besuche im *Poppy Building*.

Im September 1969 stattete ich dem *Poppy Building* einen ersten Besuch ab, um in erster Linie die Patienten und das Personal zu beobachten. In den ersten beiden Monaten unternahm ich eigentlich so gut wie gar nichts, um meine Untersuchung ernsthaft vorzubereiten. Ich konzentrierte mich darauf, Personal und Patientinnen kennenzulernen und ihnen auch die Möglichkeit zu geben, mich kennenzulernen. Wenn ich mich nun zurückerinnere und meine Erinnerungen nicht trügen, dann glaube ich, daß meine hauptsächliche Beschäftigung die war, allein durch die Stationen zu gehen. Das Personal hat meine Beobachtungen anscheinend deshalb als richtig akzeptiert, weil ich sie unter den Bedingungen auf der Station anstellte, unter denen das Personal tagtäglich arbeitete. Viele der Frauen saßen den ganzen Tag über untätig herum, einige schaukelten, andere liefen ziellos herum, wieder andere schliefen auf dem Boden. Der Fernseher blieb den ganzen Tag über eingeschaltet, und mehrere Frauen saßen auch davor, schienen an den Fernsehprogrammen jedoch nicht interessiert zu sein. Ab und zu brachte ein Betreuer Spiele oder Spielsachen, oder der Freizeittherapeut stellte eine kleine Gruppe zusammen, mit der er dann arbeitete. Das Personal erfüllte meist nur Fürsorgefunktionen, obwohl es mir gegenüber sein Interesse an einer aktiven Rolle im Lehrprogramm äußerte. Die meisten Mitglieder des Personals waren alles andere als begeistert über den Einsatz von Münzen, erklärten sich aber einverstanden, es auf einen Versuch ankommen zu lassen.

Im September und Oktober wurden fünf Lehrkurse in Verhaltensmodifikation für das Personal abgehalten. In diesen Kursen wurde das Grundkonzept der Verhaltensmodifikation (Verstärkung, Kontingenz, Verhaltenseliminierung etc.) erklärt, und man diskutierte Verstärkungs-Pläne und die Anwendung von Münzen als sekundäre Verstärker. Jede Diskussion hatte bestimmte Lernziele, und zu Beginn jeder Unterrichtsstunde wurde der vorangegangene Lehrstoff abgeprüft. Man unternahm den Versuch, alle im Haus Beschäftigten mit Kontakt zu Patientinnen an den Kursen teilnehmen zu lassen, einschließlich des Oberpflegers, des Bedienungspersonals des Speisesaals und des Aufsichtspersonals. Eine Bedingung, die damals noch nicht existierte, später jedoch eingeführt wurde und dazu beitrug, viele Erklärungen und Frustrationen zu ersparen, war die, daß jeder Kursteilnehmer ein bestimmtes Verhalten irgendeiner Patientin modifizieren sollte. Der Kursteilnehmer konnte sich sowohl die Patientin, als auch das Verhalten aussuchen, das verändert werden sollte. Man verlangte vom Kursteilnehmer, das Verhalten genau zu beschreiben (es so zu definieren, daß es gezählt werden kann), das Zielverhalten zu spezifizieren, das zu verändernde Verhalten über die Zeit hinweg zu registrieren (normalerweise eine Stunde pro Tag), sich für einen bestimmten Verstärker zu entscheiden, den Verstärker *kontingent* auf das gewünschte Verhalten zu verabreichen und fortzufahren, es weiter zu zählen (*Lindsley* 1970). Am besten schien es zu sein, wenn jeder Schritt auf die Vorlesung über das entsprechende Thema erfolgte. Auf diese Weise konnten Fragen über die Techniken der Verstärkung beantwortet werden, und jeder Betreuer hatte einen Eindruck davon, was er innerhalb des Programms zu tun haben würde, außerdem hatte er so die Möglichkeit, sich selbst zu testen, noch bevor das Programm offiziell begann.

Tabelle 6.1: Beispiele für benutzte Datenlisten

A) Vorläufige Verhaltens-Kontroll-Liste

Name

Anzahl der erhaltenen Münzen
Bei Tisch sitzen
Verhalten am Tisch
Hilfeleistungen
Arbeit auf der Station
Arbeit außerhalb der Station
Besonderer Fortschritt
Anzahl der eingetauschten Münzen
Fernsehen
Spaziergang
Geldbußen
Kaffeepause
Spezielle Aktivität

B) Aktivität auf der Station (Südtrakt)

Name

Zähneputzen
Gesicht waschen
Anziehen
Schuhe anbehalten
Hin und her schaukeln
Auf dem Boden liegen
Das Personal belästigen
Sich beschmutzen
Selbständiges Essen
Benützt Geräte
Aggression
Verletzt sich selbst

C) Tabelle der täglich auftretenden Verhaltensweisen

Belästigt andere								Versucht Personal zu beißen					
Unterhält sich mit anderen								Wirft mit Gegenständen					
Unterhält sich mit dem Personal								Schreit laut herum					
Führt Selbstgespräche								Beschimpft seine Mitpatienten					
Beißt sich selbst								Beschimpft das Personal					
Hilft anderen								Macht sich naß					
Teilt mit anderen								Beschmutzt sich					
Nimmt anderen etwas weg								Beschmiert sich					
Schlägt mit dem Kopf gegen Gegenstände								Geht ins Bad					
Wird ausgesperrt								Hamstert					
Schlägt sich selbst								Legt sich hin					
Stößt sich selbst mit den Füßen								Macht Möbel kaputt					
Schaukelt hin und her								Schlägt die Türen zu					
Zupft sich								Geht in die Kleiderkammer					
Schlägt sich mit einem Gegenstand								Bleibt nicht sitzen					
								Behält Kleidung an					
Schlägt Mitpatienten								Behält Schuhe an					
Schlägt das Personal								Trägt saubere Kleidung					
Stößt mit den Füßen nach Mitpatienten								Hat gekämmtes Haar					
Stößt mit den Füßen nach dem Personal								Macht Gegenstände kaputt					
Beißt Mitpatienten													
Wirft mit Gegenständen													
Beißt das Personal													
Wirft mit Gegenständen													

D) Detaillierte Verhaltensbewertung

Überblick über die bewerteten Verhaltensweisen

I. Selbstversorgung
    A) Anziehen
    B) Essen
    C) Körperpflege
        1. Baden
        2. Toilettenbenutzung

II. Soziale Fähigkeiten
    A) Verstehen
    B) Sprache
    C) Zahlen
    D) Lesen
    E) Uhrzeit angeben
    F) Geld
    G) Schreiben
    H) Fein-motorische Fähigkeiten

III. Arbeit auf der Station

IV. Grob-motorische Aktivitäten

Im November wurde ein zusätzlicher Mitarbeiter eingestellt, der als Überwacher und Daten-Sammler fungierte. Obwohl diese Position auch von einem Mitarbeiter der Anstalt hätte besetzt werden können, erleichterte es die Einführung der Programme und ermöglichte raschere und glattere Erfolge, da man über jemanden verfügte, der keine anderen Pflichten hatte, als die Durchführung des Programms zu überwachen. In der zweiten Novemberhälfte wurden die Patientinnen von dieser Person, die wir ab jetzt »Beobachter« nennen wollen, überwacht. Ihr Verhalten während einer Stunde pro Tag wurde mit Hilfe einer Check-Liste registriert (siehe Abb. 6.1). Basierend auf dieser Beurteilung wurden die Insassinnen einer von drei Gruppen auf die Weise zugeteilt, daß jede Gruppe heterogen war und eine gleiche Personenzahl mit am meisten und am niedrigsten angepaßten Verhaltensweisen umfaßte. Das Programm wurde in fünf Phasen zu je achtundzwanzig Tagen eingeteilt. 28-Tage-Phasen wurden gewählt, damit ausreichend Zeit für das Abklingen der medikamentösen Wirkungen gewährleistet war, um also einen stabilisierten Zustand zu erreichen. Außerdem entspricht der 28-Tage-Rhythmus dem Monatszyklus der Frauen. Es hat sich herausgestellt, daß die psychiatrische Bewertung der Wirkung von Medikamenten bei Frauen auf Grund zyklisch bedingter Gemütsschwankungen individuell abhängig von ihrem Menstruationstag registriert werden sollte, statt an einem x-beliebigen Kalendertag (*Dimascio*, 1968).

1.—28. Tag: Bei allen Patientinnen wurde sukzessiv in den ersten vierzehn Tagen die Medikamentation abgesetzt, somit blieben zwei Wochen, in denen die residualen Effekte verschwinden konnten. Bezeichnenderweise werden in klinischen Studien zur Bewertung von medikamentösen Einflüssen zehn bis vierzehn Tage bis zum Verschwinden der Pharmakawirkungen eingeräumt, obwohl es begründete Annahmen gibt, daß bei gewissen Medikamenten ein längerer Zeitraum angemessener wäre (*Olson* u. *Peterson*, 1960). Absichtlich wurde die Zeitspanne, in der die Patientinnen ohne Medikamentation waren, nicht besonders hervorgehoben, so daß etliche Betreuer es gar nicht merkten, wenn bei einzelnen Patientinnen die Medikamente abgesetzt worden waren. In den zwei Wochen ohne Medikamentation wurde über jede der Patientinnen eine detaillierte Verhaltensanalyse durch den jeweiligen ›Beobachter‹ erstellt. (Abb. 6.1). Diese Kontroll-Liste enthielt 140 verschiedene Verhaltensweisen, die die jeweilige Patientin zeigen oder nicht zeigen konnte, wenn sie vom »Beobachter« darum gebeten oder dazu provoziert wurde, wobei kein zwangsläufiger Zusammenhang mit den täglichen Beschäftigungen der Patienten bestehen mußte. *The Nurses Observation Scale for Inpatient Evaluation (NOSIE)* und *The Clini-*

cal Global Impressions (CGI), zwei der herkömmlichen Maße in den Studien über die Wirkungen von Pharmaka wurden zum selben Zeitpunkt auch benützt. Diese Tests wurden während der zwei Wochen, die auf die Beendigung der Studie folgten, wiederholt.

29.—57. Tag: Die Patientinnen wurden willkürlich in zwei Gruppen eingeteilt, von denen die eine achtundzwanzig Tage lang Chlorpromazin verabreicht bekam. Die andere Gruppe erhielt Placebos von identischem Aussehen.

58.—86. Tag: Bei beiden Gruppen tauschte man die bisherige Behandlung aus (d. h. von Chlorpromazin auf Placebo, und von Placebo auf Chlorpromazin).

87.—115. Tag: Wiederholung des 29.—57. Tages.

116.—144. Tag: Wiederholung des 58.—86. Tages.

Die Untersuchung wandte einen Doppel-Blind-Versuchsplan an, bei dem weder die Patientin, noch der Beobachter wußten, ob die Patientin echte Medikamente erhielt oder nur Placebos. Die Verwendung des beschriebenen Versuchsplans bietet mehrere Vorteile:

1. Da jede Versuchsperson zugleich als Kontrolle fungiert, spielt die Inter-Gruppen-Variation, die normalerweise die größte Quelle für Variationen darstellt, keine Rolle; aus diesem Grund mißt dieser Versuchsplan die Wirkungen der Medikamente genauer.
2. Da es keine Stichprobenunterschiede zwischen den Gruppen gibt, brauchen nur verhältnismäßig wenige Versuchspersonen einbezogen, und es können mehrere Dosierungsgrade angewendet werden.

Die Nachteile dieses Versuchsplans sind folgende:

1. Er nimmt an, daß keine Übertragungseffekte auftreten
2. Er erfordert vielfältige Tests
3. Oft kann man nicht alle möglichen Behandlungsmethoden bei derselben Testgruppe anwenden.

In dieser Untersuchung variierte die Dosierung zwischen den einzelnen Patientinnen, aber das echte Medikament und das Placebo waren einander zugeordnet, und die Anzahl der Kapseln war bei den Medikamenten und Placebos gleich.

Ein Münzsystem wurde eingeführt, um allgemein konstruktive Verhaltensweisen zu verstärken, die sich durch konkrete Erzeugnisse (Puzzles, Perlen aufreihen, Farben identifizieren etc.) nachweisen ließen, und solche Verhaltensweisen, die sich ohne weiteres durch Beobachtung erkennen ließen. Über das Verhalten wurde eine Stunde täglich am Vormittag, am Nachmittag und während des Frühstücks und des Mittagessens (siehe Abb. 6.1) Protokoll geführt. Jedes Verhalten wurde explizit definiert, so daß es als eine unterscheidbare Reaktionseinheit beobachtet werden konnte. Münzen wurden unmittelbar nach Vollendung spezifischer Aktivitäten ausgegeben und konnten im »Laden« zwischen 11 und 12 Uhr vormittags gegen Waren und Vergünstigungen eingetauscht werden. Die ausgegebene Anzahl an Münzen hing vom Umfang und von der Schwierigkeit der gestellten und erledigten Aufgabe ab. Die Münzen wurden innerhalb von einer Woche bei den Patientinnen eingeführt. Man ging normalerweise nach zwei Grundregeln vor.

1. Man ordnete die Münze einem schon bekannten Verstärker zu, so daß sie in den Augen der Patientinnen wertvoll wurde.
2. Man erhöhte allmählich den zeitlichen und räumlichen Abstand zwischen der Übergabe der Münzen und ihrem Eintausch gegen einen schon bekannten Verstärker.

Folgendes Verfahren war nötig, um die Verzögerung zwischen der Übergabe der Münzen und deren Eintausch im »Laden« zu überbrücken:

1. Man gab jeder Insassin eine Münze, nahm sie ihr *unmittelbar* danach wieder weg und tauschte sie gegen einen bekannten Verstärker aus. Eßbares eignet sich hierfür gut (Plätzchen, Süßigkeiten etc.) Die Kaffeepause der Patientinnen ist ein günstiger Zeitpunkt für dieses Verfahren, das mindestens viermal wiederholt werden muß.
2. Allmählich dehnt man die Zeitspanne zwischen der Übergabe der Münzen und ihrem Eintausch aus. So teilte z. B. ein Betreuer die Münzen aus, und ein zweiter kam eine Minute später, um den Eintausch vorzunehmen. Die zeitliche Verzögerung wurde allmählich vergrößert, wobei sie in gewissem Maß von den Fähigkeiten der Patientin abhing. Eine Verlängerung der Zeitspanne um jeweils eine Minute — wenigstens an den ersten beiden Tagen — wird durchaus als angemessen betrachtet.
3. Die räumliche Distanz zwischen der Übergabe der Münzen und deren Eintausch soll gleichfalls allmählich vergrößert werden. Dabei kann man gleichzeitig einen Zusammenhang demonstrieren. Zu diesem Zweck stellten sich zwei Betreuer ungefähr zwei Meter voneinander entfernt hin. Einer hatte Münzen bei sich, der andere Plätzchen und Süßigkeiten. Der erste forderte die Patientinnen auf: »Kommen Sie zu mir und holen Sie sich eine Münze.« Wenn die Patientin kam, übergab er ihr eine Münze. Daraufhin sagte der zweite: »Kommen Sie zu mir und holen Sie sich etwas Gutes für Ihre Münze.« Kam die Patientin, führte der Betreuer den Eintausch durch. Manche der Patientinnen zeigten sich gleich verständig, andere mußten bei den ersten Malen geführt werden.

Man wiederholte diesen Vorgang mehrere Male, wobei die räumliche Distanz und die Zeitspanne immer mehr vergrößert wurden. Zum Schluß wurden die Münzen, die den Patientinnen übergeben wurden, erst zehn Minuten später in einem anderen Raum oder auf einem anderen Stockwerk eingetauscht. Als die zeitliche Verzögerung immer größer wurde, entstand die Notwendigkeit, für jede Patientin eine Aufbewahrungsmöglichkeit für ihre Münzen bereitzustellen. Dieses Problem wurde unterschiedlich gelöst. Wir benützten speziell dafür angefertigte Münzentäschchen, die um die Taille gebunden werden konnten. Dadurch konnte die Patientin ihre Münzen relativ sicher gegen den Zugriff ihrer Mitpatientinnen bei sich tragen. Bei anderen Versuchsprogrammen verstauten die Patienten ihre Münzen in Schürzen- oder Hosentaschen oder trugen die Münzen an Halsketten oder Schlüsselringen, die am Gürtel befestigt wurden. Einige dieser Methoden haben den Nachteil, daß die Münzen für andere Patienten gut sichtbar sind und damit eher zum Diebstahl anregen. Die Münztäschchen wurden während des Ankleidens ausgeteilt und vor dem Mittagessen am »Laden« wieder eingesammelt.

Jeder Tag war eingeteilt in:

1. Den Vormittag (6 Uhr 30 – 11 Uhr), an dem es spezifische Verstärkungspläne für jede Patientin gab.
2. Den Nachmittag (12 Uhr – 15 Uhr), den die Patientinnen ohne spezifische Verstärkungspläne auf der Station verbrachten.

Der Morgen begann damit, daß die Patientinnen aufstanden, sich wuschen und anzogen. Anfangs teilte man auch für spezifische Wasch- und Ankleide-Verhaltensweisen Münzen aus. Dies stellte sich aber als schwieriges Unterfangen heraus, da während des Waschens und Ankleidens keine Möglichkeiten existierten, die Münzen sicher aufzubewahren. Auch war es für das Personal schwierig, über das Verhalten der Patientinnen Protokoll zu führen. Aus diesem Grund und auch, weil man feststellte, daß die Insassinnen, die rasch aufstanden, sich wuschen und ordentlich anzogen, sozusagen dafür »bestraft« wurden, indem sie eine halbe bis dreiviertel Stunde aufs Frühstück warten mußten, wurde ein Cafeteria-System eingeführt. Der Speisesaal stand von 7 Uhr bis 7 Uhr 30 den Patientinnen offen, vorausgesetzt, sie hatten sich gewaschen und richtig angezogen. Dieses System erwies sich als durchführbar und ermöglichte es jenen Patientinnen, die mit der Morgentoilette schnell fertig waren, als erste zum Frühstücken zu kommen. Es eliminierte auch einen jener »Herdentriebe«, die in Anstalten üblich sind: Die Patientinnen stürmen en masse den Speisesaal, sobald das Klingelzeichen ertönt. Außerdem erlaubte es gezieltere Verstärkung guter Tischmanieren, da sich weniger Patientinnen zur gleichen Zeit im Speisesaal aufhielten.

Nach dem Frühstück wurden die Patientinnen verstärkt, wenn sie sich die Zähne putzten und ihre Betten machten. In beiden Fällen wurde der Vorgang in kleine Einzelabschnitte unterteilt, die jeweils durch eine Münze verstärkt werden konnten.

Der Rest des Vormittags wurde in den Trainingsräumen der Patientinnen verbracht. Die Patientinnen wurden in drei heterogene Gruppen, wie schon zuvor beschrieben, eingeteilt. Jede Gruppe traf sich in einer abgeteilten Zone des Tagesraumes, wo ihnen spezielle Aufgaben zugewiesen wurden. In einer wurden die Patientinnen in Körperpflege unterrichtet, in der zweiten widmete man sich ihrer intellektuellen Entwicklung (lesen, Zahlen- und Farben-Identifizierung), und in der dritten befaßte man sich mit feinmotorischen Bewegungen. Jeder dieser Gruppen war ein psychiatrisch geschulter Helfer zugeteilt. Während des Vormittags wurden die Patientinnen durch jede dieser Zonen geschleust. Auf diese Weise hatte jede Patientin es mit drei verschiedenen Aufgabenbereichen und drei verschiedenen Betreuern zu tun. Um das Gruppieren zu erleichtern, wurde jeder Gruppe eine Farbe zugeordnet: rot, blau oder gelb. Die besonderen Münzentäschchen sahen bei allen Mitgliedern einer Gruppe gleich aus, und für jede Gruppe war zusätzlich ein Mitglied des Personals zuständig. In der ersten Woche rief der »rote Betreuer« immer die rote Gruppe zusammen, verstärkte sie dafür, daß sie sich um den Tisch versammelt hatte, ließ sie einige Minuten über einer simplen Aufgabe sitzen, verstärkte sie dafür, daß sie still sitzen blieb und ließ dann alle Gruppenmitglieder aufstehen und herumgehen. Allmählich wurde die Zeitspanne, in der sie am Tisch sitzen bleiben sollten, bis auf zwanzig Minuten ausgedehnt, während die Zeitdauer, in der sie herumgehen durften, auf fünf Minuten verkürzt wurde. Alle drei Gruppen hatten dieses Ziel gegen Ende der Woche erreicht.

Zu Beginn der dritten Woche, nachdem die Münzen eingeführt worden waren, begann die Einteilung in Vormittags- und Nachmittagssitzungen und die medikamentöse Therapie. Für die Patientinnen war der Übergang aus einer Unterrichtszone in die nächste zuerst verwirrend, doch da er nach genauer Uhrzeit gruppenweise erfolgte, verlief er allmählich reibungslos. Wir stellten in dieser dritten Woche fest, daß einzelnen Patientinnen seit langem bestimmte Plätze im Tagesraum zugewiesen worden waren. Diese Patientinnen reagierten aufgeregt, wenn man sie aufforderte, sich woanders hinzubegeben, und neigten dazu, immer wieder an ihre »angestammten« Plätze zurückzulaufen. Wenn sie dies versuchten, wurden sie ruhig aber bestimmt an ihre nunmehr

zugewiesenen Plätze geführt und dafür verstärkt, wenn sie dort sitzen blieben. Dieses Verhalten kam jedoch allmählich immer seltener vor.
Der typische Tagesablauf einer Patientin sah folgendermaßen aus:

6.30 Uhr	Aufstehen
6.30— 7.00 Uhr	Waschen und anziehen
7.00— 7.30 Uhr	Frühstück
7.30— 8.00 Uhr	Zähneputzen und Betten machen
8.10— 8.50 Uhr	Unterricht in Körperpflege
8.50— 9.10 Uhr	Kaffeepause
9.10— 9.50 Uhr	Unterricht in intell. Entwicklung
10.10—10.50 Uhr	Unterricht in feinmotorischen Bewegungen
10.50—11.30 Uhr	»Laden«
11.45—12.30 Uhr	Mittagessen
13.00—17.00 Uhr	Aufenthalt auf der Station
17.00—17.30 Uhr	Abendessen
18.00—20.00 Uhr	Aufenthalt auf der Station
21.00 Uhr	Schlafenszeit

Der »Laden« bestand aus einem Schrank voller Gegenstände, die mit Preisen versehen waren (siehe Tabelle 6.2). Gegenstände derselben Preisklasse standen auf ein und demselben Bord.

Tabelle 6.2: Beispiele für den Umtausch von Münzen in Gegenstände

A) *Gegenstände*
1. Zeitschriften, Bücher, Bleistifte, Scheren, Buntstifte und Zeichenkreiden, Schreibpapier
2. Eßsachen
   a) Kuchen für die Kaffeepause
   b) Süßigkeiten, Cracker, Früchte
   c) extra Kaffee
3. Zigaretten
4. Schmucksachen
5. Kleidungsstücke
6. ausgestopfte Tiere
7. Bastelutensilien, Garn, Leinen zum Besticken
8. Kostspielige Gegenstände, die für einen Tag ausgeliehen werden können, wie Radios, Uhren etc.

B) *Vergünstigungen*
1. Bälle und Springseile für die Übungszeit
2. Besondere Filme auf der Station
3. Extra Kaffeepause
4. Spaziergang mit einem Betreuer außerhalb der Station
5. Zehn Minuten mit einem Sozialarbeiter, einem Beschäftigungstherapeuten oder einem anderen Mitglied des Personals verbringen
6. Erlaubnis, eine Viertelstunde lang allein Platten anzuhören

Tabelle 6.3: Beispiele für verstärkte Verhaltensweisen und die Anzahl von Münzen, die dafür ausgegeben wird.*

	Ausgegebene Münzen
A) *Körperpflege*	
1. Sich das Gesicht waschen	1
2. Sich die Zähne putzen	1
3. Unterwäsche, Kleid, Schuhe anziehen	1
4. In einer angemessenen Zeitspanne baden	1
5. Kleidung nicht beschmutzen	1
6. Die Kleidung den Tag über anbehalten	1
7. Anderen bei der Körperpflege helfen	2
B) *Arbeiten auf der Station*	
1. Betten machen (für je 3 gemachte Betten)	1
2. Räume und Gänge fegen und staubwischen	2
3. In der Küche helfen	3
C) *Konstruktive Aktivitäten*	
1. Puzzle lösen	3
2. Laut aus einem Buch vorlesen	3
3. Topflappen herstellen	5
4. Perlen aufreihen	3
5. Zeichenvorlagen ausmalen	2
6. An Aktivitäten gemäß Programm teilnehmen	1
D) *Sonstiges*	
1. Anständige Tischsitten	1
2. Die Instruktionen des Personals befolgen	1
3. Medizin einnehmen	1

* Der genaue Münzgegenwert für eine Aktivität richtete sich sowohl nach dem Schwierigkeitsgrad der gestellten Aufgabe, ihrer Zeitdauer, als auch nach den individuellen Fähigkeiten der Patientin. Im Idealfall wurde der Wert so festgesetzt, daß auch die langsamsten, unfähigsten Patientinnen wenigstens eine Verstärkung pro Tag erhalten konnten.

Die Patientinnen kamen in Gruppen zum »Laden« und hatten schon ihre Münzen gezählt. Eine nach der anderen wurde zum Schrank geführt, wo man ihr zeigte, welchen Gegenstand sie sich für ihre Münzen leisten konnte. Dann wurde sie gefragt, ob sie sich an diesem Tag etwas kaufen wollte. Eine Stoppuhr war auf eine Minute eingestellt. War diese Zeitspanne um, ertönte ein Klingelzeichen, und die nächste Patientin wurde zum Schrank geführt. Es war erlaubt, Münzen einige Tage lang aufzuheben, aber es gab dafür eine Höchstgrenze von zwei Wochen, um das Horten von Münzen zu vermeiden.

Am Nachmittag hatte das gleiche Personal wie am Vormittag Aufsicht, um keine Unterschiede zwischen Vormittag und Nachmittag durch einen Wechsel des Personals eintreten zu lassen. Bezüglich der nachmittäglichen Aktivitäten wurden keine speziellen Anweisungen erteilt. Das Personal sollte lediglich das tun, was üblicherweise auch an den früheren Nachmittagen getan worden war.

Dadurch, daß ein bestimmtes Programm zu einer gewissen Zeit täglich durchgeführt wurde, während in der restlichen Zeit keine spezifische Verstärkung stattfand, war eine tägliche Kontrolle über die Einwirkung auf das Verhalten mittels regelmäßig unterbrochener Verstärkung möglich. Man bemühte sich, vergleichbare konstruktive und nicht angepaßte Reaktionen am Vormittag und am Nachmittag festzustellen, hatte damit jedoch nicht immer Erfolg.

Die vorangegangenen Ausführungen beschreiben einen typischen multiplen Versuchsplan, der in Experimenten mit operantem Konditionieren angewandt wird, um Verhaltenswirkungen von Medikamenten beurteilen zu können (siehe z. B. *Boren*, 1966; *Thompson* u. *Schuster*, 1968).

6.2.1. Medikamentöse Therapie

Chlorpromazin wurde hauptsächlich deshalb als Versuchsmedikament gewählt, weil es zur Zeit weitverbreitete Anwendung bei der Behandlung von Geistigbehinderten findet, wegen seiner angeblichen Erfolge und wegen seiner relativen Ungefährlichkeit (*Mautner*, 1959). Chlorpromazin ist ein Phenothiazin-Derivat und gehörte zu den ersten wichtigen Tranquilizern, die bei der Behandlung von Angst und aggressivem Verhalten eingesetzt wurden. Es kann in verschiedensten Dosierungen verabreicht werden und hat nur minimale toxische Nebenwirkungen. Kürzlich wurden einige Untersuchungen angestellt über seine Wirkungen nach Beendigung einer Langzeit- wie Kurzzeit-Therapie. Einige dieser Untersuchungen haben behauptet, daß intermittierende medikamentöse Therapie eine mögliche, ja wünschenswerte Behandlungsmethode bei Anstaltspatienten sei, da sie Geld spare und zu ständigen Nachuntersuchungen des Patienten zwinge. (*Rothstein*, 1960; *Diamond* u. *Marks*, 1960; *Gross* et al. 1960; *Good* et al. 1958; *Olson* u. *Peterson*, 1960, 1962; *Zocchie* et al. 1969). Andere Untersuchungen haben die Methode wegen der negativen Effekte bei Wechsel in der Pharmakobehandlung in Frage gestellt. (*Overton*, 1966; *Stewart*, 1962; *Otis*, 1964). Diese Untersuchungen raten bei der Anwendung hoch dosierter Tranquilizer bei chronischen Patienten zur Vorsicht, wenn eine niedrigere Dosierung ausreichend wäre, da eine maximale Reiz- und somit Verhaltensänderung zwischen hoher Medikamentation und völliger Absetzung erwartet werden muß. *Heistad* u. *Torres* (1959) stellten zur Debatte, daß Veränderungen in der Pharmakadosierung durch Beeinflussung bedeutsamer Aspekte der für spezifische emotionale Reaktionen verantwortlichen internen Reizbedingungen mit zuvor erlerntem Verhalten interferieren könnten.

6.3. Ergebnisse

6.3.1. Wirkung der Medikamente

Eine Varianzanalyse zeigte keine signifikanten Unterschiede zwischen den Ergebnissen, die man während der Chlorpromazin-Therapie und der Placebo-Therapie erreichte, gemessen über alle Patientinnen und alle beobachteten Verhaltensweisen. Doch gab es am Nachmittag eine signifikant größere Variabilität (nicht operante Sitzungen), was die Möglichkeit zuließ, daß es spezifisch für Medikamente empfängliche Patientinnen gab. Verschiedene Patientinnen zeigten wiederholbare Verbesserungen in ein oder zwei der fünfzig Verhaltensweisen, während sie Chlorpromazin erhielten. Andererseits schien keine Gruppe von zusammenhängenden Reaktionsweisen besonders sensitiv für Chlorpromazin zu sein, und keine Untergruppe von Patientinnen sprach besonders auf die Medikamentation an. Das Verhalten einer solchen, für Medikamente empfänglichen Patientin (Abb. 6.4) war während beider Clorpromazin-Phasen so, daß sie weniger fähig war, Token zu erlangen, während sie in beiden Placebo-Phasen zunehmend mehr »verdiente«.

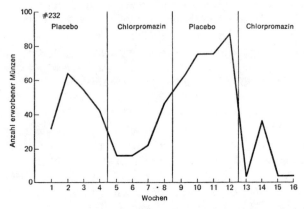

Abb. 6.4: Anzahl erworbener Münzen bei Behandlung mit Psychopharmaka im Wechsel mit Placebos.

6.3.2. Operante Effekte

Die Differenzen im Vor- und Nachtest von *NOSIE, CGI und DETAILED BEHAVIOR EVALUATION (DBE)* wurden miteinander verglichen. Abb. 6.5 faßt die Resultate der t-Tests zusammen, die in den verschiedenen Bereichen erzielt worden waren, und Abb. 6.6 zeigt die Verbesserung beim Nachtest gegenüber dem Vortest. Die NOSIE Nachtest-Resultate waren bei allen vierundzwanzig Patientinnen signifikant höher

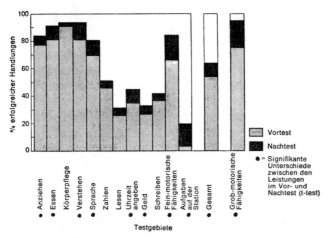

Abb. 6.5: Ergebnisse der detaillierten Verhaltensbewertung im Vor- und Nachtest bei 23 Patientinnen.

(ein Anstieg von einem Mittelwert von 166,9 im Vortest auf 171,8 im Nachtest; p=0,002). Der DBE zeigte einen Anstieg vom Mittelwert (N=24) von 73,1 auf einen Mittelwert von 85,3 im Nachtest (p=0,002). Die stärkste Verbesserung gab es innerhalb des DBE bei grobmotorischen Fertigkeiten, bei feinmotorischen Fertigkeiten, bei der Arbeit auf der

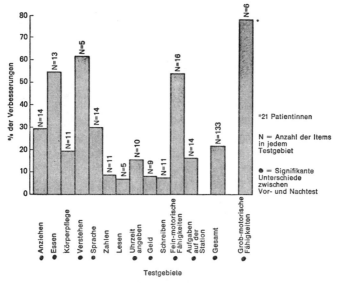

Abb. 6.6: Ergebnisse der detaillierten Verhaltensbewertung im Vor- und Nachtest bei 23 Patientinnen.

Station, beim Wortverständnis, beim Essen, bei der Körperpflege, beim Sprechen und beim Zeitgefühl (p=0,002). Eine signifikante Verbesserung gab es auch beim Ankleiden (p=0,01) und beim Geldverständnis (p=0,05). Die CGI-Nachtests ergaben signifikant bessere Resultate als die Vortests (p=0,002).

Die Verhaltenstrends differierten am Vormittag und am Nachmittag auf erstaunliche Weise. Allgemein traten adaptive Verhaltensweisen am Vormittag weit häufiger auf (als sie spezifisch verstärkt wurden), und nicht-adaptive Verhaltensweisen häufiger am Nachmittag (Abb. 6.7).

Man führte eine Varianzanalyse bei jenen fünfundzwanzig Verhaltensweisen durch, die oft genug auftraten, um analysiert werden zu können. Bei vierundzwanzig von ihnen gab es signifikante Unterschiede. Am Vormittag trat adaptives Verhalten (operant) häufiger auf, am Nachmittag nicht-adaptives Verhalten. Ein Tablett tragen, ohne etwas zu verschütten, auf direktem Weg zum Sitzplatz gehen, einen Löffel richtig benützen, beim Essen ruhig auf dem Stuhl sitzen bleiben, sich mit den Betreuern unterhalten, anderen helfen, Schuhe tragen, ordentlich gekämmte Haare haben, bei Überprüfung sauber gekleidet sein, am Tisch sitzen und konstruktiv arbeiten kam signifikant häufiger bei den operanten Sitzungen vor. Selbstgespräche führen, hin und her schaukeln, andere Patientinnen schlagen, laut schreien, Schimpfworte gegen andere Patientinnen äußern und sich auf den Boden legen kam dagegen signifikant häufiger am Nachmittag vor. Das relativ häufige Auftreten nicht-adaptiven Interaktionsverhaltens (laut schreien, Beschimpfung anderer Patientinnen, Selbstgespräche, Belästigungen) ist in Abb. 6.7 registriert.

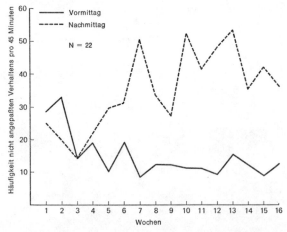

Abb. 6.7.: Anzahl der nicht-adaptiven Interaktionen (schreien, Beschimpfungen anderer Patienten, Selbstgespräche, Belästigungen) als Folge der morgendlichen (operanten) und der nachmittäglichen (nicht operanten) Sitzungen.

Diese Verhaltensweisen nahmen an den Vormittagen von insgesamt 28,5 Vorkommnissen in der ersten Woche der Untersuchung auf 12, 8 Vorkommnisse in der sechzehnten Woche ab. Dagegen nahmen dieselben Verhaltensweisen nachmittags in derselben Zeitspanne von 25,5 auf 36,6 Vorkommnisse zu. Stereotype Verhaltensweisen traten häufiger am Nachmittag auf. Hin- und Herschaukeln kam in der nicht-operanten Phase fast doppelt so häufig vor (am Vormittag 128,6 Vorkommnisse, am Nachmittag 207,6 Vorkommnisse). Sowohl das Auf dem Boden liegen wie auch das Hamstern zeigten die gleiche Häufigkeitsverteilung, wobei das Hamstern nachmittags dreimal so häufig, und das Auf dem Boden liegen achtmal so häufig wie am Vormittag vorkamen.

Abb. 6.8 zeigt, wie häufig sich die Patientinnen am Vor- und Nachmittag mit dem Personal unterhielten. Insgesamt gab es am Vormittag 870,1 Interaktionen zwischen Patientinnen und Betreuern, 682,6 am

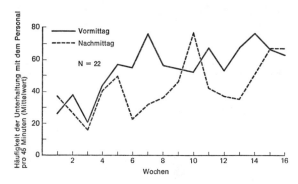

Abb. 6.8: Anzahl der Interaktionen zwischen Patientinnen und Personal, die von den Patientinnen ausgingen, als Folge der morgendlichen (operant) und nachmittäglichen (nicht operant) Sitzungen.

Nachmittag. Das einzige adaptive Verhalten, das am Nachmittag häufiger auftrat, war die Unterhaltung der Patientinnen untereinander — am Vormittag 290,6 Vorkommnisse, am Nachmittag 613,1 Vorkommnisse.

Die Tokenmenge, die von den Patientinnen »verdient« wurde, zeigte ein deutliche Ansteigen von insgesamt 3714 Münzen in der ersten Woche bis zu insgesamt 6723 in der letzten Woche (siehe Abb. 6.9). Sie zeigt, daß die durchschnittliche Anzahl verdienter Token für jede Patientin von 33,8 auf 61,1 stieg.

Eine Methode, die Effekte bei Chlorpromazin und bei Verhaltensmodifikation zu vergleichen, besteht darin, daß man überprüft, wie sehr sie jeweils zum häufigen Auftreten eines Verhaltens beitragen. Unter den folgenden vier Bedingungen wurde berechnet, wie häufig die Patientinnen insgesamt am Tisch saßen und konstruktiv arbeiteten.

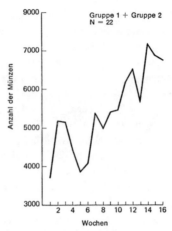

Abb. 6.9: Die Anzahl der Münzen, die pro morgendlicher Sitzung verdient wurden (N = 22).

1. Placebo ohne Verstärkung
2. Placebo plus Verstärkung
3. Chlorpromazin ohne Verstärkung
4. Chlorpromazin plus Verstärkung

Die Gesamtergebnisse in der oben aufgeführten Reihenfolge waren: 150, 985, 151 bzw. 975 (siehe Abb. 6.10). Wie häufig lautes Geschrei vorkam, wurde gleichfalls errechnet: Placebo ohne Verstärkung 179, Placebo plus Verstärkung 54, Chlorpromazin ohne Verstärkung 161, Chlorpromazin plus Verstärkung 48 mal (Abb. 6.11).

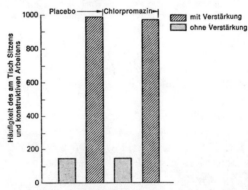

Abb. 6.10: Die Gesamtzahl der bei den Patientinnen (N = 22) in 45minütigen Unterrichtsphasen gemachten Beobachtungen konstruktiven Arbeitsverhaltens unter vier Bedingungen:
1. Ohne Medikamentation (Placebo) und ohne Verhaltensmodifikation (keine Verstärkungspläne); 2. Mit Placebo und Verstärkungsplänen; 3. Mit Chlorpromazin ohne Verstärkungsplan; 4. Chlorpromazin und Verstärkungsplan.

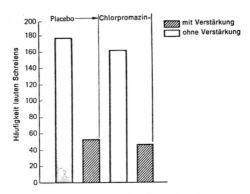

Abb. 6.11: Die insgesamte Häufigkeit der Beobachtungen, wann Patientinnen laut schrien. (N = 22) (Siehe Erläuterungen zu Abb. 6.10 zur Aufschlüsselung)

Mehrere andere Messungen haben den Erfolg des Programms aufgezeigt und damit mehr zur Anwendung der Verhaltensmodifikation ermutigt als dazu, sich der Medikamente zur Verhaltenskontrolle zu bedienen. Die Zeitspanne, in der Patientinnen von der Gruppe isoliert wurden, verkürzte sich von 285 3/4 Stunden im Januar auf 74 1/4 Stunden im Mai 1970. Die Isolierungszeit verkürzte sich dann noch weiter bis auf 23 1/2 Stunden im November 1970, obwohl die Anzahl der Patientinnen, die Medikamente bekamen, weiterhin gering blieb (im November 1970 waren es nur noch neun Patientinnen gegenüber sechzehn Patientinnen vor Beginn des Programms). Während der sechs Monate nach der Untersuchung gab man den Patientinnen geringer dosierte Medikamente (6441 Milligramm pro Tag vor der Untersuchung, 3754 Milligramm pro Tag für vierundzwanzig Patientinnen nach Beendigung der Untersuchung, bzw. eine Verringerung der täglichen Dosis von 268,4 Milligramm pro Patientin pro Tag auf 156,4 Milligramm).

6.4. Diskussion

Die Ergebnisse zeigen die Notwendigkeit, verhaltenstherapeutische Maßnahmen während einer Untersuchung der Effekte psychoaktiver Präparate auf das Verhalten zu kontrollieren. Wie sowohl der Vor- als auch der Nachtest erkennen lassen, war die an Hand von Verhaltensmaßen beurteilte Wirksamkeit des Präparats bei der operanten (Vormittag) und der nicht-operanten Phase (Nachmittag) sehr unterschiedlich. Die Resultate zeigen auch klar, wie wichtig es ist, ein systematisches Programm zur Verstärkung adaptiven Verhaltens durchzuführen, im Gegensatz zur bloßen Verwendung von Chlorpromazin als Mittel zur Verhaltenskontrolle. Das Versagen von Chlorpromazin, einem der hauptsächlich benützten Präparate, um hyperaktives, gewalttätiges Verhalten bei Geistigbehinderten in Anstalten zu kontrollieren, irgendeine anhaltende Wirkung auf Verhaltensweisen auszuüben, läßt viele Fragen aufkommen. Es stellt sich heraus, daß die ständige Verabreichung eines solchen Präparats an viele Geistigbehinderte, zum Zweck der Verhaltenskontrolle, nicht vertretbar ist. Weiter zeigen diese Erkenntnisse, daß ein effektives Verhaltensmodifikationsprogramm mehr vorteilhafte Wirkungen haben kann als die Chlorpromazin-Therapie, und zwar darin, daß es adaptives Verhalten vermehrt und nicht-adaptives Verhalten schwächt. Das Absetzen von Clorpromazin schien keine oder wenig negative Wirkungen zu erzeugen, wenn gleichzeitig das Verstärkungs-Verfahren angewendet wurde. Daher kann man die Wirksamkeit von Clorpromazin als Mittel, um adaptives Verhalten zu vermehren und nicht-adaptives Verhalten bei Geistigbehinderten zu verringern, anzweifeln.

Die Vor- und Nachtestergebnisse und graphischen Darstellungen der täglich vorkommenden Verhaltensweisen lassen erkennen, daß das Verhaltensmodifikationsprogramm darin effektiv war, insgesamt sowohl die Häufigkeit täglicher adaptiver Verhaltensweisen zu steigern, als auch die Anzahl adaptiver Verhaltensweisen, die die Patientinnen nach Aufforderung bewerkstelligen konnten, zu vermehren. Die größte Verbesserung ergab sich bei den fein- und grob-motorischen Bewegungen. Dieses Resultat ist nicht überraschend, da es um Aktivitäten geht, die das Personal gerne unterrichtete, wie z. B. das Ausmalen innerhalb vorgezeichneter Linien, das Aufreihen verschieden großer Perlen und das Lösen von Puzzles. Die Ursache für die große Verbesserung bei den grob-motorischen Aktivitäten (seilhüpfen, springen, Ball fangen) ist verwunderlicher, da diese Aktivitäten nicht spezifisch verstärkt worden waren. Man kann dieses Ergebnis auf eine Reihe von Faktoren zurückführen: (1) Generalisierung der Fertigkeiten, die in den fein-motorischen Unterrichtsstunden gelernt worden waren, (2) gesteigerte Aufmerksamkeitsspanne und daher vermehrte Fähigkeit, zuzuhören und Anweisungen zu befolgen, (3) eine insgesamt niedrigere Dosierung der Psychopharmaka und daher ein Abnehmen möglicher ataxischer Effekte.

Die Häufigkeit adaptiven Verhaltens vermehrte sich bei den morgendlichen (operanten) Sitzungen schneller und blieb konstant höher. Der Mangel an Generalisierung des adaptiven Verhaltens vom Vormittag auf den Nachmittag ist nicht verwunderlich, wenn man die Veränderung der Reiz-Bedingungen zwischen Vormittag und Nachmittag bedenkt. Obwohl alle Aufzeichnungen über Verhaltensweisen angefertigt wurden, während die Insassinnen sich im selben Tagesraum aufhielten, waren die Reiz-Bedingungen auf Grund der abgeteilten Unterrichtszonen und der Tokentäschchen spezifisch für den Vormittag. Da dies die einzigen beiden größeren Veränderungen in den Reiz-Bedingungen waren, und die gleiche

Anzahl Betreuer den Patientinnen vormittags wie nachmittags zur Verfügung stand, kann die Möglichkeit ausgeschlossen werden, daß in vermehrt zur Verfügung stehendem Personal der Hauptgrund für die Verhaltensverbesserung zu suchen ist.

Die Ergebnisse zeigen auch, daß das Programm darin erfolgreich war, die Häufigkeit nicht-adaptiven Verhaltens bei den morgendlichen operanten Sitzungen zu verringern. Aggressive Handlungen, sowohl verbal als auch physisch, stereotypes Verhalten wie Hin- und Herschaukeln, und andere Verhaltensweisen, die beim Lernen stören würden (wie z. B. auf dem Boden liegen, Selbstgespräche führen, horten) nahmen während der Vormittage rapide ab. Diese Verhaltensweisen blieben auf einer sehr niedrigen oder sogar Null-Quote, während dieselben Verhaltensweisen an den Nachmittagen häufiger vorkamen, und in manchen Fällen (Selbstgespräche, laut schreien) insgesamt sogar zunahmen.

Die gleichzeitige Abnahme der durchschnittlichen Milligrammdosierung des Präparats, das jeder Patientin verabreicht wurde, und die Verringerung der Stunden, die einzelne Patientinnen isoliert von der Gruppe zubringen mußten, bewies, daß das Programm geeignet war, Alternativ-Methoden zu lehren, wie man mit aggressivem Verhalten fertig werden kann (siehe ›Resultate‹, Abb. 6.9). Bei Beendigung der Medikamenten-Untersuchung stimmte das Personal dafür, das Verhaltensmodifikationsprogramm fortzuführen und sogar auf vierundzwanzig Stunden pro Tag auszudehnen. Sechs Monate nach Beendigung der Untersuchung bekamen nur noch neun der vierundzwanzig Patientinnen Medikamente, und der Einsatz des Mittels der Isolierung blieb geringfügig.

6.4.1. Die Entwicklung eines umfassenden Münzverstärkungssystems

Die zweite Phase des Programms weitete das Token-System auf täglich vierundzwanzig Stunden und sieben Tage pro Woche aus und umfaßte fünfundzwanzig Patientinnen mehr. Die fünfundzwanzig Neuen lebten auf der Nordstation des *Poppy Building*, und 70% von ihnen waren Epileptikerinnen. Der mittlere Intelligenzquotient betrug 33,0 mit einer Streuung von 13—60. Das Alter lag zwischen 20—58 Jahren (Mittelwert 34,8).

Die Münzen wurden auf die gleiche Weise eingeführt wie zuvor beschrieben. Diese Einführungsprozedur dauerte eine Woche, und danach galt im ganzen Gebäude vierundzwanzig Stunden pro Tag das Münzsystem. Aus Mangel an Personal und um das Freizeit- und beschäftigungstherapeutische Personal in das Programm einzugliedern, standen die Trainingsräume täglich jeder einzelnen Patientin nur zwei Stunden zur Verfügung. Die Patientinnen der Nordstation wurden getestet und für den Unterricht in drei heterogene Gruppen eingeteilt. Der Zeitplan ist aus Tabelle 6.4 ersichtlich.

Tabelle 6.4

Nordtrakt		Südtrakt	
6.30 Uhr	Aufstehen	wie im Nordtrakt	
6.30— 7.00 Uhr	Waschen und Anziehen	wie im Nordtrakt	
7.00— 7.30 Uhr	Frühstück	wie im Nordtrakt	
7.30— 8.00 Uhr	Zähne putzen, Betten machen	wie im Nordtrakt	
8.00—10.00 Uhr	Aktivitäten auf der Station	8.00—10.00 Uhr	Pat. Training
		10.30 Uhr	»Laden«
10.00—11.30 Uhr	Freizeit oder Beschäftigungs-therapie	13.00—14.30 Uhr	Freizeit oder Beschäftigungs-Therapie
13.00—15.00 Uhr	Pat. Training		
15.00—15.30 Uhr	»Laden«	14.30—17.00 Uhr	Aktivitäten auf der Station
15.30—17.00 Uhr	Aktivitäten auf der Station	wie im Nordtrakt	
17.00—17.30 Uhr	Abendessen		
18.00—21.00 Uhr	Aktivitäten auf der Station und außerhalb der Station	wie im Nordtrakt	
22.00 Uhr	Zu Bett gehen	wie im Nordtrakt	

Man befolgte diesen Plan von Montag bis Samstag. Am Sonntag konnten die Patientinnen vormittags am Gottesdienst teilnehmen; am Nachmittag wurden Filme gezeigt oder andere Freizeitprogramme durchgeführt.

Das Programm erforderte mindestens fünf Betreuer, um glatt und reibungslos durchgeführt werden zu können. Allerdings klappte es sogar auch schon mit drei Betreuern und zwei Patientinnen-Helferinnen (weniger gestörte Patientinnen, die zu Assistentinnen ausgebildet worden waren). Je einer der fünf erforderlichen Betreuer überwachte eine Unterrichtszone im Tagesraum und war gleichzeitig verantwortlich für die Aktivitäten auf der Station. Dieses aus dem kleineren entwickelte erweiterte Programm enthielt viele Komponenten des ersteren, doch gab es einige Ergänzungen und Verbesserungen, die nun beschrieben werden sollen. Erstens wurde das Münzsystem auch auf die Nacht ausgedehnt. Der diensthabende Medizinalassistent schrieb im Stundenturnus jene Patientinnen auf, die bei seinen Rundgängen durch die Schlafsäle nicht im Bett lagen. Gegen Ende der Nacht bekam eine Patientin soviele Münzen wie sie bei den Durchgängen liegend im Bett angetroffen wurde (im günstigsten Fall achtmal).

Auch an dieser Stelle sei darauf hingewiesen, daß der Diebstahl von Münzen ein ziemliches Problem darstellte. Den Patientinnen wurden deshalb über Nacht die Münzen weggenommen, und sie erhielten sie vor dem Frühstück wieder.

Die Unterrichtsräume der Patientinnen wurden in drei ausgediente Isolierräume verlegt, die im Erdgeschoß des Gebäudes lagen. Sie wurden hell gestrichen und mit einem Tisch, Stühlen und einem Schrank oder einer Kommode möbliert. Jeder Raum war für einen bestimmten Unterricht gedacht, und lediglich die dafür nötigen Ggegenstände wurden dort aufbewahrt.

Die drei Unterrichtsgebiet umfaßten *Körperpflege, intellektuelle Entwicklung* und *kooperative Verhaltensweisen*. Kunstgewerbliche Betätigung wurde den Aktivitäten auf der Station zugeordnet. Kooperative Verhaltensweisen kamen als Unterrichtsfach hinzu, da man einen Lehrversuch mit Verhaltensweisen wie beispielsweise »etwas mit anderen zu teilen«, »anderen beizustehen und zu helfen« unternehmen wollte. Bisher war es nämlich nicht gelungen, diese Verhaltensweisen in den anderen Unterrichtsfächern beizubringen. Diese Verhaltensweisen sind mit am schwierigsten zu unterrichten, da es Phantasie erfordert, nicht auf Konkurrenz, sondern auf Zusammenarbeit gerichtete Aktivitäten auszudenken. Ein simpler Anfang wurde gemacht, indem Gegenstände in eine offene Schachtel gelegt werden sollten. Man begann mit zwei Patientinnen. Sie sollten jeweils ihren Gegenstand in die Schachtel legen, und man sagte ihnen, daß keine von beiden eine Münze bekäme, bevor nicht beide ihre Aufgabe erfüllt hätten. Die Anzahl Token, die man erlangen konnte, entsprach der Anzahl der Teilnehmer. Die Teilnehmeranzahl wurde langsam erhöht, bis schließlich alle Mitglieder der Gruppe erfaßt waren. Dieselbe Art des Verhaltens wurde mit Hilfe von Puzzles, Perlen aufreihen, Bilder malen, Ballspielen etc. beigebracht. Bei dieser Art von Aktivität wird der Gruppendruck zu einem wichtigen Faktor, da die Verstärkung jedes einzelnen von der Mitarbeit aller anderen Teilnehmer abhängt.

Lesen — man benutzte anfänglich das *Peabody Rebus Reading Program (Woodcock, 1966)* —, Farben- und Zahlenidentifizierung wurden im Unterricht für intellektuelle Entwicklung gelehrt. Auf Veranlassung des Personals nahm das Rasieren der Achselhöhlen und der Beine und das Nägelschneiden die Hälfte der Zeit in Anspruch, die im Unterricht für Körperpflege verbracht wurde. Diese Körperpflege wurde meist kurz vor dem Schlafengehen durchgeführt, wenn weniger Personal da war, und endete mit den Vorbereitungen fürs Zubettgehen, die kurz nach dem Abendessen begannen. Der Rest des Unterrichts für Körperpflege wurde dazu verwandt, gutes Benehmen, Haarpflege und die mit Duschen/Baden verbundenen Verhaltensweisen zu lehren. Das Programm war so geplant, daß die Insassinnen durch die verschiedenen Räume geschleust wurden, und in jedem der verschiedenen Räume zweimal pro Woche unterrichtet wurden. So hatte z. B. die »rote Gruppe« am Montag und Donnerstag Unterricht in Körperpflege, Dienstag und Freitag in intellektueller Entwicklung und Mittwoch und Samstag in kooperativen Verhaltensweisen.

Der ›Laden‹ stand jeder Patientengruppe täglich nach ihrem Trainingsprogramm zur Verfügung.

Auf der Station fanden andere Aktivitäten statt. Auf Grund mangelnden Personals und auch aus Platznot wurden auf der Station drei Patientinnengruppen trainiert. Ein Tisch mit Stühlen wurde aufgestellt, und die Insassinnen wurden verstärkt, wenn sie sich dort hinsetzten und an kunstgewerblichen Aktivitäten teilnahmen. Sie erhielten Münzen, wenn sie ruhig einfache Aufgaben erledigten. Zu der Zeit erhielt man auch Münzen für Arbeiten auf und außerhalb der Station (z. B. fürs Betten machen, Besorgungen erledigen, Staubwischen, Kleider sortieren). Die Insassinnen mußten Münzen für TV-Filme, Spaziergänge im Freien, für Teilnahme an Aktivitäten außerhalb des Gebäudes und für nicht-adaptives Verhalten (andere schlagen, nach ihnen treten, Möbel umwerfen) zahlen. Geldbußen konnten zweimal hintereinander auferlegt werden, und danach wurde ein Auszeit-Verfahren durchgeführt. Dies geschah, um negative Tokenwerte zu vermeiden. Auszeit ist genau genommen Auszeit von Verstärkung (s. Kapitel 2). Man verwandte dafür ein Zimmer, das als Auszeit-Raum bestimmt worden war. Der Patientin wurde erklärt, was sie falsch gemacht hatte, und daß sie nun in den Auszeit-Raum gehen müsse. Dann wurde sie aus dem Verstärkungsbereich zum Auszeit-Raum gebracht, wobei möglichst wenig körperliche Berührung erfolgen sollte, wie auch von Vorwürfen abzusehen war. Sobald die Patientin im Time-out-Raum war, wurde die Tür geschlossen (sie enthielt eine Einwegscheibe).

Freizeit- und *Beschäftigungstherapie* waren in das Münzprogramm eingegliedert worden. Die Patientinnen zahlten zwei Münzen, um zur Freizeit- oder Beschäftigungstherapie gehen zu können und dort wiederum Münzen für ihre Teilnahme daran zu erhalten. Sie wurden zwar ermutigt, daran teilzunehmen, doch es bestand keinerlei Zwang, so daß sich jede Patientin frei nach Wahl entscheiden konnte. Falls eine bestimmte Patientin nie an der Freizeittherapie teilnahm, mußte der Freizeittherapeut herauszufinden versuchen, was der Grund dafür war. Sodann konnte er entweder die Freizeitaktivitäten verändern oder enger mit der Patientin zusammenarbeiten und sie zur Mitarbeit ermutigen. Da der Beschäftigungstherapeut und der Freizeittherapeut nicht zugleich mit fünfundzwanzig Patientinnen arbeiten konnten, standen die Aktivitäten jeweils nur einer Gruppe zu einer bestimmten Zeit zur Verfügung. Normalerweise konnten all diejenigen, die an einem Tag nicht für die Beschäftigungstherapie eingeteilt waren, stattdessen an der Freizeittherapie teilnehmen. Dies ermöglichte es jeder Patientin einmal am Montag, Dienstag oder Mittwoch zur Beschäftigungstherapie zu gehen, und an zwei dieser drei Tage zur Freizeit-Therapie. Am Donnerstag hatten der Beschäftigungstherapeut und der Freizeittherapeut gemeinsam Gruppen-Aktivitäten eingeplant, und am Freitag arbeiteten sie separat mit einzelnen Patientinnen, die sich in einer Gruppe schwer taten oder spezielle Schwierigkeiten hatten. Die Eingliederung der Beschäftigungs- und Freizeit-Therapie in das Münzprogramm stellt eine ungeheure Verbesserung gegenüber dem vorherigen System dar. Das Personal der Anstalt weiß exakt, wann die Patientinnen an der Freizeit- und der Beschäftigungs-Therapie teilnehmen, und kann es daher so einteilen, daß seine anderen Aktivitäten vor dieser Zeit beendet sind. Das Wissen, welche Patientinnen jeweils zur Verfügung stehen, hat für die Freizeit- und Beschäftigungstherapie-Helfer die Planung spezifischer Aktivitäten einfacher gemacht.

In der Nacht, bei den Mahlzeiten, im Unterricht, während der Aktivitäten auf der Station und während der Freizeit- und Beschäftigungstherapie werden die Anzahl an Münzen, die verdient und ausgegeben werden, und die Verhaltensweisen, die damit zusammenhängen (s. Abb. 6.3) schriftlich registriert. Obwohl diese Protokolle manchmal eine Last für das Personal sein mögen, ermöglichen nur sie es, die genaue Anzahl der verdienten Münzen festzuhalten, lassen erkennen, ob der Erfolg von Tag zu Tag anhält, zeigen dem Personal auf, was während der Nacht geschehen ist und geben Hinweise darauf, was der »Laden« auf Lager haben sollte. Alle drei Monate wird das Körperpflege-, Lese- und Kooperationsverhalten der Patientinnen in einer Reihe von Tests überprüft. Auf der Basis dieser Tests werden neue Aktivitäten eingeführt, alte fallengelassen oder aber intensiviert.

Die Betonung lag während des ganzen Münzprogramms auf der positiven Verstärkung und auf dem Lehren von Alternativ-Verhalten, anstelle von nicht-adaptivem Verhalten. Geldbußen wurden nur bei jenen Verhaltensweisen auferlegt, die die Patientin selbst oder Mitpatientinnen körperlich verletzten, oder bei Verhaltensweisen, die nicht ignoriert werden konnten. Dazu gehörten Verhaltensweisen wie beispielsweise andere zu schlagen oder nach ihnen zu treten, Möbel umzuwerfen oder ständiges lautes Kreischen.

Die Mitglieder des Personals schienen mit dem Programm einverstanden zu sein. Sie hatten alle drei Monate die Wahl, das Programm abzusetzen oder es auf irgendeine Weise zu verändern. Wöchentlich gab es ein einstündiges Treffen des Hauspersonals, des Leiters der Abteilung, des Freizeittherapeuten, des Beschäftigungstherapeuten und des psychologischen Beraters. Hierbei wurde dann über die Probleme des gesamten Programms und die Probleme spezieller Patientinnen diskutiert. Protokolle dieser Treffen wurden vervielfältigt und an alle Mitglieder des Personals verteilt, um sie über Probleme und getroffene Entscheidungen zu informieren.

III. Besondere Anwendung

7. Verhaltensänderung bei Geistigbehinderten in Sonderklassen

Von WILLIAM H. FULLMER

Der Sonderschulunterricht wird wie die meisten Erziehungsprogramme immer wieder in Frage gestellt. Man verlangt von seinen Vertretern, daß sie die Rolle des Sonderschulunterrichts in der Pädagogik erläutern sollen. Man will wissen, was für Kinder mit Lernschwierigkeiten getan werden kann, wie die Sonderschullehrer Änderungen im Lernvermögen herstellen können oder warum sie es nicht schaffen, und welche Alternativen es noch geben könnte. Diese Fragen sind natürlich schwer zu beantworten, wenn die Zielvorstellungen etwas vage, und die Methoden, die verwandt werden, noch vager sind, aber dies muß nicht unbedingt der Fall sein. Neue Methoden werden entwickelt, die einen systematischen Ansatz für die Strukturierung der pädagogischen Entwicklung von Kindern betonen. Diese Methoden, die auf Verhaltensmodifikationsprinzipien beruhen, werden derzeit innerhalb einiger Lehrerausbildungsprogramme vermittelt, aber im allgemeinen erfahren Lehrer davon nur gerüchteweise oder in betrieblichen Fortbildungslehrgängen.

Dieses Kapitel behandelt Methoden der Verhaltensmodifikation, die im Sonderschulunterricht angewandt werden. Ein Großteil des behandelten Stoffes beruht auf den Erfahrungen des Autors, die dieser bei einem Sonderschulunterrichtsprogramm in einer großen staatlichen Heilanstalt gemacht hat[1].

---

[1] Die Einführung der Verhaltensmodifikation in dem Sonderschul-Unterrichtsprogramm im *Faribault State Hospital* wurde durch die Zusammenarbeit mit Orv Berg, dem Direktor des Rehabilitationszentrums, Mrs. Mabel Gates, der Leiterin der Station, Delbert Knack, dem Vorsteher der Anstalt und den Sonderschullehrern ermöglicht.

7.1. Einige Anwendungen der Verhaltensmodifikation

Die Methoden der Verhaltensmodifikation sind eingesetzt worden, um aggressive Verhaltensweisen zu reduzieren.
Bostow u. Bailey (1969) wandten eine Kombination aus Verstärkung und Auszeit von Verstärkung an, um das aggressive Verhalten eines siebenjährigen Kindes zu verringern.

Das Kind pflegte zwischen zwanzig- bis siebzigmal in der halben Stunde andere zu schlagen, zu beißen, mit den Füßen zu treten oder mit dem Kopf gegen andere anzurennen. Das Kind hatte zwei verschiedene Tranquilizer bekommen, die wirkungslos blieben. Als es jedoch unmittelbar nach jedem aggressiven Verhalten zwei Minuten lang in einen Auszeit-Raum gebracht wurde, und mit Milch und Plätzchen für nicht-aggressives Verhalten verstärkt wurde, schaffte man es, das aggressive Verhalten des Kindes innerhalb von zwei Tagen fast völlig zu eliminieren.

In einem anderen Bericht beschrieben *Homme* et al. (1963), daß eine Gruppe von Vorschulkindern häufig wie eine wilde Horde durch den Raum stürmte, auch wenn sie angewiesen waren, still zu sitzen und aufzupassen. Homme richtete es so ein, daß die Ausführung von Verhaltensweisen mit höherer Auftrittswahrscheinlichkeit abhängig gemacht wurde von Verhaltensweisen mit geringerer Auftrittswahrscheinlichkeit wie beispielsweise still sitzen, lernen und aufmerksam sein. Wenn die Kinder eine kurze Zeit lang still und aufmerksam dasaßen und arbeiteten, wurde ihnen ein Signal gegeben, daß sie aufstehen und herumtoben durften. Indem man allmählich die zeitliche Dauer der Arbeitsphase verlängerte und die Länge der »Herumtobephase« verkürzte, erhielt man mit der Zeit eine ganz ordentliche Klasse (ein funktionierendes Unterrichtsprogramm verträgt auch einiges ›Herumgetobe‹). Besonders hervorzuheben ist, daß keine Strafandrohungen oder Bestrafungen mehr nötig waren.

Manchmal ist es schwer, Schüler dazu zu bewegen, Instruktionen zu befolgen, zum Teil deshalb, weil die Instruktionen unklar formuliert werden, häufiger jedoch, weil es keinen unmittelbaren Vorteil bietet, sie zu befolgen. *Schutte* u. *Hopkins* (1970) beobachteten, daß eine Gruppe Kleinstkinder im Kindergarten annähernd sechzig Prozent der Instruktionen befolgte. Wenn die Lehrkraft in der Folgezeit jenen Kindern, die ihre Instruktionen befolgten, ›Aufmerksamkeit schenkte‹ (d. h. die Kinder lobte, während sie die Instruktionen befolgten oder unmittelbar danach), dann stieg das Befolgen von Instruktionen auf über achtzig Prozent an. Ähnliche Resultate wurden im Unterricht für geistigbehinderte Jungen erzielt, die alle »Aufmerksamkeits-Defizite« erkennen ließen (*Zimmerman* et al. 1969). Die Häufigkeit des Befolgens von Instruktionen stieg an, als die entsprechenden Verhaltensweisen von der Lehrkraft durch Lob verstärkt wurden. Das erwünschte Verhalten kam sogar noch häufiger vor, wenn das Befolgen der Instruktionen mit Münzen belohnt wurde, die gegen schöne Sachen eingetauscht werden konnten(z. B. Bonbons, Luftballons, Spielsachen). In jeder dieser Untersuchungen war aggressives, zerstörerisches Verhalten reduziert oder aufmerksames Verhalten gesteigert worden. Es ist klar, daß aggressive oder unaufmerksame Verhaltensweisen sich nicht mit dem Erlernen neuer Aktivitäten im Unterricht vertragen, und daher muß die Lehrkraft diese Verhaltensweisen ändern, bevor sie ihren Lehrplan durchführen kann. Die beschriebenen Techniken sind direkt auf den Unterricht anwendbar. Die Lehrkraft hat zwar vermutlich keine »Milch« und »Plätzchen« als Verstärker zur Verfügung, aber es gibt viele Dinge im Klassenzimmer, die es genau so gut tun. Münz- oder Punktesysteme, lobende Anerkennung und eine Unzahl allgemein beliebter Aktivitäten sind ausgesprochen wirksame Verstärker, wenn sie richtig eingesetzt werden. Korrekte Anwendung heißt — unter anderem — ein erwünschtes Verhalten unmittelbar nach seinem Auftreten zu verstärken.

Verhaltensmodifikation hat sich auch im Entwickeln und Aufrechterhalten einer Vielzahl von Lernfähigkeiten als wirksam erwiesen. *Wheeler* u. *Sulzer* (1970) trainierten ein achtjähriges geistigbehindertes Kind mit Sprachdefiziten so weit, daß es mit vollständigen Sätzen auf Bilder reagierte.

Die Bilder gehörten zur Ausrüstung der *Peabody Language Development Mappe* (Karten der Stufen Nr. P bis Nr. 3). Anfänglich reagierte das Kind auf diese Bildkarten mit unvollständigen Sätzen, konnte aber Gegenstände auf den Bildern identifizieren. Dann verstärkte man das Kind mit Tokens dafür, wenn es in einem vollständigen Satz eine Beschreibung des Bildes gab. Machte es einen Fehler, wurde ihm von der Lehrkraft vorgesagt, worauf das Kind nachsprach, den Satz vollendete und daraufhin verstärkt wurde. Nach fünf Sitzungen zu dreißig Minuten gab das Kind auf die fünf Übungskarten zu 83 % richtige Antworten, und auf zwei Karten, die beim Training nicht benutzt worden waren, 100 % richtige. Nach annähernd dreißig Trainings-Sitzungen testete man das Kind mit sechs neuen Karten, die es seit dem allerersten Test nicht mehr gesehen hatte. Nun reagierte das Kind zu siebzig Prozent mit einem vollständigen Satz auf diese Karten. Die Autoren folgerten: »Da die Reaktion auf Reize (Bildkarten), mit deren Hilfe trainiert worden war, und auf Reize, mit denen nicht trainiert worden war, sich rasch entwickelt hat, kann man behaupten, daß eine funktionale Reaktionsklasse oder Spracherzeugung entwickelt wurde.«

Guess (1969) benützte Verstärkungstechniken, um Geistigbehinderten den korrekten Gebrauch des Plurals beizubringen.

Zwei dreizehnjährige Jungen mit einem IQ von 40 bis 42 verwandten Wörter nur in der Einzahl, obgleich sie die für Pluralbildung nötigen Laute hervorbringen konnten. Als erstes trainierte der Autor das Verständnis für Pluralformen (indem er auf *einen* oder auf *ein Paar* von Gegenständen deutete), indem er korrekte Antworten mit Münzen verstärkte. Auf falsche Antworten reagierte die Lehrkraft mit »nein« und stellte eine neue Frage. Das Verstehen der Pluralformen wurde rasch gelernt, aber Stichproben, ob dies auch half, den Plural selbst zur formen, stellten sich als negativ heraus. Eine Generalisierung fand also nicht statt. Dann versuchte man es mit einer Methode, die mit der vorangegangenen identisch war bis auf den Punkt, daß die Jungen verbal reagieren sollten, statt nur auf die Gegenstände zu deuten. Die Verstärkung der korrekt geformten Pluralformen führte zu deren schnelleren Erwerb. Diese Untersuchung zeigt nicht nur, daß die Verstärkung wirksam sprachliche Fertigkeiten ausbilden kann, sondern läßt auch vermuten, daß es nur wenig oder gar keinen Transfer zwischen rezeptiver und expressiver Sprache gibt[2].

Imitation ist ein anderer Verhaltenstypus, der sich als beeinflußbar durch Verstärkung herausgestellt hat. Imitation kann ausgesprochen effektiv im Unterricht benutzt werden, um eine neue Reaktion zu initiieren, und wird vermutlich häufig rein zufällig angewandt. Untersuchungen von *Baer, Peterson* u. *Sherman* (1967) und *Baer* u. *Sherman* (1964) zeigten, daß Kinder es lernen können, nichtsprachliche wie auch verbale Reaktionen eines Modells zu imitieren, wenn die korrekten Imitationen verstärkt werden. Sobald das imitierende Verhalten beigebracht worden war, wurde bezeichnenderweise auch ein neues Reaktionsmodell korrekt imitiert, selbst wenn diese neue Reaktion nicht verstärkt wurde. Sobald das imitierende Verhalten nicht mehr verstärkt wurde, verschwand es fast völlig. Es war klar, daß Verstärkung nötig war, um die imitierenden Verhaltensweisen aufrechtzuerhalten.

Diese Untersuchungen demonstrieren die Effektivität der Verstärkungstechniken beim Verbessern der verschiedensten Lernreaktionen bei Geistigbehinderten. Ähnliche Techniken wurden im Sonderschulunterricht des *Faribault State Hospital* angewandt.

7.2. Einführung der Verhaltensmodifikation im Unterricht

Verhaltensmodifikationsprogramme wurden in eine Abteilung des Unterrichtsprogramms der Anstalt eingegliedert. Alle Schüler waren eingewiesene Patienten, die in einem der vier gemeinsam verwalteten Gebäude untergebracht waren. Fast alle dieser Insassen waren Jugendliche und ihr IQ schwankte zwischen 25 und 65; mit einem Modalwert von 40. Da jedes der Gebäude annähernd vierzig Patienten hatte, gab es in dieser Abteilung an die hundertsechzig Schüler zu unterrichten. Zu einer bestimmten Zeit — sie lag nicht weit zurück — hatte man in

---

[2] Eine detailliertere Beschreibung des Sprachtrainings ist bei *Bricker/Bricker* (1970) nachzulesen.

dieser Anstalt großen Wert darauf gelegt, eine möglichst große Anzahl von Insassen in den Unterricht zu integrieren, ein Vorgehen, das große steuerliche Vorteile hatte. Die Nachteile waren jedoch groß genug, um eine Änderung zu Gunsten eines höher qualifizierten Unterrichts herbeizuführen. Die Anzahl der Patienten, die in dieser Abteilung regelmäßigen Schulunterricht bekamen, wurde herabgesetzt, die Anzahl der Lehrkräfte dagegen erhöht: acht Lehrer arbeiteten mit etwas weniger als vierzig Prozent der Kinder (ungefähr sechzig Patienten). Eine Klasse bestand aus sechs bis zehn Patienten, die zwischen zehn und fünfundzwanzig Stunden Unterricht pro Woche erhielten.

Bei Zusammenkünften mit den Lehrerinnen wurden Prinzipien der Verhaltensmodifikation erklärt, um einige Fehlannahmen zu korrigieren, und um einige der Probleme, die die Lehrkräfte im Unterricht hatten, festzustellen. Die Prinzipien der Verhaltensmodifikation wurden in allgemeinen Begriffen (d. h. die Spezialterminologie wurde nicht überbetont) und im Kontext menschlichen Verhaltens diskutiert. Jede Lehrkraft konnte es selbst entscheiden, ob sie die Auftrittswahrscheinlichkeit eines bestimmten Verhaltens vermehren oder verringern wollte. Wenn sie das Auftreten eines aggressiven Verhaltens verringern wollte, konnte sie Löschung oder Auszeit anwenden, oder sie konnte Verhaltensweisen verstärken, die mit dem störenden Verhalten unvereinbar sind. Löschung bedeutet üblicherweise den Entzug der Aufmerksamkeit der Lehrkraft oder Ignorierung des Verhaltens, da die Aufmerksamkeit der Lehrerin die am meisten in Frage kommende Verstärkung darstellt. Wenn die Lehrerin das Auftreten eines bestimmten Verhaltens vermehren wollte, konnte sie irgendeine Art der Verstärkung anwenden. Man diskutierte über die Aufmerksamkeit der Lehrkräfte, über Eßwaren (Süßigkeiten oder Cornflakes), Spielmöglichkeiten und verschiedene Münzsysteme als Mittel der Verstärkung. Außerdem wurden etliche Untersuchungen besprochen, die Aufschluß darüber gaben, wie die Aufmerksamkeit der Lehrkräfte spezifische Verhaltensweisen der Schüler beeinflussen kann. Die Diskussion über diese Auswirkungen auf das Verhalten führte zu einer interessanten Frage. Wenn die Art und Weise, wie eine Lehrkraft auf ein spezifisches Schülerverhalten reagiert, einen solch großen Effekt auf das nachfolgende Verhalten dieses Schülers haben kann, sollte dann die Lehrkraft auf das Schülerverhalten sozusagen ›ziellos‹ reagieren oder sollte sie ihre Reaktion vorausplanen (Kontingenzplanung), um die Wahrscheinlichkeit des nachfolgenden Verhaltens zu beeinflussen? Mit zunehmendem Wissen in der Verhaltensforschung liegt die Betonung mehr auf der zweiten Methode, auch wenn dadurch die Verantwortung der Lehrkraft erhöht wird.

Während die Prinzipien der Verstärkung dargelegt wurden, kam häufig folgender Einwand: »Oh, auf diese Weise bin ich schon immer vorgegangen!« Auf weiteres Befragen kam dann heraus, daß einige Lehrkräfte tatsächlich Belohnungen und anderes benutzten, um Verhalten zu lehren, selten jedoch auf systematische und kontingente Weise. Das heißt beispielsweise, daß jeder Schüler nach Beendigung des Unterrichts eine Belohnung erhielt, ganz egal, wie gut oder schlecht er sich im Unterricht aufgeführt hatte. Und im Zusammenhang mit dem Ignorieren schlechten Verhaltens behaupteten viele, daß sie solche Verhaltensweisen gar nicht beachteten; sie erteilten dem Kind lediglich auf irgendeine Weise Ermahnungen. Für viele ist es schwer zu begreifen, daß solche Ermahnungen eine gewisse Art von Aufmerksamkeit darstellen und daher tatsächlich als Verstärker wirken.

Belohnungen wurden von Lehrerinnen häufig als etwas beschrieben, das den Schülern auf freundliche Weise gegeben wird, Bestrafungen oder Ermahnungen dagegen auf unfreundliche Weise. Dies beschreibt die *Gefühle der Lehrerin*, nicht aber zwangläufig die Art und Weise, wie ihr Verhalten auf das Verhalten des Schülers wirkt. So könnte beispielsweise eine Lehrerin behaupten, sie bestrafe Charles, indem sie ihn anschreie, wenn er vom Stuhl aufsteht und im Zimmer herumläuft. Falls Charles nicht viel Aufmerksamkeit für sein Stillsitzen und Arbeiten erhält, kann es gut sein, daß er Tag für Tag mehr herumläuft, um wenigstens diese ›unfreundliche Aufmerksamkeit‹ zu erhalten. In einer solchen Situation sind die Vorwürfe der Lehrerin keine Bestrafung, sondern sie stellen eine Verstärkung dar. Im Grunde muß die Lehrerin die Wirkung ihres Verhaltens nach der Wirkung beurteilen, die es auf den Schüler hat. Wenn Charles immer seltener herumtobt und nach einigen Tagen ganz damit aufhört, kann sie ihre Ermahnungen als *Bestrafung* ansehen. Falls Charles jedoch weiterhin Tag für Tag herumrennt und es vielleicht sogar noch häufiger als zuvor tut, dann ist die Ermahnung eine *Verstärkung*. Bei diesem Beispiel mag die unmittelbare Wirkung die wahre Wirkung verbergen. Das heißt, Charles kommt vielleicht sofort und setzt sich hin, wenn die Lehrerin ihn anschreit, was die Lehrerin zu der Annahme verleiten könnte, die Vorwürfe hätten erfolgreich gewirkt. Falls sie die Vorwürfe jedoch Tag für Tag wiederholen muß, und am nachfolgenden Tag genauso häufig wie am vorhergehenden, dann waren die Maßregelungen eindeutig nicht als Bestrafung wirksam.

Es gibt einen anderen Umstand im Sonderschulunterricht, der dazu beiträgt, solche Verhaltenseffekte zu verbergen. Schulunterricht ist nicht überall obligatorisch, und man entfernt Kinder, die sich im Klassenzimmer nicht gut aufführen, einfach solange aus dem Unterricht, bis sie ›bereit‹ für den Unterricht zu sein scheinen. Die Umstände, die dazu führen, daß ein Kind aus dem Unterricht entfernt wird, können ähnlich sein wie die weiter oben beschriebenen. Wenn eine Lehrerin ein Kind täglich für schlechtes Verhalten maßregelt, dann kann man vermuten, daß dieses Kind nicht lange im Unterricht geduldet wird. Es wird keinen Zugang zum Unterricht haben, solange es nicht »schulreif« ist. Die Lehrerin hat ein Problem gelöst — das Kind benimmt sich in ihrer Klasse nicht länger schlecht —, aber diese Lösung ist fragwürdig. Eine derartige Situation kann häufig dadurch vermieden werden, daß man versucht, auf systematische Weise Verhalten zu ändern.

Aber auch die Verstärkung kann falsch angewandt werden. Eine Lehrerin mag behaupten, daß sie Verstärkung in Form von Lob oder Süßigkeiten angewandt hat, wann immer Jimmy aufmerksam ihrem Unterricht folgte, daß er aber trotzdem nur selten und nur für kurze Zeit aufmerksam sei: ›Die Verstärkung wirkt bei Jimmy nicht‹. Im Grunde bedeutet es jedoch, daß die Art von Lob oder Süßigkeiten, die Jimmy erhielt, nicht verstärkend wirkte. Andere Arten von Verstärkung müßten für Jimmy gesucht werden — und es gibt sie garantiert! Das Versagen, effektive Verstärker für ein bestimmtes Kind zu finden, läßt auf Ungeduld, Entmutigung oder vielleicht Mangel an Mühe auf Seiten der Lehrkraft schließen. Häufig muß man seinen ganzen Einfallsreichtum zu Hilfe nehmen. Schokoladendrops sind eben nicht für alle Kinder das Richtige.

7.2.1. Techniken zur Veränderung des Verhaltens im Klassenzimmer

In den meisten Unterrichtssituationen fehlt es an systematischen Methoden, Verhalten zu ändern, und dies spiegelt die unzulängliche Ausbildung der Lehrer wider. Natürlich kann man von Lehrkräften nicht erwarten, daß sie Techniken anwenden, mit denen sie sich noch nie auseinandergesetzt haben. Es wird von einem Pädagogikstudenten verlangt, daß er ziemlich viel Zeit darauf verwendet, die Philosophie der Pädagogik zu studieren. Es mag nützlich sein, Philosophie im Sinn zu haben, wenn man im Klassenzimmer arbeitet, aber hier ist der Punkt, wo viele Pädagogik-Programme scheitern. Die Lehrkraft ist vollgestopft mit Wissen über Lehrstoff und/oder die Philosophie der Pädagogik, verfügt aber nur über wenige, wenn überhaupt, *Lehrtechniken*. *Im Faribault*-Programm beherrschten die Lehrkräfte eindeutig ihren Stoff. Dennoch schienen sie es nicht fertig zu bringen, ›an einige der Schüler heranzukommen‹. Nachdem wir die verhaltenstherapeutischen Prinzipien diskutiert und die Wichtigkeit ihrer Konsequenzen erkannt hatten, begannen wir uns mit spezifischen Problemen des Unterrichts zu befassen. Verständlicherweise war unsere vordringlichste Aufgabe, etliche aggressive Verhaltensweisen zu eliminieren, damit alle Schüler an den Unterrichtsaktivitäten teilnehmen konnten.

7.2.2. Beseitigung störenden Verhaltens

Ein Schüler stand häufig auf, ging im Klassenzimmer herum, fluchte und machte Krach. Dies passierte täglich, manchmal zwei- bis dreimal während einer Unterrichtssitzung. Die Lehrkraft versuchte ihn normalerweise zu beruhigen und ihn schmeichelnd dazu zu überreden, an den Klassenaktivitäten teilzunehmen. Manchmal benahm er sich so schlecht, daß sie sich gezwungen sah, ihn in seine Station zurückbringen zu lassen. Das Verhalten des Schülers störte die Mitschüler und machte die Lehrkraft unglücklich, da sie spürte, daß er viel lernen könnte, wenn er nicht dieses Verhaltensproblem hätte.

Die Lehrerin und der psychologische Berater diskutierten das Verhalten dieses Schülers und kamen zu dem Schluß, daß er möglicherweise zuviel Aufmerksamkeit für sein schlechtes Benehmen bekäme. Die Lehrerin war einverstanden, das störende Verhalten in Zukunft vollständig zu ignorieren und sich dem Schüler nur dann zu widmen, wenn er sich anständig verhielt. Als sie dies dann tatsächlich tat, waren die Ergebnisse nicht so gut wie erwartet. Infolgedessen wurde ein Programm entwickelt, das sich direkt mit den lautstarken Ausbrüchen dieses Schülers befaßte. Die Lehrerin hatte eine kleine Stoppuhr bei sich, die wie ein Küchenwecker funktionierte[3]. Sie stellte die Stoppuhr auf kurze Zeitspanne ein (zwei bis fünf Minuten), und jedesmal, wenn diese Zeitspanne abgelaufen war, bekam der Schüler einen Punkt. Nachdem er eine festgesetzte Anzahl erreicht hatte, konnte er die Punkte gegen die Erlaubnis eintauschen, etwas Bestimmtes zu tun. Meistens hörte er sich Tonbänder an. Wenn der Schüler fluchte oder herumschrie, stellte die Lehrerin neu die Zeit ein und verzögerte so seine Chance, einen Punkt zu erhalten. Diese Methode war einigermaßen wirksam im Verringern der lautstarken Ausbrüche, und die Lehrerin nahm sich vor, die gleiche Methode anzuwenden, um den Schüler dazu zu bringen, auf seinem Platz sitzen zu bleiben. Das heißt, die Stoppuhr lief solange, wie der Schüler auf seinem Platz sitzen blieb. Sobald er den Platz verließ, wurde die Stoppuhr neu gestellt.

Zwei Beobachtungen, die diese Methode betreffen, sind wichtig. Erstens erklärte die Lehrerin, daß es ihr schwerfalle, bestimmte Verhaltensweisen völlig zu ignorieren, da in der Vergangenheit gerade diese Verhaltensweisen ihre größte Aufmerksamkeit erregt hätten. Zweitens hängt die erfolgreiche Anwendung der Stoppuhr unmittelbar von der Konsequenz der Lehrkraft ab. Wenn die Lehrerin es nicht vergißt, die Stoppuhr nach einem lautstarken Ausbruch zurückzustellen — natürlich auch dann, wenn sie schon abgestellt ist —, dann wird diese Me-

---

[3] Siehe *M. Wolfe* et al. (1970), wo ein genauer Bericht über das »timer game« nachzulesen ist.

thode in relativ kurzer Zeit erfolgreich wirken. In dem Maße, wie die Lehrerin es von Zeit zu Zeit vergißt, die Stoppuhr neu einzustellen, kann man erwarten, daß der Schüler nur wenig oder gar keine Verhaltensänderung zeigen wird.

Ein anderer Modellfall hing mit einem Schüler zusammen, der manchmal sehr rasch lernte, meistens jedoch mit gesenktem Kopf an seinem Platz saß, blicklos ins Leere starrte, im Raum herumtobte oder vor sich hin wimmerte. Vieles im Verhalten dieses Patienten wirkte autistisch, obwohl die Diagnose bisher nicht auf Autismus lautete. Man diskutierte über sein Verhalten, und die Lehrerin entschloß sich dazu, verschiedene Arten von Verstärkung auszuprobieren, wann immer der Schüler zu arbeiten versuchte.

Zu Beginn versuchte man es mit Cornflakes, und nach einigen Wochen wurde ein Münzsystem eingeführt, bei dem der Schüler auf die gleiche Weise Münzen verdienen konnte wie er bisher Cornflakes erhalten hatte. Er konnte die Münzen dann gegen irgendwelche Aktivitäten eintauschen, wie beispielsweise ›ein Spiel spielen‹, oder dagegen, ›daß ihm einige Minuten lang vorgelesen wurde‹. Bereits innerhalb einer Woche zeigte diese Methode Erfolge, und nach drei Wochen nahm der Schüler fast hundertprozentig an den Aktivitäten im Klassenzimmer teil. Der Schüler lernte viele neue Fertigkeiten, und die ›autistischen Verhaltensweisen‹ wurden bei ihm nur noch selten im Klassenzimmer beobachtet. Sie traten jedoch immer noch auf seiner Station auf. Dieser letzte Punkt ist wichtig. Er zeigt deutlich, daß nicht ›automatisch‹ eine Generalisierung von einer auf die andere Situation geschieht, wie manche vielleicht annehmen. Die Tatsache, daß sich dieses Kind auf eine bestimmte Weise in einer Situation verhielt und auf andere Weise in einer unterschiedlichen Situation, zeigt auf, daß das Kind zu unterscheiden gelernt hat. Das heißt, die Unterrichtssituation war ein Hinweis-Reiz, daß Lernverhalten verstärkt werden würde, und die Stationssituation war ein Hinweis-Reiz, daß *andere* Verhaltensweisen verstärkt werden würden.

Eine andere Methode, um aggressives Verhalten zu eliminieren ist die, den Schüler für eine kurze Zeit aus der verstärkenden Situation zu entfernen. Dies nennt man Auszeit von Verstärkung. Diese Methode hat sich in manchen Situationen als sehr wirksam erwiesen, wurde aber im Unterrichtsprogramm des *Faribault Hospital* aus den folgenden Gründen nicht angewandt:

1. Es standen keine isolierten Räume zur Verfügung. Die Schüler hätten zwar in das Büro des Abteilungsleiters geführt werden können, aber dies hätte die Verantwortung für den Schüler lediglich auf jemand anderen übertragen. Außerdem befürchtete man, daß der

Schüler möglicherweise mit Erwachsenen in diesem Raum interagieren könnte, was Auszeit eher zu etwas Verstärkendem als zu etwas Bestrafendem gemacht hätte.
2. Viele Schüler würden sich widersetzen, in den Auszeit-Raum zu gehen, und die Lehrerinnen würden es physisch häufig nicht schaffen, sie dorthin zu bringen. Und wenn sie es dennoch schafften, dann würde der dadurch entstandene Tumult häufig mehr Unheil anrichten als es das ursprüngliche Verhalten des Schülers getan hätte.

Ich möchte betonen, daß diese Gründe spezifisch für die aktuelle Situation im *Faribault* sind. Die Auszeit-Methode ist an sich äußerst effektiv, wenn sie angemessen durchgeführt werden kann (*Bostow* u. *Bailey*, 1969).

7.2.3. Entwicklung von Lernverhalten

In den vorangegangenen Beispielen wurden störende Verhaltensweisen dadurch vermindert, daß die Lehrkräfte sie ignorierten und dadurch, daß gleichzeitig inkompatibles Verhalten wie beispielsweise ›Lernen‹ verstärkt wurde. Diese Methode kann auch auf Lernverhalten übertragen werden. Während wir getrennt über aggressives Verhalten und Lernverhalten diskutieren, hat man es in der Praxis häufig mit beiden Verhaltensweisen zugleich zu tun. Ein Kind, das an der Unterrichtssituation nicht Anteil nimmt, hat nur wenig Chancen, irgendwelche schulischen Lernfähigkeiten zu entwickeln, während mit wachsender Teilnahme am Unterricht auch die Wahrscheinlichkeit, etwas zu lernen, zunimmt. Ein Großteil unserer Bemühungen, Lernverhalten zu verbessern, basierte auf dieser Prämisse.

Ein Grundbeispiel für die eben beschriebene Beziehung betraf unmittelbar den psychologischen Berater. Wenn er das Klassenzimmer betrat, wurde er normalerweise mit vielen Zurufen, wie »Wie heißt du? Was will er hier?« und allen möglichen Gesten begrüßt. Die meisten Schüler hörten mit dem Arbeiten auf, wenn der Berater oder sonst jemand den Schulraum betrat. Erwachsene interagieren nicht selten mit jungen Geistigbehinderten, und ganz besonders dann, wenn das Kind den Kontakt aufnimmt. Es gibt einige, die glauben, daß man diese Art von Interaktion weiterhin erlauben sollte, um die Kontaktfähigkeiten der Schüler zu stärken. Andererseits hatten diese Schüler aufgehört, sich angemessen im Unterricht zu verhalten, und es gibt sicherlich weitaus passendere Gelegenheiten für derartige Unterhaltungen als ausgerechnet das Klassenzimmer. Dieses Problem wurde mit der Lehrkraft diskutiert, und wir kamen zu dem Schluß, daß die Unterhaltung mit Erwachsenen im Schulzimmer wahrscheinlich eine verstärkende Situation für den

Schüler darstellt. Wenn die hereinkommende Person auf die Ausrufe eines Schülers reagierte, so verstärkte diese Reaktion seine Ausbrüche noch mehr. Um dies zu vermeiden, ignorierten sowohl die Lehrkraft als auch der Berater jene Schüler, die mit dem Arbeiten aufhörten, sobald der Berater hereinkam, und sie interagierten kurz mit denen, die ihre Arbeit fortsetzten. Normalerweise geschah dies, indem sie die Schüler lobten. Diejenigen, die sich hatten ablenken lassen, wurden kurz nachdem sie ihre Arbeit wiederaufgenommen hatten, mit Aufmerksamkeit verstärkt. All diese Interaktionen wurden so arrangiert, daß sie angemessenes Lernverhalten, statt unangemessenen Verhaltens verstärkten. Die Methode erwies sich als wirksam, um Lernverhalten zu stärken. Daher ging man dazu über, vor jedem Klassenzimmer eine Mitteilung anzuschlagen (Abb. 7.1). Die Lehrerinnen berichteten in der Folgezeit, daß dieser Anschlag sehr dazu beitrug, Störungen zu vermindern.

> **ACHTUNG!**
>
> Besucher und/oder Mitglieder des Personals!
>
> Wenn Sie dieses Klassenzimmer betreten, unterhalten Sie sich **bitte nicht** mit den Schülern (ignorieren Sie sie!), es sei denn, solche Unterhaltungen werden von der **Lehrkraft der Klasse eingeleitet.**

Abb. 7.1: Dieser Anschlag hing vor jedem Klassenzimmer, um Störungen zu vermeiden.

Es gab viele Aktivitäten im Unterricht, mit Hilfe derer die Lehrkraft die Aufmerksamkeit ihrer Schüler trainieren konnte. So wurden z. B. Gruppenaktivitäten, die mit lesen, mit Sprachentwicklung und mit der Fähigkeit, die Uhrzeit richtig anzugeben, zusammenhingen, häufig so arrangiert, daß die Schüler dabei um die Lehrkraft herumsaßen. Die Lehrerin legte einige Gegenstände zurecht und rief dann einen Schüler auf, der damit etwas anfangen sollte. Jene, die aufpaßten, reagierten richtig, während die, die unaufmerksam waren, nur selten überhaupt irgendwie reagierten. Da die Reaktionen der Schüler in dieser Situation eine Interaktion des jeweiligen Schülers mit der Lehrkraft darstellten, und da dies wiederum vermutlich verstärkend wirkte, wurden nur noch die Schüler aufgerufen, die aufmerksam waren. Leider kommt das Gegenteil sehr häufig vor: Lehrer rufen immer wieder jene auf, die *keine* Aufmerksamkeit zeigen, um sie zur Teilnahme am Unterricht zu ermutigen. Da die darauffolgende Interaktion jedoch verstärkend wirkt, hat die Lehrkraft versehentlich das ›unaufmerksame Verhalten‹ verstärkt.

Ein solcher Schüler erregte Aufmerksamkeit, indem er der Lehrkraft *keine* Aufmerksamkeit schenkte. In unserem Unterrichtsprogramm wirkte die Möglichkeit, mit der Lehrkraft zu interagieren, verstärkend, und die Teilnahme am Unterricht nahm beträchtlich zu.

Das gleiche Grundprinzip erwies sich bei der Aufrechterhaltung des Arbeitsverhaltens als erfolgreich, auch wenn die Schüler an Einzeltischen saßen. Die Lehrkraft ging durch den Raum, interagierte kurz mit denen, die sich angemessen mit Arbeiten beschäftigten, und ignorierte jene, die nicht arbeiteten. Wichtig ist, daß ein Nichtarbeitender oder Unaufmerksamer, der damit anfing, das zu tun, was von ihm erwartet wurde, von der Lehrkraft nicht für das ignoriert wurde, was er vorher *versäumt hatte*, sondern vielmehr kurz nachdem er sich angemessen zu beschäftigen begann, von ihr verstärkt wurde.

Das Ausmaß an Veränderung, das unter den richtigen Voraussetzungen erreicht werden kann, läßt sich klar aus dem folgenden Beispiel ersehen. Die Lehrerin bemühte sich konzentriert um einen Schüler, der sich in der Vergangenheit außerordentlich störend verhalten hatte. Die störenden Zwischenfälle wurden auf ein erträgliches Maß reduziert, und von da an legte man besonderen Nachdruck darauf, ihn im Lernverhalten zu trainieren. Die Daten der Abb. 7.2 zeigen die Verhaltensänderung während fünf aufeinanderfolgender Unterrichtstage und die Leistungen des Schülers bei einem Nachtest (R) sieben Monate später. Der Schüler wurde in fünf verschiedenen Gebieten unterrichtet und erhielt intermittierend Münzen für korrekte Leistungen auf jedem dieser Gebiete. Er wurde für jede richtige Reaktion sofort gelobt. Sobald er fünf Münzen erlangt hatte, tauschte er sie gegen eine kurze Unterrichtspause ein, um einer von drei Beschäftigungen nachzugehen: 1. Mit einem Teddybär spielen; 2. mit dem Foto eines ›Batman‹ spielen; 3. Ein Bonbon lutschen. Die Instruktionen wurden unmittelbar nach der Verstärkungs-Aktivität fortgesetzt. Die Anzahl der Münzen, die er während einer Unterrichtssitzung (durchschnittliche Dauer: eine Stunde) erlangte, variierte zwischen elf und sechzehn. Also erhielt der Schüler zwei bis drei Münzen pro Lernaktivität.

Die erste Kurve in Abb. 7.2 zeigt das Erlernen des Alphabets. Jeder Buchstabe wurde auf einer Illustrationstafel gezeigt. Die korrekte Identifizierung von Buchstaben stieg während der fünf Tage von 85% auf 100% an. Das Erkennen von Bildwörtern (z. B. schwarz, Apfel, Katze, Haus, Elefant, Blume, Küche), die auf Illustrationstafeln aufgedruckt waren, wurde rapide besser. Zu Anfang hatte der Schüler auf zehn von achtunddreißig Karten (26%) korrekt reagiert, und am fünften Tag las er vierundzwanzig davon richtig (63%). Zehn verschiedene Anfangslaute wie b, f, d, h, die auf Illustrationskarten gedruckt waren, sollten ausgesprochen werden. Der Schüler sprach am ersten Tag 60% korrekt aus und schaffte es, am fünften Tag 90% richtig auszusprechen. Das Aussprechen von aufgedruckten Zahlen (1—12) verbesserte sich von 83%

auf 100% korrekte Antworten. Schließlich lernte der Schüler es auch noch, die Uhrzeit bis auf eine halbe Stunde genau anzugeben. Ursprünglich hatte er die Hälfte der vierundzwanzig möglichen Zeigerstellungen gekannt, und am vierten Tag identifizierte er alle Stellungen korrekt.

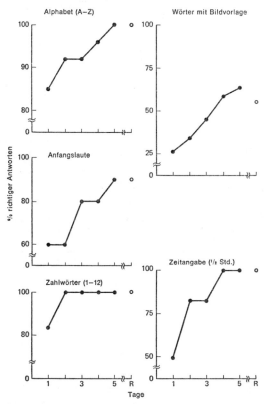

Abb. 7.2: Die Leistungen eines Schülers auf fünf verschiedenen Lerngebieten. Jede Kurve zeigt die Verbesserung der Leistung über fünf aufeinanderfolgende Unterrichtstage hinweg, und gleichzeitig die Leistung eines sieben Monate später stattfindenden Nachtests (R).

Der Nachtest, der sieben Monate nach der Trainingswoche durchgeführt wurde, zeigte an, daß der Schüler die Kenntnisse aus vieren der fünf Unterrichtsgebiete behalten hatte. Die einzige nachlassende Leistung betraf die Bild-Wörter, und diese Tatsache ist auf den Mangel an Gelegenheit, gewisse Reaktionen zu üben, zurückzuführen. Die Lehrkraft hatte nach der Trainingswoche eine andere Wortliste eingeführt, weshalb der Schüler keinen weiteren Kontakt mit vielen der Wörter hatte, die ihm beigebracht worden waren. Die Nachtest-Ergebnisse veranlaßten die Lehrkraft dazu, Aktivitäten zu arrangieren, bei denen die Schüler in Übung bleiben konnten, erlernte Fähigkeiten zu behalten.

Bei einem anderen Fall ging es um den Gebrauch von kurzen und längeren Sätzen als Erwiderung auf eine Frage. Ein Kind reagierte beispielsweise immer nur mit ein, zwei Wörtern auf eine Frage. Wenn es dann aufgefordert wurde, einen längeren Satz nachzusagen, wiederholte es lediglich den letzten Satzteil oder das letzte Wort. Die einfachste Lösung war, schwaches Hör-Gedächtnis zu diagnostizieren und es darauf beruhen zu lassen. Stattdessen wurde ein Programm ausgearbeitet, bei dem der Schüler verstärkt wurde, wenn er richtig nachsprach. Man sagte ihm einen Satz vor und forderte ihn auf, das letzte Wort zu wiederholen. Als nächstes verlangte man von dem Kind, die letzten beiden Worte nachzusagen. Sobald das Kind korrekt reagierte, forderte man es auf, nun die letzten drei Worte nachzusagen und so weiter, bis es den ganzen Satz wiederholte. Mit dieser Methode war innerhalb einer Woche das erwünschte Verhalten erreicht, und das Verhalten wurde sogar auf andere Situationen generalisiert. Das Kind reagierte also in Situationen, die unterschiedlich von denen waren, in denen es trainiert worden war, richtig. In den nachfolgenden Wochen achtete die Lehrkraft immer wieder darauf, ob der Schüler vollständige Sätze benützte, und ganz allmählich verfiel er wieder in seine alte Sprechweise. Die Lehrerin merkte schließlich, daß sein altes Problem wieder aufgetaucht war und wurde sich klar, daß sie aufgehört hatte, das erwünschte Verhalten zu verstärken. Als Folge davon begann sie ein Programm für die ganze Klasse, das demjenigen glich, das schon an früherer Stelle in diesem Kapitel beschrieben wurde (*Wheeler* u. *Sulzer*, 1970). Man zeigte den Schülern ein simples Bild und forderte sie auf, es mit einem vollständigen Satz zu beschreiben. Zu Beginn soufflierte die Lehrerin den Schülern und ließ sie nachsagen. Allmählich hörte sie mit dem Vorsagen auf und führte die Aktivität in spielerischer Form fort. Der erste Schüler, der das Bild mit einem kompletten Satz beschreiben konnte, bekam es für die Dauer der Unterrichtsstunde. Die ersten Resultate dieser Methode waren vielversprechend, und das Programm wird weitergeführt.

Ein weiterer Fall, der die Sprache betraf, handelt von einem Schüler, der über ein sehr ordentliches Sprachrepertoire verfügte, aber so hastig sprach, daß er häufig mißverstanden wurde. Dieser Schüler traf sich täglich kurz mit einem Sprachtherapeuten, und es hatte den Anschein, als ob dem Schüler diese Sitzungen Freude machten. Die Lehrerin arrangierte daher einen Zusammenhang zwischen seinem Besuch beim Sprachtherapeuten und langsamem und klarem Sprechen im Klassenzimmer. Die Lehrerin forderte ihn 1 Minute vor seiner Sprachtherapiesitzung auf, langsam und deutlich zu reden. Befolgte er dies, bekam er die Erlaubnis, zur Sprachtherapiesitzung zu gehen. Sprach er überstürzt, so durfte er an diesem Tag nicht an der Sprachtherapiesitzung teilnehmen. Doch dies kam nie vor. Die Lehrerin erhöhte allmählich die Zeitspanne, während der der Schüler langsam und deutlich sprechen mußte, und benützte in der Folge alternative Verstärker wie beispielsweise die Erlaubnis, die Bibliothek zu besuchen.

Diese Beispiele zeigen, bis zu welchem Grad die Verhaltensweisen der Schüler verändert werden können, wenn die Lehrkraft Kontingenzen plant, um sie zu ändern. Die Lernerfolge kamen nicht durch Zufall zustande, sondern resultierten aus der Verstärkung spezifischer erwünschter Verhaltensweisen. Wie schon gezeigt, war die Aufmerksamkeit der Lehrkräfte normalerweise der effektivste Verstärker. Die Ausgabe von Münzen, die gegen irgendwelche Aktivitäten eingetauscht werden können, war gleichfalls effektiv.

7.2.4. Programmierter Unterricht

Der Gebrauch programmierten Unterrichtsmaterials wurde in dieser Anstalt vor allem deshalb nicht überbetont, weil nur wenige Programme zur Verfügung standen. Die zur Verfügung stehenden erwiesen sich normalerweise immer als effektiv und unterstützten damit die Erkenntnisse von *McCarthy* u. *Scheerenberger* (1966). Diese Autoren untersuchten Berichte, die programmierten Unterricht mit herkömmlichem Unterricht verglichen, was Worterkennung, Aussprache, Uhrzeit angeben und lesen betraf, und sie fanden heraus, daß der programmierte Unterricht eindeutig den herkömmlichen Unterrichtsmethoden überlegen war, was das Ausmaß an Lernen und Behalten betraf. Die Autoren kamen zu dem Schluß, daß die hervorstechendsten Merkmale des programmierten Unterrichts folgende sind: »Er basiert vor allem auf einem umfassenden und detaillierten Lehrplan, befolgt systematisch die Lernprinzipien (d. h. kleine Schritte, unmittelbare Verstärkung) und wird im Unterschied zu den meisten herkömmlichen pädagogischen Methoden erst dann als anwendungsfähig erachtet, wenn er in der Praxis getestet worden ist.« Ein zusätzlicher Vorteil des programmierten Unterrichtsmaterials ist der, daß die Lehrkraft sich nicht im Brennpunkt der Lernsituation befinden muß, sondern zwischen den Schülern herumgeht, gewünschte Hilfe gibt und jene Verhaltensweisen verstärkt, die häufiger auftreten sollten.

Wo Instruktionsprogramme im Handel nicht erhältlich sind, kann das herkömmliche Unterrichtsmaterial häufig auf programmierte Weise vermittelt werden. Offenbar gibt es drei kritische Schritte beim Programmieren nicht-programmierten Unterrichtsmaterials. Als erstes muß feststehen, daß der Lehrstoff auch wirklich das vermittelt, was er lehren soll. Wenn man z. B. Kindern beibringen will, Farben zu unterscheiden, dann müssen die Farbträger alle von gleicher Form und gleichem Aussehen sein. Ist das nicht der Fall, lernt das Kind möglicherweise verschiedene Formen statt Farben zu unterscheiden. Zweitens muß der Lehrstoff in kleinen Schritten beigebracht werden. Man sollte z. B. zu einem bestimmten Zeitpunkt nur eine Farbe beibringen, statt sich gleich fünf oder sechs Farben vorzunehmen. Man kann z. B. eine Farbe wählen, die das Kind schon kennt, und es die Farbe mehrere Male nennen lassen. Dann kann man eine neue Farbe hinzufügen und das Kind trainieren, die Farbe zu benennen, wobei man beispielsweise die Methode der Imitation anwenden kann. Jede Farbe muß für sich allein mehrere Male gezeigt werden, um sicher zu sein, daß das Kind sie wirklich von den anderen unterscheiden kann. Dann erst kann man eine weitere Farbe hinzufügen etc. Wenn das Unterrichtsmaterial in regelmäßig aufeinanderfolgende Schritte eingeteilt wird, kann der Punkt, an dem der Schüler mit Lernen anfangen soll, festgelegt werden. So könnte ein Schüler, der bereits gut nachzeichnen kann, im Schreibunterricht den ersten Teil der Stunde ausfallen lassen, während derjenige, der noch nicht nachzeichnen kann, von Anfang an mitmachen müßte. Als letzter wichtiger Punkt wäre noch zu erwähnen, daß korrekte Reaktionen *unverzüglich* verstärkt werden müssen.

Bei einer systematischen Unterrichtung dieser Art müßte der Schüler das Material eigentlich ohne viele Fehler bewältigen können. Falls das Kind an einer bestimmten Stelle anfängt, Fehler zu machen, kann das Programm dementsprechend verändert werden.

7.2.5. Einrichtung des Klassenzimmers

Nachdem man verschiedene Klassenzimmer im *Faribault State Hospital* überprüft hatte, stellte man etliche Merkmale fest, die insgesamt die pädagogischen Programme zu erleichtern schienen. Diese Merkmale wurden bei der Einrichtung berücksichtigt, wie aus der Anordnung in Abb. 7.3 ersichtlich ist. Der Modellraum hat drei abgesonderte Arbeitszonen und eine abgeteilte Spielzone. Jede der drei Arbeitszonen ist für unterschiedliche Interaktionen zwischen Lehrern und Schülern eingerichtet. Die individuellen Arbeitspulte (A) bieten den Schülern die Möglichkeit, für sich allein zu arbeiten, wobei sie nur in regelmäßigen Abständen Kontakt mit der Lehrkraft haben. Die Lehrerin ging zwischen den Schülern herum und gab denen, die sich ordentlich verhielten, möglichst unmittelbar darauf Verstärkung und beschäftigte sich kurz mit jedem einzelnen. Die Anordnung der Stühle um die Tafel (B) schuf eine Situation, in der Schüler und Lehrerin mühelos interagieren konnten. Die Lehrerin befand sich in unmittelbarer Nähe aller Schüler und konnte sie alle zur gleichen Zeit beobachten. Sie verstärkte selektiv jene Verhaltensweisen, die ihrer Meinung nach häufiger vorkommen sollten. Man widmete sich in dieser Situation Aktivitäten wie ›die Uhrzeit sagen‹, er-

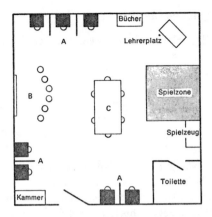

Abb. 7.3: Darstellung eines Klassenzimmers, in dem es drei abgesonderte Arbeitszonen (A, B und C) und eine Spielzone gibt. Die Schüler können Verhalten lernen, das angemessen für jede dieser Zonen ist, wenn man sie konsequent für diese Verhaltensweisen verstärkt.

zählen, auf Bildkarten reagieren, nachsagen und aufmerksam sein‹. Die dritte Arbeitszone (C) war für Gruppenaktivitäten gedacht und wurde auch dazu benützt, Programme einzuführen, die dann an den einzelnen Pulten durchgeführt wurden. Auch hier konnte die Lehrerin die gesamte Aktivität überwachen und ohne weiteres ordentliches Verhalten verstärken. Die Spielzone sollte im Klassenzimmer deutlich gekennzeichnet sein.

Die charakteristische Eigenart jeder dieser vier Zonen ist wichtig in Hinsicht auf das Entwickeln von Reizkontrolle (siehe Kapitel 2). Allgemein bedeutet es, daß ein in jeder dieser Zonen für ordentliches Verhalten verstärkter Schüler es lernen wird, dieses Verhalten in der richtigen Situation zu zeigen. Einigen Erziehern wird der Gedanke unangenehm sein, doch wir müssen alle lernen, uns derart zu verhalten. Wir lernen, daß es richtig ist, in gewissen Situationen ›Spaß zu haben‹, während wir in anderen unserer Arbeit nachgehen müssen. Etwas in unserer Umgebung signalisiert uns, welche Verhaltensweisen wahrscheinlich anerkannt und welche als unangebracht beurteilt werden. Daher ist es sinnvoll, dem Schüler beizubringen, in der Spielzone zu spielen und herumzutoben, statt in der Unterrichtszone. Entsprechend sollte die Gruppensituation ein Signal für den Schüler sein, der Lehrkraft zuzuhören. Andererseits wäre es unangebracht, wenn das Kind in seiner individuellen Arbeitszone der Lehrkraft Aufmerksamkeit schenken würde. Diese Art der Unterscheidung kann und muß in den Geistigbehinderten entwickelt werden, und dies läßt sich überraschend leicht bewerkstelligen, wenn die angemessenen Verhaltensweisen kontinuierlich verstärkt werden.

7.2.6. Änderungen des Curriculums

Ich habe die Möglichkeiten besprochen, Lernverhalten zu entwickeln und zu verändern, aber ein immer wiederkehrendes Problem ist es, zu spezifizieren, welche Fertigkeiten beigebracht werden sollen. Anders ausgedrückt, welches sind die unmittelbaren Ziele des Unterrichtsprozesses? Unseren Zielen mangelte es wie den meisten pädagogischen Programmen an Genauigkeit. Einige der festgesetzten Ziele beinhalteten Begriffe wie ›Vorbereitung auf ein selbständiges Leben, ein guter Bürger werden, Vorbereitung für den Beruf, Lernen, mit anderen auszukommen‹. Diese Ziele waren so vage, daß es normalerweise unmöglich war, auch nur anzugeben, wie man sie erreichen könnte oder wann sie erreicht worden wären. Es bedeutete auch, daß Schüler und Lehrer lange Zeit warten mußten, bevor ihnen die Befriedigung zuteil wurde, ein Ziel erreicht zu haben.

Tabelle 7.1: Ein Beispiel für Verhaltensziele, die aus zwei funktionalen Ebenen ausgewählt wurden. Dieses Beispiel möchte die allgemeine Art von Zielen zeigen, umfaßt jedoch nicht die Reihenfolge der Lehrschritte oder das vollständige Repertoire einer Verhaltensklasse.

Ebene 1

A) Selbstversorgung
1. Toilettenverhalten
   a) schließt die Tür
   b) kann allein gehen
   c) spült hinterher
   d) zieht sich wieder vollständig an, bevor die Toilette verlassen wird.
2. Hygiene
   a) wischt schmutzige Hände an angemessenen Materialen ab
   b) bohrt nicht in der Nase

B) Soziales Verhalten
1. Sucht keinen Körperkontakt (wie z. B. umarmen, Hand halten, etc.), es sei denn, es wird ihm ausgesprochen erlaubt
2. Unterbricht nicht die Interaktion zwischen anderen (verbal oder körperlich)
3. Bekommt keine Wutanfälle
4. Arbeitet ohne Überwachung mindestens fünf Minuten allein, wenn ihm das aufgetragen wurde
5. Kann an einer zugeteilten Aufgabe mindestens zwanzig Minuten arbeiten

C) Wahrnehmungsmotorik (grob)
1. Geht anständig (Hacke/Zehen; Knie beugen; Körper gerade aufgerichtet; Arme schwingen nur leicht), wobei er relativ geradeaus geht
2. Kann über ein kleines Hindernis auf seinem Weg hinwegsteigen (z. B. Schuhkarton)
3. Kann einen Tennisball mit einer Hand (egal wie) gegen eine Wandscheibe (1 m Durchmesser) werfen
4. Kann einen Gegenstand (Stuhl) zu sich herziehen, indem er eine Schnur benutzt (egal wie).

D) Wahrnehmungsmotorik (fein)
1. Kann einen Bleistift richtig halten
2. Kann eine ½ cm breite Linie nachziehen, ohne um mehr als ½ cm zu beiden Seiten abzuweichen (gerade und gekrümmte Linien)
3. Kann mit Hilfe eines Lineals eine gerade Linie ziehen
4. Kann mit Hilfe eines Lineals ein Papier gerade durchreißen
5. Kann ein Puzzle aus zehn Teilen zusammensetzen

E) Sinnestraining und Orientierung
1. Kann auf den entsprechenden Körperteil zeigen, wenn er mündlich dazu aufgefordert wird
2. Kann einen Gegenstand, in, auf, unter, hinter, neben, nahe, vor, oder zwischen andere(n) Gegenständen legen
3. Kann grobe Geräusche identifizieren (benennen) — Musik, Gehämmer, Glocken, Vogelgezwitscher, Motorengeräusch

F) Sprechen
1. Kann Laute nachmachen
2. Kann den eigenen und den Namen der Lehrkraft nachsagen
3. Kann die Bezeichnungen von Gegenständen der unmittelbaren Umgebung nachsagen
4. Kann zwei Gegenstände nennen, die gerade in einer kurzen Erzählung beschrieben oder in einem Film gezeigt wurden

G) Lesen
1. Kann alle Wörter der Sichtwörterliste (Grad 1) lesen
2. Kann gedruckte Wörter Gegenständen der unmittelbaren Umgebung zuordnen

H) Zahlen
1. Kann geschriebene Zahlen von Null bis 10 identifizieren
2. Kann mindestens 10 Gegenstände zählen
   a) indem er die Gegenstände berührt
   b) indem er sie nicht berührt

Ebene 2

A) Selbstversorgung
1. Kann Kleidungsstücke richtig an- und ausziehen, ohne daß sie dabei kaputtgehen
2. Zieht sich mit 90%iger Korrektheit dem Wetter entsprechend richtig an
3. Kann die Schnürsenkel zubinden, wenn der Schuh angezogen ist

B) Soziales Verhalten
1. Kann ohne Unterbrechung mindestens eine halbe Stunde an einer Aufgabe arbeiten
2. Arbeitet oder spielt ohne Überwachung allein für sich mindestens eine Viertelstunde lang
3. Meldet sich am Telefon mit »hallo« und dem Vor- und Familiennamen
4. Kann eine schriftliche Mitteilung prompt übermitteln, (ohne sich durch jemanden oder etwas in der nächsten Umgebung ablenken zu lassen)
5. Wichtig! Der Schüler sollte nicht weniger als einmal pro Woche vorausgeplante Erfahrungen in der Gesellschaft sammeln

a) beginnt keine Unterhaltung mit Fremden, denen er auf dem Trottoir begegnet
b) befolgt die Verkehrsregeln für die Fußgänger richtig (Regeln bestimmen)
c) brüllt und schreit nicht in Geschäften herum
d) kann eine Kleinigkeit (Kaugummi) ohne Hilfe im Laden kaufen

C) *Wahrnehmungsmotorik*
1. Kann alle großen und kleinen Buchstaben des Alphabets abschreiben
2. Kann jeden Buchstaben des Alphabets reproduzieren (schreiben), wenn er ihm vorgesagt wird
3. Kann den Vornamen und Nachnamen mit Druckbuchstaben schreiben, ohne daß ihm eine schriftliche Vorlage gezeigt wird
4. Kann mit einer Wäscheleine einen Doppelknoten binden
5. Schreibt von links nach rechts, und von oben nach unten auf einer Seite

D) *Sprechen*
1. Kann die Namen der Gegenstände im Klassenzimmer identifizieren und korrekt aussprechen
2. Kann eine einfache Darstellung auf einem Bild identifizieren (benennen)
3. Kann vier Tatsachen unmittelbar nach einer kurzen Geschichte oder einem Film wiedergeben
4. Kann eine selbstgemachte Erfahrung in einem vollständigen Satz ausdrücken

E) *Lesen*
1. Kann alle Wörter auf der Sichtwörterliste (Grad 2) lesen
2. Kann die Anfangsbuchstaben aussprechen, die man ihm zeigt
3. Kann in einem Einführungslehrbuch lesen und Teile davon behalten

F) *Zahlen*
1. Kann Zahlen fortlaufend von 0 bis 30 aufzählen
2. Kann mindestens dreißig Gegenstände ohne eine strukturierte Begrenzung zählen
   a) indem er die Gegenstände berührt
   b) ohne die Gegenstände zu berühren
3. Kann zusammenzählen und abziehen, wobei er zehn Gegenstände benutzt
4. Kann »echte Münzen« identifizieren und benennen

Ein Curriculum wurde erstellt, der den Lehrkräften Richtlinien gab und klar festsetzte, was die Schüler lernen sollten. Kurzzeitziele wurden angegeben, und man bemühte sich, vage Konzepte zu eliminieren. Das Ergebnis war eine Reihe eindeutig definierter Verhaltensziele. Die exakte Bedeutung des spezifizierten Schülerverhaltens (s. Tab. 7.1) gibt dem Lehrer eine klare Vorstellung von den beizubringenden Leistungen.

Die Ziele umfaßten ein breites Spektrum an Verhaltensweisen, wie Selbstversorgungs-Fähigkeiten, soziales Verhalten und Lernverhalten. Auf die perzeptiv-motorische Entwicklung wurde besondere Betonung gelegt, da diese Verhaltensweisen häufig nötig sind, um kompliziertere Fähigkeiten zu lernen, und auch auf die Sprachentwicklung, da das Fehlen dieser Verhaltensgruppe dem Geistigbehinderten in der Gesellschaft große Probleme schafft.

Die Verhaltensziele halfen den Lehrkräften, da sie ihnen eine Gruppe spezifizierter, beobachtbarer Verhaltensweisen boten, die trainiert werden sollten. Als nächstes müssen exakt die Schritte angegeben werden, die nötig sind, um ein bestimmtes Lernziel zu erreichen. Das bedeutet, daß jeder Schritt im Lehrplan schriftlich registriert wird, und die Materialien, um diesen Schritt am besten zu lehren, gleichfalls spezifiziert werden. Wenn der Instruktionsplan genügend detailliert aufgebaut ist, dann ist eine genaue Analyse der Instruktionen möglich. Lernprobleme können sofort festgestellt werden. Das ermöglicht es den Lehrkräften, den Lehrplan dementsprechend zu modifizieren. Voraussetzung dafür ist natürlich, daß Schüler und Curriculum ständig überprüft werden müssen – nicht nur einmal oder zweimal im Jahr.

7.3. Einige Faktoren, die mit effektivem Programmieren zusammenhängen

Im *Faribault State Hospital* waren die Programme ab und zu auch ineffektiv, und ich möchte einige der Faktoren diskutieren, die zu diesem Problem beitragen.

1. Obgleich auf die Verstärkung des erwünschten Verhaltens großer Nachdruck gelegt wurde, wandte man sie bisweilen zu selten im Unterricht an. Die Lehrkräfte verstärkten zwar gewisse erwünschte Verhaltensweisen, andere jedoch nicht. Es hatte den Anschein, als ob einige Verhaltensweisen ganz ›selbstverständlich‹ vorkommen sollten. Man muß sich immer folgende Frage stellen: ›Was für einen unmittelbaren Nutzen hat der Schüler, wenn er diese Arbeit tut oder diesen Stoff lernt?‹ Es gibt häufig ›Langzeit-Nutzen‹ aber das wissen nur wir – nicht aber die Schüler! Wenn sich für den Schüler kein unmittelbarer Nutzen ergibt, dann sollten einige Vorteile künstlich eingebaut werden, um die Zeitdauer bis zum langfristigen Nutzen zu überbrücken. Und genau dafür sind Münz- und ähnliche Systeme gedacht. Der Effekt der unmittelbaren ›Konsequenzen‹ ist der, das Verhalten solange zu verstärken, bis der Schüler die langfristigen Vorteile selbst erfahren kann.

2. Wie unbedingt nötig Konsequenz beim Verstärken und Ignorieren von Schülerverhalten ist, wurde in diesem Kapitel durchgehend betont, und ich will diesen Punkt hier nicht noch weiter strapazieren. Dennoch muß erwähnt werden, daß ein Versagen der Verhaltensmodifikationsprogramme normalerweise auf die Inkonsequenz der Lehrkräfte zurückzuführen ist.

Das Problem ist noch größer, wenn Inkonsequenz zwischen den verschiedenen Abteilungen der Anstalt herrscht. Gewisse Verhaltensweisen werden beispielsweise in einer Situation verstärkt, und die gleichen Verhaltensweisen werden in einer anderen Situation ignoriert oder sogar bestraft. Wenn dieser Tatbestand Ihnen bekannt vorkommt, dann liegt das daran, daß schon einmal in diesem Kapitel die Rede davon war. Dort wurde beschrieben, wie gewisse Zonen im Klassenzimmer kontrollierend auf das Verhalten der Schüler wirkten. Der Schüler lernt, sich hier so und so zu verhalten, dort wieder anders. Aber nun müssen wir fragen: ›Gibt es Verhaltensweisen, von denen wir wollen, daß sie auf die gleiche Art und Weise in verschiedenen Situationen vorkommen sollen?‹ Die Antwort lautet ›ja‹, und die Methode, dieses Ziel zu erreichen, besteht darin, die Verstärkung konsequent in jenen verschiedenen Situationen anzuwenden.

Die einleuchtendsten Beispiele dafür, wie nötig Konsequenz ist, hängen mit der Sprache zusammen. Ein Schüler kann es lernen, im Unterricht oder mit dem Sprachtherapeuten klar zu sprechen, doch der Rest seiner Umgebung ignoriert sein Sprechen oder verstärkt schlechtes Sprechen. Der Insasse grunzt oder jammert beispielsweise und bekommt unmittelbar daraufhin das, was er haben wollte. Ebenso verhält es sich mit Patienten, die unter bestimmten Voraussetzungen lernen, sich in ganzen Sätzen auszudrücken, jedoch in den meisten anderen Situationen das Gewünschte auch mit einem gemurmelten Wort oder mit Gestikulieren bekommen können. Die genaue Zeit ansagen zu können wird nur im Unterricht von den Schülern verlangt. In den meisten anderen Situationen wird irgend jemand dem Schüler sagen, wann er dies oder das tun solle. Weiter vorne in diesem Kapitel wurde ein Fall beschrieben, in dem viele scheinbar autistische Verhaltensweisen eines Schülers im Klassenzimmer gelöscht wurden, in seiner eigenen Station jedoch noch sehr häufig auftraten. Die unangemessenen Verhaltensweisen wurden im Klassenzimmer nicht verstärkt, durchaus aber in anderen Situationen! Um das Problem noch einmal allgemein zu formulieren: Lernen, das in einer Situation gute Fortschritte macht, kann durch Ereignisse in einer anderen Situation beeinträchtigt oder ins Gegenteil verkehrt werden.

Die vermutlichen Auswirkungen der Übereinstimmung zwischen dem Unterrichtsraum und der Station zeigt Abb. 7.4. Der Begriff ›programmiert‹ impliziert die Anwendung von Verhaltens-Konsequenzen, um spezifische Verhaltensweisen zu entwickeln. ›Nicht programmiert‹ impliziert den Mangel an solchen geplanten Kontingenzen. Wenn sowohl Unterrichtsraum als auch Station programmiert sind, dann besteht eine hohe Wahrscheinlichkeit, daß zweckmäßige Verhaltensweisen entwickelt werden und der Patient in die Gesellschaft reintegriert werden kann. Wenn keine der beiden Umgebungen programmiert ist, dann besteht eine hohe Wahrscheinlichkeit, daß nichtangepaßtes Verhalten entwickelt wird, das zu ständigem Aufenthalt in Heilanstalten führt. Die Wirkung einer Kombination von programmierter und nicht-programmierter Umgebung

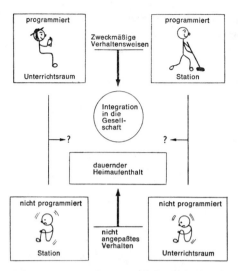

Abb. 7.4: Dieses Diagramm zeigt die vermutlichen Konsequenzen des Zusammenhanges zwischen der Station und dem Klassenzimmer.

ist zweifelhaft. Eine solche Situation würde wegen der Inkonsequenz ziemlich wahrscheinlich zu fortgesetzter Hospitalisierung führen, aber es ist auch vorstellbar, daß sie zur Reintegration in die Gesellschaft führt.

Jedes Programm, das für hospitalisierte Personen entworfen wurde, muß die gesamte Umgebung der Patienten miteinbeziehen. Wie schon gesagt, kann das Fehlen solcher Überlegungen dazu führen, daß nichtadaptives Verhalten entwickelt und aufrechterhalten wird, das es verhindert, die Ziele des Programms zu erreichen. Zusätzlich müssen in der Anstalt Situationen aus der ›realen Welt‹ konstruiert werden, um die Patienten darauf vorzubereiten, angemessen in einer größeren Gemeinschaft zu interagieren.

3. Ein Faktor, der mit der Beschaffenheit der Umgebung zusammenhängt, ist die periodische Verabreichung von Psychopharmaka, um Verhalten zu ändern oder zu kontrollieren. Wenn ein Patient überaktiv wird und schwer zu handhaben ist, dann wird er durch Medikamente fügsam gemacht. Diese mögen keinen therapeutischen Wert haben, aber sie dämpfen den Patienten soweit, daß er für das Personal und die Mitpatienten nicht mehr lästig ist. Allerdings entstehen dann Probleme, wenn man diesen Patienten an einer spezifischen Aktivität teilnehmen lassen will (z. B. im Unterricht etwas zu lernen). Ein Schüler nimmt unter normalen Umständen am Unterricht teil und wird dafür vom Lehrer verstärkt. Hat er nun aber Medikamente bekommen, so wird er sehr unaufmerksam, vielleicht sogar schläfrig sein. Dieses Verhalten ist unvereinbar mit einer echten Teilnahme am Unterricht und hindert den Schüler mit

potentiellen Verstärkern in Berührung zu kommen. Solche Vorfälle gibt es häufig genug, und sie sind für die Lehrkräfte unangenehm, da diese nicht sicher sein können, worauf das veränderte Verhalten des Schülers zurückzuführen ist. Liegt es an etwas, das sie im Unterricht getan haben, oder liegt es an einem Faktor, der nicht den Unterricht betrifft?

Eine Alternative ist, die medikamentöse Therapie durch Verfahren zu ersetzen, die Verhalten ändern, indem die äußeren Lebensbedingungen verändert werden. *Linda McConahey* hat im Kapitel II.6 Beweise für diesen Ansatz geliefert. Falls Medikamente benutzt werden, um Verhalten zu ändern, wäre es das beste, daß alle, die mit den Patienten arbeiten, Einsicht in den Medikamentierungsplan nehmen können. Noch besser wäre es, wenn sie Mitspracherecht hätten, ob Pharmaka überhaupt verordnet werden sollen oder nicht.

4. Die Erwartungen einer Lehrkraft können eine erstaunliche Wirkung auf die Leistungen der Schüler haben. Die Lehrererwartung ist in jedem Unterrichtsraum evident – und oft zum Nutzen der Schüler. Wenn der Schüler einen Abschnitt einer Aufgabe meistert, dann gibt ihm die Lehrkraft den nächsten Abschnitt zur Bearbeitung, und zwar in der *Erwartung*, daß er auch diesen Abschnitt gut meistern wird. Wenn die Lehrkraft dies nicht erwarten würde, dann könnte der Schüler möglicherweise nie über den ersten Lernabschnitt hinauskommen. In diesem besonderen Fall basiert die Erwartung der Lehrkraft fest auf der Tatsache, daß der Schüler den ersten Abschnitt ja gut bewältigt hat. Lehrererwartung kann zu einem Problem werden, wenn sie auf unzuverlässigen Informationen beruht. Wenn die Lehrkraft zum zweiten Abschnitt übergeht, ohne zu wissen, wie der Schüler den ersten Abschnitt bewältigt hat, oder in der fälschlichen Annahme, der Schüler habe den ersten Abschnitt gut bewältigt, dann kann sie möglicherweise unabsichtlich ein Problem heraufbeschwören. Erwartungen basieren häufig nur auf ›Hörensagen‹, auf Beobachtungen anderer, die korrekt, möglicherweise aber auch inkorrekt sein mögen, oder auf Theorien, die fragwürdig und noch nicht getestet sind. Solche Erwartungen sind geeignet, die Fortschritte der Schüler zu hemmen. In einer Untersuchung über Lehrererwartung haben *Rosenthal* u. *Jacobson* (1968) willkürlich 20% einer Grundschulklasse herausgesucht und den Lehrern mitgeteilt, daß diese Kinder von überdurchschnittlicher Begabung seien und gute Schulergebnisse zeigen würden (Da die Auswahl willkürlich geschah, ist anzunehmen, daß einige dieser Kinder in Wirklichkeit nur durchschnittlich oder sogar unterdurchschnittlich waren). Nach achtmonatigem Unterricht wurde der IQ aller Schüler noch einmal getestet. Die Schüler, von denen die Lehrer angenommen hatten, daß sie gute Leistungen erbringen würden, hatten diese Erwartungen erfüllt, während andere nur wenige oder gar keine Fortschritte gemacht hatten. Die Lehrkräfte waren sich eindeutig nicht klar

darüber, daß sie einige Schüler auf Grund gewisser Erwartungen unterschiedlich behandelt hatten.

Das Problem unangemessener Lehrererwartungen kann nur selten dadurch behoben werden, daß man die Lehrer auf dieses Problem hinweist. Dabei gibt es eine mögliche Lösung. Die Methoden, Verhalten zu ändern, die in diesem Kapitel beschrieben wurden, legen besonderen Nachdruck auf das *momentane Verhalten des Schülers*. Der Lehrer hat es mit spezifischen, beobachtbaren Verhaltensweisen zu tun. Allgemeine Theorien und klinische Diagnosen werden unwichtiger, wenn man es mit Verhaltensänderungen zu tun hat, die von einem Moment zum anderen stattfinden, und dies scheint zu weniger unangemessenen Erwartungen zu führen. Wenn man sich methodisch bemüht, Karen beizubringen, in vollständigen Sätzen zu sprechen, verträgt sich das nicht mit der Behauptung, sie habe ein schlechtes Hör-Gedächtnis. Wenn man einen Schüler trainiert, sich für immer längere Zeiträume an einer Lernsituation zu beteiligen, dann verträgt sich das nicht mit der Behauptung, er könne nicht lernen, da er über zu schwache Aufmerksamkeit verfüge. Die Verringerung unangemessener Erwartungen kann als zweifellos nützlicher Nebeneffekt systematischen Unterrichts betrachtet werden.

5. Ein etwas weitläufiger verwandtes Problem ist das der langfristigen Ziele. Die Verwendung spezifischer Verhaltensziele wurde in einem früheren Abschnitt als wertvoll sowohl für Lehrer als auch für Schüler bezeichnet. Die Ziele machten klar, was gelernt werden würde, und erlaubten eine ziemlich präzise Festsetzung des Zeitpunkts, wann dieses Ziel erreicht worden ist. Andererseits stellt die Tatsache, daß langfristige Ziele nicht immer klar oder realistisch sind, die Verhaltensziele immer wieder in Frage. Wir können festlegen, daß Larry lesen und schreiben lernen soll, und wir können das Vorgehen angeben, das am effektivsten sein müßte, um Larry beim Lernen zu helfen. Was wir häufig nicht angeben können, ist, ob oder wie Larry diese Fertigkeiten dann anwenden wird. Wird er in der Anstalt bleiben? Wird er Arbeit bekommen? Wird er eine Schule besuchen?

Auf diese Fragen gibt es keine einfache Antwort. Der Grad an Wahrscheinlichkeit, daß es zu einem dieser Resultate kommt, wird weitgehend von den gesellschaftlichen Verhältnissen beeinflußt. Wenn hohe Arbeitslosigkeit herrscht, werden nur wenige Patienten einen Arbeitsplatz finden. Desgleichen werden Geistigbehinderte nicht leicht in Schulbezirken unterkommen, wo es überfüllte Klassen gibt. Angesichts dessen ist es vermutlich am besten, einen konsequenten Lehrplan aufzustellen, der auf den jeweiligen Patienten zugeschnitten ist:

1. Er bleibt in der Anstalt;
2. Er wohnt in der Anstalt, arbeitet oder lernt aber außerhalb;

3. Er lebt halb-unabhängig;
4. Er lebt unabhängig.

Mit Hilfe dieser Sequenz sollten alle Patienten die Fertigkeiten erlernen, die es ihnen gestatten, sich innerhalb der Anstalt selbst zu versorgen. Für diejenigen, die die fortgeschrittenen Abschnitte des Curriculums bewältigen können, besteht die Hoffnung (von unserer Seite her) auf Vermittlung eines Arbeitsplatzes. Zusätzlich sollte Betonung darauf gelegt werden, Patienten darin auszubilden, andere zu unterrichten — ein Konzept, das wesentlich mehr Beachtung verdient, als es zur Zeit erhält.

8. Verhaltensmodifikation in der Beschäftigungstherapie

BESCHÄFTIGUNGSTHERAPIE-ABTEILUNG DES FARIBAULT STATE HOSPITAL

8.1. Einführung

Der Zweck dieses Kapitels ist es, die Anwendung der Verhaltensmodifikations-Prinzipien in der Beschäftigungstherapie zu beschreiben, veranschaulicht durch Programme, die im *Faribault State Hospital* durchgeführt wurden. Beschäftigungstherapie umfaßt viele Gebiete der Patientenbehandlung. Die *American Occupational Therapy Association* (1969) faßt den Anwendungsbereich dieses Berufszweigs kurz zusammen als ›die Kunst und Wissenschaft, die menschliche Reaktion auf ausgewählte Aktivitäten zu dirigieren, um Gesundheit zu fördern und zu erhalten, um Unfähigkeit zu verhindern, um Verhalten zu beurteilen und um Patienten mit physischen und psychosozialen Fehlfunktionen zu behandeln und zu trainieren‹. Beschäftigungstherapie, wie sie spezifisch in einer Heilanstalt angewandt wird, beschäftigt sich mit pathologischen Prozessen, die normale Lebenserfahrungen beeinträchtigen. Die Priorität liegt bei der Behandlung auf den Bedürfnissen der Patienten und auf den Zielsetzungen der Anstalt.

Der Schwerpunkt der Behandlung sollte auf den Voraussetzungen für die Aktivitäten des täglichen Lebens, auf kognitiven, auf vorberuflichen Fertigkeiten und auf der emotionalen Reife liegen. In seiner Funktion als klinischer Praktiker wendet der Beschäftigungstherapeut wissenschaftliche Methoden bei der Beurteilung, Behandlung und beim Beratungsdienst an. Als Berater agiert der Beschäftigungstherapeut in Übereinstimmung mit anderen Disziplinen, um die Probleme zu analysieren, Vorschläge zu machen und diese dem Supervisor mitzuteilen. Er hat somit beratende Funktion bei der Formulierung eines Behandlungsplans.

In einer staatlichen Heilanstalt für Geistigbehinderte beschäftigt sich der Therapeut nicht nur mit den Lerndefiziten der geistigbehinderten Kinder oder Erwachsenen, sondern auch mit den Patienten, die physische Störungen, Verhaltensstörungen, sensorische Defekte oder eine Kombination daraus haben. Diese Erwägungen, verbunden mit dem weiten Fähigkeitsspektrum der Insassen, erfordern Flexibilität in der Aufstellung beschäftigungstherapeutischer Programme. Es gibt eine Unmenge ausgezeichneten Materials, das die Anwendung der Beschäftigungstherapie-Techniken auf den Gebieten physischer Fehlfunktionen, perzeptiv-motorischer Beurteilung und perzeptiv-motorischen Trainings, im Hinblick auf Aktivitäten des täglichen Lebens und Freizeit-Therapie beschreibt. Der Großteil dieses Materials geht jedoch davon aus, daß der Patient auch imstande ist, Instruktionen zu befolgen, daß er mit Worten oder Gesten instruiert werden kann, daß bei ihm nur eine Hauptstörung (allenfalls noch geringfügige und leicht zu korrigierende) behandelt werden muß. Diese letzte Annahme ist verständlich, da die Wichtigkeit der Rolle des Beschäftigungstherapeuten in der Behandlung des hospitalisierten, mehrfach Behinderten erst seit kurzem erkannt worden ist. Dies ist jedoch nur ein schwacher Trost, wenn der Therapeut mit einem schwerbehinderten Kind konfrontiert wird, das spastisch ist, und das sich absichtlich immer dann übergibt, wenn es auch nur im entferntesten argwöhnt, daß eine Therapie begonnen werden soll. Folglich müssen viele Beschäftigungstherapie-Theorien durch zusätzliche Behandlungsmethoden ergänzt oder modifiziert werden, die das Training der geistigbehinderten und/oder vielfach körperbehinderten Patienten erleichtern. Eine dieser Methoden ist das strukturierte Verhaltensmodifikations-Programm.

Verhaltensmodifikation ist den Beschäftigungstherapeuten nicht unbekannt. Obgleich die formalen Konzepte relativ neu sein mögen, ist das Grundprinzip der Verstärkung erwünschten Verhaltens umfassend angewandt worden, und wird als ein wichtiger Punkt bei der Behandlung angesehen. *Willard* u. *Spackman* (1963) bezeichnen die Anwendung von Verhaltenstherapie bei psychiatrischen Patienten als ›symptomatische Therapie: in der symptomatischen Therapie hilft der Beschäftigungstherapeut dem Patienten, seine Verhaltensweisen zu ... ändern, kontrollieren oder modifizieren, um es ihm zu ermöglichen, in der Gesellschaft zu leben ...‹.

In ihrem Buch *Physical Disability — A Psychological Approach* definiert *Beatrice A. Wright* (1960) das Konzept in Bezug auf die Behandlung des physisch behinderten Kindes in der Therapie. Sie nennt es schlicht ›Motivation‹.

»... Belohnungen und Bestrafungen können als mächtige Anreize zum Lernen dienen. Sie können dies auf mindestens zwei Arten tun. Als erstes stellen sie für die Person eine wichtige Information dar, inwieweit eine Reaktion korrekt oder inkorrekt war. Wenn der Patient jedesmal ermahnt wird, wenn er eine falsche Bewegung macht, und jedesmal gelobt wird, wenn er richtig reagiert, dann kann er es schaffen, sein Verhalten zu verändern und auch entsprechend zu lernen... *Zweitens* können Belohnungen und Bestrafungen dazu dienen, die Energie und Aufmerksamkeit einer Person für die Lernaufgabe zu mobilisieren«.

Eine systematische, strukturierte Anwendung dieses Prinzips auf die Behandlung der hospitalisierten Geistigbehinderten ist ein neues Konzept, hat sich aber schon von beträchtlichem Nutzen erwiesen.

Ein Beschäftigungstherapie-Programm kann Verhaltensmodifikation einfach benutzen, um einen Patienten für eine bestimmte Aufgabe zu motivieren, oder, so nötig, das gesamte Verhaltensrepertoire eines Patienten umzuformen. Die Art und Weise, wie Verhaltensmodifikationsprinzipien innerhalb der Therapiesitzungen angewandt werden, hängt von verschiedenen Überlegungen ab.

Die wichtigsten sind:

1. Typ und Grad der vorhandenen Störung,
2. die Zeitdauer, die der Therapeut mit dem Patienten verbringen kann, und
3. inwieweit kann das Programm vom Stationspersonal und von den anderen an der Rehabilitation Beteiligten durchgeführt werden?

Die Wichtigkeit dieser Überlegungen und ihre Wirkung auf die Rolle des Beschäftigungstherapeuten in einem Verhaltenstherapie-Programm wird im folgenden Abschnitt noch klarer werden, in dem einige im *Faribault State Hospital* angewandte Beschäftigungstherapie-Programme erklärt werden.

8.2. Programmbeispiele

8.2.1. Das Verbesserungsprogramm der Iris Abteilung

Im Juli 1969 bekam das *Faribault State Hospital* einen Etat zur Unterstützung eines Verbesserungsprogramms bewilligt, um Trainingstechniken für geistig schwerbehinderte Erwachsene zu untersuchen (s. Kapitel II.5). Wegen dieser speziellen Beihilfe besteht im Programm der Iris-Abteilung ein fast ideales Zahlenverhältnis zwischen Patienten und Personal. Außerdem gibt es angemessene räumliche Möglichkeiten. Eine geprüfte Beschäftigungstherapie-Assistentin wurde aus Subventionsmitteln angestellt, so daß es möglich war, ganzzeitlich Beschäftigungstherapie und beschäftigungstherapeutische Beratung zu bieten.

Zwölf bis fünfzehn geistig schwer behinderte Frauen (das Alter schwankte zwischen 20 und 44 Jahren) sind ständig in einem Programm zusammengeschlossen. Das Programm beginnt beim Aufwecken am Morgen und wird bis zum Zubettgehen durchgeführt. Um das effektive Training zu erleichtern, sind die Patientinnen in zwei kleinere Gruppen je nach Grad ihrer Fähigkeiten eingeteilt. Jede Patientin erhält auf diese Weise garantiert die individuelle Aufmerksamkeit und Unterstützung, die bei der Arbeit mit Schwergestörten unbedingt erforderlich sind.

Das Iris-Programm umfaßt drei Hauptziele:

1. Vervollkommnung in Selbstversorgungsfähigkeiten ist wesentlich, wenn ständige Verwahrung und Fürsorge vermieden werden soll.
2. Da viele der Patientinnen nicht-adaptive Verhaltensweisen zeigen, die ihre Lernfähigkeit beeinträchtigen, muß Sorge dafür getragen werden, diese Verhaltensweisen unter Kontrolle zu bekommen, als Voraussetzung für ein Training. Nur wenige Spezialprogramme wurden ausgearbeitet, um Verhaltensprobleme zu eliminieren. Die allgemeinen, in die tägliche Routine eingebauten therapeutischen Techniken waren bereits geeignet, die Häufigkeit unangemessener Reaktionen zu verringern.
3. Die Entwicklung von Selbstversorgungsfähigkeiten und anderen komplexen Verhaltensweisen basiert auf der Entwicklung in den Gebieten grob- und fein-motorischer Koordination, perzeptiver Fähigkeiten und adaptiven Verhaltens. Deshalb sind eine Vielzahl von Geräten, Spielen, Spielzeug und speziellen Aktivitäten im Programm für die Patienten eingeschlossen, um die Entwicklung auf den eben genannten Gebieten zu verstärken.

Die Beteiligung der Beschäftigungstherapie am Iris-Programm war ideal, weil die Therapeutin täglich acht Stunden in der fünf-Tage-Woche mit den Insassinnen arbeiten konnte. Da die Mitglieder des Anstaltspersonals kooperativ bei der Pflege und dem Training der Patientinnen mitarbeiteten, konnte man die Rolle der Therapeutin häufig nicht von derjenigen anderer Iris-Angestellten unterscheiden. Natürlich gibt es Zeiten, zu denen sie ihr berufliches Spezialwissen und ihre besonderen Fähigkeiten wirkungsvoll geltend machen muß. Die Beschäftigungstherapeutin kommuniziert mit dem Abteilungs-Supervisor und dem psychologischen Berater über die Anwendung der Verhaltensmodifikations-Techniken bei der Entwicklung spezifischer Patientenprogramme, die sich mit der Behandlung wie auch mit dem Training befassen. Außerdem berät sie sich mit dem psychiatrischen Personal, das dafür verantwortlich ist, das Programm durchzuführen, hilft ihm und sorgt für Fortbildungslehrgänge in der Anstalt. Was die Beschäftigungstherapie-Techniken und deren Anwendung betrifft, so erhält sie von der Beschäftigungstherapie-Abteilung notfalls Anweisungen, und informiert ihrerseits die Beschäftigungstherapie-Abteilung durch Quartalsberichte über ihre Arbeit. Außerdem gibt es wöchentliche Konferenzen und Zusammenkünfte aller Beschäftigungstherapeuten der Anstalt. Alle Angestellten im Iris-Gebäude wurden darin bestärkt, die Patienten übereinstimmend zu behandeln.

Das gesamte Iris-Programm basiert auf den Prinzipien der Verhaltensmodifikation. Selbstversorgungsfähigkeiten werden in einer einfachen Schritt-für-Schritt Methode beigebracht, wobei jeder sukzessive Schritt verstärkt wird, sobald er bewältigt wurde. Um beispielsweise das Zähneputzen zu lehren, geht man folgendermaßen vor:

1. Man sagt der Patientin, sie solle die Zahnbürste in die Hand nehmen. Man demonstriert oder hilft dabei falls nötig.
2. Man sagt der P., sie solle die Zahnpastatube in die Hand nehmen. Man demonstriert oder hilft dabei falls nötig.
3. Man sagt der P., sie solle den Verschluß der Tube öffnen. Man demonstriert oder hilft ihr dabei falls nötig.
4. Man sagt der P., sie solle die Tube drücken. Man demonstriert oder hilft dabei falls nötig.
5. Man sagt der P., sie solle die Zahnpasta auf die Bürste drücken. Man demonstriert oder hilft dabei falls nötig.
6. Man sagt der P., sie solle die Zahnbürste in den Mund stecken. Man demonstriert oder hilft dabei falls nötig.
7. Man sagt der P., sie solle mit der Zahnbürste ihre Zähne bearbeiten. Man demonstriert oder hilft dabei falls nötig.
8. Man sagt der P., sie solle einen Schluck Wasser in den Mund nehmen.
9. Man sagt der P., sie solle den Tubendeckel wieder zuschrauben. Man demonstriert oder hilft dabei falls nötig.
10. Man sagt der P., sie solle die Bürste mit Wasser abspülen. Man demonstriert oder hilft dabei falls nötig.

Man verstärkt jedesmal eine angemessene Reaktion bei den Schritten 1—10.

Bewegungs-Koordination, Wahrnehmungs- und soziale Fertigkeiten werden auf die gleiche Weise beigebracht, und das erwünschte Verhalten wird bei seinem Auftreten verstärkt. Bevor man vom Patienten erwarten kann, daß er in der Entwicklung von Fähigkeiten Fortschritte macht, muß das unerwünschte Verhalten genügend reduziert worden sein, damit die Patientin fähig ist, angemessen mit ihrer Umwelt zu interagieren. Im Iris-Programm hat man mit dem Verfahren der Löschung die besten Erfolge erzielt, unerwünschtes Verhalten zu reduzieren. Die Effektivität des Löschungs-Verfahrens (was in diesem Fall darin besteht, spezifisches Verhalten zu ignorieren) läßt vermuten, daß viele der nicht-adaptiven Verhaltensweisen der Patientinnen Tricks waren, um Aufmerksamkeit zu erlangen. Genauer gesagt, haben in der Vergangenheit jene Patientinnen, die sich schlecht verhielten, häufig mehr Verstärkung durch Aufmerksamkeit der Betreuer bekommen, als jene, die sich angemessen verhielten. Ungeachtet des diagnostizierten Grads an Zurückgebliebenheit oder des Entwicklungsniveaus, brauchten die Insassinnen nur wenig Zeit, um zu lernen, daß die Betreuer mit Aufmerksamkeit auf nicht-adaptives Verhalten reagierten. Die Anwendung des Löschungsverfahrens drehte die ganze Situation einfach um, so daß die Patientinnen nun für adaptives Verhalten mit Aufmerksamkeit verstärkt wurden, während nicht-adaptives Verhalten ignoriert wurde.

Wenn es nicht genügte, die nicht angemessenen Reaktionen zu ignorieren, dann setzte man die Methode der Auszeit von Verstärkung ein, indem man die Patientin kurze Zeit (fünf Minuten) aus der bestehenden verstärkenden Situation entfernte. Wenn sich die Patientin nicht mehr so unangemessen verhielt wie zuvor, belohnte man sie durch einen akzeptablen Ersatz wie z. B. ein Spielzeug, ein Spiel oder eine Aktivität, die besonders angenehm und bedeutungsvoll für sie war.

Während die Betreuer von Iris die Häufigkeit des unerwünschten Verhaltens verminderten, formten sie gleichzeitig erwünschte Verhaltensweisen aus. Wenn sie das taten, folgten sie schriftlich niedergelegten Programmen, die die Aktivitäten in Grundschritte aufteilten. Die Patientinnen lernen immer nur einen Schritt auf einmal und erhalten für jeden vollendeten Schritt Verstärkung. Der erste Schritt liegt dem Ziel immer am nächsten, dann werden weitere Schritte zur Sequenz hinzugefügt, die denen vorangehen, die bereits eingeübt worden sind. Damit ein solches Programm effektiv ist, müssen angemessene Sequenzen übereinstimmend vom gesamten Personal befolgt werden. Zu Beginn können sich die Insassinnen möglicherweise nur für kurze Zeit konzentrieren, werden leicht frustriert und verwirrt, wenn das Verfahren nicht konsequent durchgeführt wird. Wenn dann jedoch die Entwicklung von Fähigkeiten in motorischer Koordination, Wahrnehmung und im sozialen Verhalten zunimmt, dann kann die Programmfolge modifiziert, und die Verstärkung solange zurückgehalten werden, bis die gesamte Aufgabe bewältigt worden ist.

Die täglichen Leistungen der Patientinnen werden durch speziell konstruierte graphische Darstellungen registriert, so daß alle Mitglieder des Iris-Personals über jede Verhaltensänderung bei den Patientinnen informiert sind. Die Beschäftigungstherapeutin vermerkt die Leistungen der Patientinnen auch in vierteljährlichen Verlaufsberichten. Diese dienen dazu, der Therapeutin, der Beschäftigungstherapie-Abteilung und dem anderen Personal des Gebäudes einen Gesamtüberblick der Fortschritte der Patientinnen innerhalb des Programms zu bieten. Außerdem können an Hand der Berichte Vorschläge und Methoden von den Mitgliedern der Beschäftigungstherapiegruppe besprochen werden. Dadurch kann die Einführung neuer Programme erleichtert, und Programmfehler können vermieden werden.

Das Iris-Personal hat festgestellt, daß unverzügliche Verstärkung nötig ist, um die Häufigkeit erwünschten Verhaltens zu erhöhen. Die Betreuer beginnen damit, daß sie soziale Verstärker (d. h. ein mündliches Lob oder eine körperliche Berührung) und Süßigkeiten-Verstärker benützen. Wenn die Leistung der Patientinnen besser wird, reicht die soziale Verstärkung normalerweise schon aus, um das Verhalten aufrechtzuerhalten. Verzögerte Verstärkung in Form von Münzen, die gegen Dinge oder Privilegien eingetauscht werden können, kann erst dann eingeführt werden, wenn die Patientinnen den Wert der Münzen begriffen haben.

8.2.2. Das Verhaltensmodifikationsprogramm im Poppy Building

Das *Poppy Building* beherbergt 48 Frauen im Alter von 20 bis 66 Jahren. Der Grad an Zurückgebliebenheit reicht von mittel bis schwer geistig behindert, und alle Patientinnen zeigen Verhaltensstörungen. Da es eine angemessene Zahl an Betreuern für die Patientinnen gibt, existiert für die Frauen des *Poppy Building* ein halbtägiges Trainingsprogramm, wobei der Südtrakt für den Vormittag und der Nordtrakt für den Nachmittag eingeteilt sind. Die Patientinnen sind in sechs Gruppen mit durchschnittlich acht Personen zum Training eingeteilt. Die Gruppen umfassen Patientinnen von unterschiedlichen intellektuellen Fähigkeiten und unterschiedlichem Grad an emotionalen Problemen. Im *Poppy Building* wird besondere Betonung auf die Selbstversorgungsfähigkeiten und auf die Entwicklung adaptiven Verhaltens gelegt (s. Kapitel II.6).

Da die Beschäftigungstherapie-Abteilung — wie auch andere Abteilungen im *Faribault Hospital* — ein Opfer unzureichender Personalausstattung ist, steht dem *Poppy Building* nur für zwei Stunden pro Tag eine Beschäftigungstherapeutin fünf Tage die Woche zur Verfügung. Auf Grund zeitlicher Beschränkungen und der Anzahl der Patientinnen ist dieses Therapieprogramm weit weniger intensiv als das Iris-Programm.

In therapeutischen Sitzungen unterstützt die Beschäftigungstherapeutin das Training der Station mit den gleichen Methoden, die vom Iris-Personal angewandt werden. Die meisten der Patientinnen des *Poppy Building* zeigen schwere Verhaltensstörungen, die ihre Fähigkeit zu verstehen, zu kommunizieren und tägliche Aktivitäten auszuführen behindern. Als Konsequenz davon haben sich die spezifischen Programme der Beschäftigungstherapie-Behandlung nur von begrenztem Nutzen erwiesen. Daher hat die Therapeutin ihr Programm damit begonnen, daß sie ein Anfangsziel für alle Patienten aufgestellt hat: Die Häufigkeit unangemessenen Verhaltens der Insassinnen soll vermindert und die Häufigkeit akzeptabler Reaktionen erhöht werden, wodurch es den Patientinnen dann möglich würde, aufnahmefähiger für ein intensives Behandlungsprogramm zu werden. Nach Erreichung dieses Ziels kann die Therapeutin die Fähigkeiten der Patientinnen bewerten und spezifischere Behandlungsziele entwerfen.

Von Montag bis Mittwoch behandelt die Therapeutin die Poppy-Insassinnen in kleinen Gruppen. Die drei Gruppen des Nordtrakts sind an aufeinanderfolgenden Vormittagen für die Beschäftigungstherapie eingeteilt, je eine Gruppe pro Tag. Die Patientinnen des Südtrakts sind gleichermaßen für die Nachmittage eingeteilt. Die Teilnahme an diesen Sitzungen ist vollkommen freiwillig, und jede der Patientinnen

›zahlt‹ der Therapeutin zwei Münzen, um teilnehmen zu dürfen. Die Patientinnen können ihre Station verlassen und zum Hauptgebäude der Beschäftigungstherapie gehen, wo sie nach eigener Wahl unter fünf zur Verfügung stehenden Aktivitäten wählen können. Die Aktivitäten umfassen einfaches Zeichnen und Malen, aber auch relativ komplizierte Handarbeiten. Jede dieser Aktivitäten hat einen ›Kaufpreis‹, der durch die Beliebtheit und durch die Komplexität bestimmt wird. Wenn die Patientinnen nicht genügend Münzen haben, um ihre Lieblings-Aktivität zu kaufen, dann müssen sie eine weniger kostspielige Beschäftigung wählen. Die Patientinnen werden während der ganzen Therapiesitzung mit Münzen für angemessenes Verhalten und gute Leistungen verstärkt, so daß eine Patientin genügend Münzen erwerben kann, um sich als zweite Beschäftigung etwas Kostspieligeres zu ›leisten‹. An den Donnerstagen führt die Therapeutin gemeinsam mit der Freizeittherapie-Abteilung große Gruppenprogramme durch. Der gesamte Nordtrakt ist für den Vormittag, der Südtrakt für den Nachmittag eingeteilt. Auch an diesen Programmen ist die Teilnahme freiwillig, und die Patientinnen, die mitmachen wollen, müssen zwei Münzen ›zahlen‹. Und wieder werden sie während der gesamten Sitzung durch Münzen für angemessenes Verhalten und gute Leistungen verstärkt. Mehrere der Poppy-Insassinnen sind der Beschäftigungstherapie-Abteilung für Spezialprogramme zugewiesen worden. Dies sind Patientinnen, die an den Gruppensitzungen nicht teilnehmen wollen oder können, weil sie schwere Verhaltensstörungen oder eine begrenzte Aufmerksamkeitsspanne haben. Die zwei restlichen Stunden am Freitag sind für Einzelsitzungen mit diesen Patientinnen reserviert, und die Beschäftigungstherapeutin arbeitet mit ihnen in einem kleinen, extra dafür zur Verfügung gestellten Raum. Sie bespricht ihre Behandlungspläne für diese Patientinnen mit dem psychologischen Berater, mit dem Anstaltspersonal und ihrem Supervisor. Ziel ist es, das Verhalten der Patientinnen innerhalb einer Gruppe so zu verbessern, daß sie mehr Nutzen vom Anstaltsprogramm, von den Freizeit- und den Beschäftigungstherapiesitzungen haben können.

In der Anwendung spezifischer Verhaltensmodifikations-Techniken hat die Beschäftigungstherapeutin für jede Patientin einen individuellen Ansatz, wobei sie alle Mittel der Verstärkung und der Bestrafung wählt, die effektiv sind. Alle Patientinnen reagieren auf Lob und Münzen für angemessene Leistungen. Doch auch andere individuelle Verstärker werden benutzt. So liebt es beispielsweise eine Patientin, um den Tisch herumzugehen. Wenn sie sich nun eine gewisse Zeit gut verhält, dann wird sie gelobt, man gibt ihr eine Münze und erlaubt ihr, um den Tisch herumzuwandern. Für eine andere Patientin ist es ungeheuer verstärkend, auf die Toilette gehen zu dürfen. Wenn sie sich angemessen verhält, wird sie gelobt, mit einer Münze verstärkt und für einige Minuten ins Badezimmer geschickt. Auf diese Weise lernen die Patientinnen nicht nur angemessenes Verhalten sondern werden sich auch mehr des Wertes einer Münze bewußt, da sie beginnen, die Vergabe einer Münze mit einer Aktivität zu assoziieren, die ihnen persönlich Freude macht. Um die Häufigkeit unerwünschten Verhaltens zu vermindern, bevorzugt die Therapeutin es, diese Verhaltensweisen zu ignorieren (Löschungsmethode), während sie gleichzeitig die Patientin für angemessene Reaktionen verstärkt. Falls drastischere Methoden erforderlich sind, kann die Therapeutin Isolierung von der Gruppe einsetzen – sie führt die Patientin in eine Ecke oder zu einem Tisch für sich allein. Da es in der Anstalt keine Zone gibt, die abgeschlossen werden kann, kann Auszeit nur dadurch angewandt werden, daß sich die Therapeutin für kurze Zeit von der Patientin entfernt.

Da die Beschäftigungstherapeutin nur wenig Zeit in der Anstalt verbringt, muß sie sich speziell darum bemühen, sich zwanglos mit dem Anstaltspersonal über die Patientinnen, ihre Verhaltensweisen auf der Station und ihre Fortschritte in der Therapie zu beraten. Die Therapeutin führt täglich Protokoll über die Leistungen der Gruppe, wobei sie alle Aufgaben notiert, die eine Patientin vollendet hat; dazu die Anzahl der Münzen, die gezahlt wurden, und die Anzahl der Münzen, die die Patientinnen erhielten. Jedes Problem oder jeder Fortschritt, der bei den Patientinnen festzustellen ist, wird aufgezeichnet, und eine Kopie dieses Protokolls wird dem Stations-Personal übergeben, wenn die Patientinnen von der Therapiesitzung zurückkehren. Formelle Verlaufsberichte werden nur über jene Patientinnen geschrieben, die eine spezielle Betreuung erhalten.

Die Beschäftigungstherapie im Programm des *Poppy Building* hatte mehr eine ergänzende als eine sehr intensive Funktion. Die Therapiesitzungen bieten eine Möglichkeit, nötige Verhaltensweisen zu entwickeln, dienen aber auch als Unterbrechung der wöchentlichen Routine der Insassinnen und sind *als solche selbst Verstärker*. Abgesehen davon, daß sie eine Übertragung vom Trainingsprogramm auf eine aktive Situation ermöglichen, vermindern die Therapiesitzungen die unangemessenen Reaktionen der Insassinnen, versehen sie mit einem Gefühl für Verbesserung und erhöhen die Häufigkeit erwünschten Verhaltens. Die Beschäftigungstherapeutin kann diese Ziele nur dann erreichen, wenn gute Zusammenarbeit und gute Kommunikation herrscht, weil jedes Programm – ganz egal, wie gut es sonst organisiert ist – leiden wird, wenn nicht alle Betreuer, die mit den Patientinnen zu tun haben, die gleiche Richtung und das gleiche Ziel verfolgen.

8.2.3. Beschäftigungstherapie im Dakota Building

Das *Dakota Building* beherbergt geistig schwer behinderte Männer zwischen 18 und 60 Jahren. Die meisten der Männer zeigen irgendeine Art von Verhaltensstörung. Die psychiatrischen Betreuer haben jeweils eine Gruppe von acht bis zehn Patienten (s. Kapitel II.4) zu betreuen und sind dafür verantwortlich, diese Männer in Selbstversorgung und sozialem Verhalten zu trainieren. Jeder Betreuer hat einen Raum zur Verfügung, der an die Station angrenzt (früher für Isolierung benützt), der mit Tischen und Stühlen, mit pädagogischem Spielzeug, Papier, Buntstiften und ähnlichen Materialien ausgestattet ist. Für die Patienten gibt es fünf Tage pro Woche ein achtstündiges Trainingsprogramm.

Auf Grund unzureichender Anzahl der Beschäftigungstherapeuten kann die Beschäftigungstherapieabteilung für das *Dakota Building* nur minimale Beraterdienste leisten. Die Therapeutin assistiert an vier Tagen pro Woche eine Stunde den psychiatrischen Betreuern, wobei sie im wöchentlichen Turnus von einer Gruppe zur anderen wechselt. Wenn sie mit dem Dakota Personal zusammenkommt, versucht sie im Zwiegespräch dem jeweiligen Betreuer bei seinen speziellen Problemen zu helfen. Ab und zu regt die Therapeutin auch einfache Aufgaben an, wie Papierarbeiten, zeichnen oder malen, woran die ganze Gruppe teilnehmen kann. Trotz Zeitmangels ist die Therapeutin in vielen Fällen fähig, den Patienten zu beurteilen und verschiedene Techniken und Mittel einzusetzen, die ihn dazu bringen können, sich auf die erwünschte Weise zu verhalten.

Die Beschäftigungstherapeutin verwendet pädagogisches Spielzeug, simple Spiele und Freizeitaktivitäten wie auch einfaches Handwerkszeug. Die Therapeutin bringt diese Sachen entweder aus der Beschäftigungstherapieabteilung mit oder verwendet die Sachen, die im jeweiligen Gebäude zur Verfügung stehen. Nur wenige der Dakota-Patienten beteiligen sich an Gemeinschaftsspielen, obwohl kooperative Aktivität verstärkt wird, wenn sie auftritt. Größtenteils erledigen die Patienten ihre Aufgaben mit nur minimaler Interaktion in der Gruppe unabhängig voneinander. Die Beschäftigungstherapeutin muß darauf achten, daß den Patienten genau mitgeteilt wird, was man von ihnen erwartet und wie sie dies bewerkstelligen können. Um dem Patienten maximalen Erfolg und minimale Frustration zu verschaffen, unterteilt die Therapeutin eine komplexe Aufgabe in einfache Schritte und demonstriert fortlaufend, was zu tun ist. Wenn die Reaktion eines Patienten nicht korrekt ist, erwidert die Therapeutin unmittelbar darauf »nein« und erklärt ihm die Aufgabe noch einmal. Die Therapeutin kann eine weniger komplexe Aufgabe aussuchen, wenn der Patient weiterhin inkorrekt reagiert oder wenn er so frustriert wird, daß die Beschäftigung nicht länger verstärkend wirkt.

Als Berater im Dakota Building führt die Beschäftigungstherapeutin das vom Gruppenleiter aufgestellte Programm durch. Die benutzten Methoden variieren mit dem Gruppenleiter und den Patienten seiner Gruppe. Wenn ein Patient Fortschritte macht, werden allmählich verzögerte Verstärkung und kompliziertere Methoden in der Verstärkung eingeführt. Die Therapeutin muß sich unbedingt mit dem Gruppenleiter besprechen, um das Aufgabenniveau auf die Fähigkeiten des jeweiligen Patienten abzustimmen. Andernfalls könnte die Therapeutin den Patienten unwissentlich auffordern, eine zu schwere Aufgabe zu erledigen, was zur Verschlechterung seines Verhaltens führen kann.

Die begrenzte Beteiligung der Beschäftigungstherapie am Programm des *Dakota Building* beschränkt sich darauf, die Verhaltensmodifikations-Prinzipien nur unterstützend, statt ganz umfassend anzuwenden. Die tatsächliche Rolle der Beschäftigungstherapeutin ist es, für die Patienten angemessene Aktivitäten vorzuschlagen und dem psychiatrischen Personal dabei zu helfen, diese Aktivitäten in kleine Schritte aufzuteilen. Durch die Anwendung dieser Aktivitäten helfen die Betreuer ihren Patienten bei grob- und feinmotorischen Fähigkeiten, bei sozialem Verhalten und bei den grundlegenden Lernfähigkeiten.

8.3. Überlegungen zum Programm

Obgleich die Prinzipien der Verhaltensmodifikation einfach sind, kann deren Anwendung ungeheuer kompliziert werden. Wenn man ein Programm einführt, das Verstärkungstechniken verwendet, dann sollte sich die Beschäftigungstherapeutin die folgenden Fragen stellen:

1. Verstärkst du angemessenes Verhalten und versuchst unangemessene Reaktionen zu eliminieren? Wenn die Verhaltensweisen der Patienten primär nicht-adaptiv sind, versuchst du dann, gleichzeitig adaptive Verhaltensweisen zu verstärken? Wenn man lediglich unangemessenes Verhalten eliminiert, ohne den Patienten dafür zu verstärken, wenn er angemessen reagiert, dann ist das genauso nutzlos wie Verwahrung.
2. Bist du in deinen Erwartungen realistisch? Man sollte vom Patienten nur verlangen, daß er die Verhaltensmuster entwickelt, zu denen er physisch und verhaltensmäßig bereit ist.
3. Beurteilst du die Leistungen der Patienten nach deinem eigenen Standard? Die Fähigkeit jedes einzelnen Insassen muß berücksichtigt werden, und die Leistungsziele müssen dementsprechend gestaffelt werden.
4. Erwartest du zu wenig von deinen Patienten? Alle geistigbehinderten Patienten können lernen und trainiert werden. Wenn deine Pa-

tienten keine Fortschritte machen, dann überprüfe alles und sei bereit, notfalls dein Programm zu ändern.
5. Achtest du darauf, diejenigen zu belohnen, die sich gut verhalten, oder schenkst du jenen mehr Aufmerksamkeit und Ermunterung, die sich nicht bemühen, etwas zu lernen? Soziale Verstärkung ist sehr wirkungsvoll. Wenn du jenen ständig mehr Aufmerksamkeit zollst, die nicht am Unterricht teilnehmen, um sie dazu zu ermuntern, es doch zu tun, dann wirst du normalerweise feststellen, daß die Patienten, die gute Fortschritte machten, mit dem Arbeiten aufhören werden, um mehr Aufmerksamkeit zu erhalten, und daß jene, die dafür verstärkt wurden, daß sie keine Fortschritte machten, auch weiterhin keine machen werden.
6. Opferst du Qualität für Quantität? Die Effektivität des Programms wird begrenzt sein, wenn du versuchst, mehr Patienten zu behandeln als du — realistisch betrachtet — bewältigen kannst.
7. Ist dein Programm gut organisiert und gut geplant? Das Programm sollte auf die einzelnen Insassen innerhalb der Gruppe zugeschnitten sein. Es ist wichtig, sich zu erinnern, daß das, was für das eine Individuum verstärkend wirkt, auf ein anderes wie eine Bestrafung wirken mag. Und andererseits kann die Bestrafung des einen für einen anderen ein wirkungsvoller Verstärker sein. Die Skala der Verstärker sollte nicht durch deine persönliche Anschauung begrenzt werden, was ein Verstärker sein kann und was nicht. Wenn du das tust, dann wird der Erfolg sehr geschmälert werden.

8.4. Was geschieht, wenn . . . ?

Die Anwendung der Verhaltensmodifikationstechniken auf ein Beschäftigungstherapie-Programm kann manchmal auch frustrierend sein, da der Therapeut häufig mit schwierigen Situationen konfrontiert wird, mit denen er augenblicklich fertig werden muß. Der folgende Abschnitt behandelt »Was geschieht, wenn . . . ?« Fragen, die sich als die unangenehmsten herausgestellt haben, und einige der Methoden, die sich am wirkungsvollsten bei der Behebung schwieriger Situationen erwiesen haben.

Was geschieht, wenn . . .

1. . . . *es keinen Auszeit-Raum in der Anstalt gibt?* Wenn Auszeit angewendet werden soll, dann muß in der Klinik speziell dafür eine Räumlichkeit zur Verfügung stehen. Falls kein Auszeit-Raum zur Verfügung steht, man diese Methode jedoch unbedingt anwenden will, so soll der Therapeut den Patienten von der Gruppe

isolieren, indem er dessen Stuhl aus der Nähe der anderen Insassen wegträgt (z. B. in eine Ecke) oder, so möglich, indem er ihn zurück auf seine Station schickt. Dieses Vorgehen wird natürlich nur dann effektiv sein, wenn der Patient die Gruppensituation als verstärkend empfunden hat und es nicht mag, daß er isoliert wird.

2. *... wenn der Patient sich entkleidet?* Falls dies auf der Station des speziellen Patienten geschieht, dann sollte der Patient völlig ignoriert werden. Findet es während der Beschäftigungstherapie statt, dann gibt es drei Möglichkeiten, die Situation zu handhaben:
a) Falls der Patient sich selbständig ankleiden kann, dann sollte man jede unnötige mündliche oder körperliche Kommunikation mit ihm vermeiden und ihn lediglich auffordern, sich wieder anzuziehen. Man muß ihn ignorieren, bis er dies getan hat, und ihn erst dann verstärken, wenn er wieder vollständig angekleidet ist.
b) Man schafft den Patienten mitsamt seiner Kleidung in den Auszeit-Raum, wobei so wenig wie möglich mündliche oder physische Kommunikation stattfinden sollte. Man holt ihn erst dann wieder heraus, wenn er sich vollständig angezogen hat. Falls Auszeit angewandt wird, dann muß man jedoch ganz sicher sein, daß dies für den Insassen nicht verstärkend wirkt, d. h. daß er lieber bei der Gruppe bliebe als isoliert zu werden.
c) Falls der Insasse sich weigert, sich selbständig anzukleiden, kann er für einige Minuten in den Auszeit-Raum gebracht werden, wobei minimaler mündlicher oder physischer Kontakt stattfinden sollte. Nach dieser Zeit kann man dem Insassen beim Anziehen helfen, wobei wieder nur minimale Kommunikation von Seiten des Therapeuten stattfinden soll. Wenn der Patient dann nicht wieder versucht, sich zu entkleiden, kann er aus dem Auszeit-Raum geholt und zur Gruppe zurückgebracht werden. Beginnt der Patient sich auszuziehen, dann sollte man den Auszeit-Raum verlassen und den oben beschriebenen Prozeß so lang wiederholen, bis der Patient die Kleidung anbehält. Man sollte keine Mühe scheuen, sich erst zu versichern, ob die Gruppensituation verstärkend auf den Patienten wirkt, eventuell könnte nämlich die ›Wahl‹ des Patienten auf die minimale Aufmerksamkeit fallen, die er in der Isolierung erhält.

3. *... wenn der Patient sich weigert zu arbeiten?* Falls der Patient gern im Trainingsraum ist, sollte er mit minimaler verbaler und physischer Interaktion von der Gruppe entfernt werden. Falls er sich nicht gern im Trainingsraum aufhält, sollte sein Trainings-

programm noch einmal überprüft werden. Falls das Trainingsprogramm als solches nicht verstärkend auf ihn wirkt, kann man nicht erwarten, daß sein Verhalten sich verbessert.

4. ... *wenn der Patient nicht genügend Münzen hat, um an der Beschäftigungstherapie-Sitzung teilzunehmen?* Der Patient sollte nicht die Erlaubnis erhalten, daran teilzunehmen. Falls er sich jedoch während der Zeit angemessen verhält, während der Therapeut die Gruppe zusammenstellt und darauf vorbereitet, die Station zu verlassen, kann der Therapeut den Patienten mit ausreichenden Münzen verstärken, so daß er dennoch an der Therapiesitzung teilnehmen kann. Der Therapeut muß dabei sehr aufpassen, daß er nur adaptives Verhalten verstärkt und nicht einfach nur ›weichherzig‹ ist.

5. ... *wenn sich der Patient schlecht verhält?* Falls möglich, ist es das beste, das Verhalten zu ignorieren und jeden physischen oder verbalen Kontakt mit ihm zu vermeiden, bis sein Verhalten wieder angemessen wird. Falls der Patient jedoch große Unruhe in die Gruppe bringt, dann kann man die Auszeit-Methode anwenden oder ihn auf seine Station zurückschaffen.

6. ... *wenn der Patient sich selbst verletzt?* Man sollte dieses Verhalten solange ignorieren, wie es keine Gefahr für die Gesundheit des Patienten darstellt. Während dieser Zeit sollte man dafür sorgen, daß der Patient eine Ersatzaktivität (eine, die er besonders mag) zur Hand hat, so daß er die Wahl hat, sich Schmerzen zuzufügen oder einer von ihm bevorzugten zweckmäßigen Aktivität nachzugehen. Wenn der Patient mit dem selbstverletzenden Verhalten aufhört, sollte er mit Aufmerksamkeit verstärkt werden.

7. ... *wenn der Patient einen anderen bei der Arbeit stört?* Wenn er dies tut, um Aufmerksamkeit zu erringen, dann sollte der Patient von der Gruppe entfernt und an einen Tisch für sich allein gesetzt werden. Wenn er weiterhin stört, dann sollte er aus dem Trainingsraum entfernt, in den Auszeit-Raum gebracht oder auf seine Station zurückgeschickt werden. Wenn der Patient sich in die Beschäftigung eines anderen einmischt, weil er mit dessen speziellem Spielzeug oder Handwerkszeug arbeiten will, dann sollte der Therapeut kurz Auszeit anwenden, und ihm danach die Aktivität seines Mitpatienten oder ähnliche zugänglich machen.

8. ... *wenn der Patient durch Zwischenrufe stört?* Wenn er es versteht, sollte man ihm sagen, er müsse warten, bis der Therapeut ihre gegenwärtige Arbeit beendet hat. Wenn er das nicht versteht, sollte er ignoriert werden, bis die Störungen verschwinden.

9. ... *wenn der Patient aggressiv gegen andere ist?* Wenn man bei einem Patienten feststellt, daß er sich aggressiv verhält, dann sollte er mit minimalem Kontakt von Seiten des Therapeuten aus der Gruppe entfernt werden. Wenn sich zwei Insassen verprügeln, dann muß der Therapeut sehr darauf achten, daß er nur denjenigen bestraft, der die Rauferei angefangen hat. Sich gegen einen Angriff zu verteidigen ist kein unangemessenes Verhalten. Wenn ein Patient einen anderen körperlich mißhandelt hat, dabei aber nicht beobachtet wurde, dann sollte der Vorfall am besten ignoriert werden.

10. ... *wenn das Programm abgesetzt werden muß?* Wenn ein Verhaltensmodifikationsprogramm zeitweilig ausgesetzt wird, dann muß der Therapeut damit rechnen, daß in den Leistungen der Patienten eine gewisse Verschlechterung eintritt. Daher muß das Niveau der Aufgaben, die der Therapeut erteilt, und die Anforderungen, die er an die Insassen stellt, an Komplexität reduziert werden, und häufigere Verstärkung muß erteilt werden, wenn das Programm dann wieder fortgesetzt wird.

11. ... *wenn der Patient anderen das Essen wegnimmt?* Es gibt verschiedene Ansätze, dieses Verhalten zu modifizieren.
    a) Man setzt den Patienten allein an einen Tisch, so daß er keine Gelegenheit hat, Essen wegzunehmen.
    b) Wenn ein Insasse einem anderen dessen Essen wegnimmt, nimmt man ihm vorübergehend sein eigenes Essen weg. Sobald er sich wieder normal verhält, bekommt er sein Essen wieder.
    c) Man führt den Patienten aus dem Speisesaal, wenn er zum erstenmal versucht, Essen wegzunehmen. Innerhalb einer Stunde nach der Mahlzeit sollte man dem Patienten das nötige Äquivalent für das versäumte Essen verabreichen.

12. ... *wenn der Patient ›nicht stubenrein‹ ist?* Auch hier gibt es verschiedene Ansätze, dieses Problem zu behandeln.
    a) Wenn der Patient vorsätzlich inkontinent ist, um Aufmerksamkeit zu erringen, dann ist es am besten, ihn zu ignorieren. Allerdings stellt dies in einigen Fällen eine kaum praktizierbare Lösung dar.
    b) Wenn es unmöglich ist, die Situation vollständig zu ignorieren, dann sollte der Therapeut jeden verbalen oder physischen Kontakt mit dem Patienten vermeiden, während er mit so wenig Aufsehen wie möglich saubermacht. Der Verstärkungsplan kann dann wieder eingesetzt werden, und der Patient sollte im Raum bleiben, bis die Sitzung vorüber ist.
    c) Wenn der Patient es als verstärkend empfindet, zur Toilette zu gehen und in der Hoffnung absichtlich inkontinent ist, zur

Toilette geschickt zu werden, dann kann der Therapeut die Toilette als Verstärker benützen.

Wenn der Patient inkontinent ist, dann kann eine der oben beschriebenen Methoden angewandt werden. Nachdem der Zwischenfall vorbei ist, und der Verstärkungsplan wieder aufgenommen wurde, kann der Therapeut die Toilette neben der üblichen Art von Verstärkung als Belohnung benützen. Das heißt, fährt der Patient in seiner Arbeit fort und benimmt sich angemessen, so kann ihn der Therapeut loben, ihm eine Münze geben und ihm erlauben, für einige Minuten auf die Toilette zu gehen.

13. ... *wenn der Patient förmlich am Therapeuten ›klebt‹* (d. h. er belästigt ihn physisch)? Der Therapeut sollte dieses Verhalten ignorieren und den physischen Kontakt mit dem Insassen lösen, wobei er möglichst geringe mündliche oder körperliche Kommunikation einsetzt. Dies sollte solange wiederholt werden, bis der Insasse dieses Verhalten nicht mehr zeigt. Zu dem Zeitpunkt sollte er dann mit Aufmerksamkeit vom Therapeuten belohnt werden.

14. ... *wenn Besucher kommen?* In einem präzisen Verhaltensmodifikations-Programm können Besucher, die von den angewandten Techniken nichts verstehen, geradezu verheerend wirken. Wenn möglich, so sollten den Besuchern kurz die Prinzipien der Verhaltensmodifikation erklärt werden. Dabei sollte man sie gleichzeitig bitten, nicht mit den Patienten in Kontakt zu treten. In Abteilungen, wo es häufig unvorhergesehene Führungen gibt, und der Therapeut nicht die Gelegenheit hat, vorher mit den Besuchern zu sprechen, kann ein Schild an der Tür angebracht werden. Auf einigen Stationen des Faribault State Hospital liest man auf diesem Schild das Folgende: »Achtung! Besucher und/oder Mitglieder des Personals, die diesen Raum betreten, sollen die Patienten nach Möglichkeit ignorieren, es sei denn, die Interaktion wird vom Therapeuten initiiert.«

15. ... *Wenn der Patient Auszeit genießt?* Wenn ein Patient es verstärkend findet, daß er von der Gruppe isoliert wird, dann sollte diese Methode eingesetzt werden, um angemessenes Verhalten zu verstärken, da sie bei ihm nicht als Strafe wirkt. Der Therapeut kann andere Methoden wie beispielsweise das Löschungsverfahren oder den zeitweiligen Verlust von Privilegien verwenden. Außerdem kann der Therapeut die spezifischen Vorlieben und Abneigungen des Patienten noch einmal überprüfen und das Verstärkungsprogramm darauf aufbauen.

16. ... *wenn das therapeutische Fachpersonal und die Beschäftigungstherapieberater Verständigungsschwierigkeiten haben?* Dieses Pro-

blem kann aus verschiedenen Gründen auftauchen, und es liegt normalerweise ein Verschulden beider Seiten vor. Der Therapeut muß dafür sorgen, daß das Anstaltspersonal das Programm des Therapeuten kennt und weiß, in welcher Beziehung es zur Anwendung der Verhaltensmodifikation in der betreffenden Anstalt steht. Der Therapeut muß sich ferner bemühen, mit dem Anstaltspersonal vertraut zu werden, damit es sich frei genug fühlt, um ihm seine Beobachtungen und Meinungen mitzuteilen, die ungeheuer wertvoll sein können. In manchen Anstalten ist das Personal möglicherweise gegen das Verhaltensmodifikationsprogramm und gegen denjenigen eingenommen, der diese Techniken bei den Patienten der Anstalt anwenden will. Wenn man erfolglos versucht, das Personal in Berufsförderungslehrgängen zu stärkerer Mitarbeit anzuregen, dann sollte der Therapeut dennoch aufgeschlossen und freundlich bleiben und sich nicht in die Defensive drängen lassen. Mit der Zeit werden die Mitglieder des Personals anfangen, das Programm und den Therapeuten zu akzeptieren, wenn ihnen klar wird, daß auch der Therapeut in erster Linie das Wohl der Patienten im Auge hat, und außerdem dem Personal auf jede mögliche Art und Weise beistehen will.

17. ... *wenn das Personal darin versagt, seinen Anteil am Programm zu erfüllen?* Wenn dies deshalb geschieht, weil das Anstaltspersonal nicht sicher ist, wie es diese Techniken anwenden soll, so kann der Therapeut dem Supervisor vorschlagen, daß Lehrgänge abgehalten werden, und er kann gleichzeitig das Personal ermutigen, an den Lehrgängen teilzunehmen. Wenn dagegen das Personal aus irgendeinem Grund keine Lust hat, das Programm durchzuführen, dann wird das Problem zu einem verwaltungstechnischen, und die zuständige Stelle sollte informiert werden.

18. ... *wenn der Patient nicht lernt?* Jeder Patient, ganz gleich, wie behindert er physisch, kognitiv oder emotional zu sein scheint, hat die Fähigkeit zu lernen. Bei einigen mag das Lernpotential recht begrenzt sein, aber es ist dennoch vorhanden. Wenn der Patient nicht lernt, liegt es wahrscheinlich daran, daß das Programm falsch ist. Daher sollte das Programm des Patienten überprüft und verändert werden, damit es besser auf seine individuellen Bedürfnisse *und* Fähigkeiten paßt.

19. ... *wenn das Programm nicht effektiv ist?* Man muß es verändern!

20. ... *wenn das Personal nicht verstärkt wird?* Bei jeder Art von Programm ist es nötig, daß das Personal Verstärkung für seine Bemühungen bekommt, damit es auch das Gefühl hat, seine Arbeit sei der Mühe wert. Diese Verstärkung bietet normalerweise schon

die augenscheinliche Verbesserung des Patientenverhaltens und die Bemerkungen anderer Betreuer, wenn sie diese Verbesserung feststellen. Wenn das Personal keine Verstärkung erhält, dann ist das Programm wahrscheinlich nicht effektiv und sollte daher überprüft und überarbeitet werden.

21. ... *wenn es Schwierigkeiten mit der Planung gibt?* Wenn der Therapeut feststellt, daß die Patienten während ihrer Beschäftigungstherapiezeit für andere Aktivitäten eingeteilt worden sind, dann sollte der Therapeut dies dem Stations-Supervisor mitteilen und darum ersuchen, daß eine Zusammenkunft mit dem Personal stattfindet, um diese Schwierigkeiten zu diskutieren. Wenn man die Therapiesitzungen auf eine für die Station günstigere Zeit verlegt oder wenn man den Beschäftigungstherapieplan öffentlich anschlägt, kann dieses Problem möglicherweise eliminiert werden. Bei manchen Gelegenheiten genügt es schon, wenn man das Personal an den Stundenplan der Beschäftigungstherapie immer wieder erinnert, denn das Anstaltspersonal hat viele Aufgaben und Pflichten zu erfüllen. Wenn der Beschäftigungstherapeut sich bemüht, einen regelmäßigen Stundenplan einzuhalten, der dem Personal erklärt worden ist, und den es akzeptiert hat, so können derartige Schwierigkeiten normalerweise vermieden werden.

22. ... *wenn Einwände gegen das Programm erhoben werden?* Wenn man dafür sorgt, daß das Programm ausreichend gut erklärt wird, so werden viele Einwände vermutlich verstummen, da die meisten Menschen eher geneigt sind, etwas zu akzeptieren, was sie auch verstehen. Falls auch nach einer umfassenden Erklärung des Programms weiterhin Einwände dagegen bestehen, dann sollte der Therapeut diese möglichst objektiv bewerten. Es könnten schließlich durchaus berechtigte Einwände und konstruktive Vorschläge darunter sein, die das Programm eher verbessern als stören.

23. ... *wenn die Eltern des Patienten sich einmischen?* Wenn die Eltern des Patienten gegen die Anwendung der Verhaltensmodifikation im Behandlungsprogramm ihres Kindes Einwände erheben, dann sollte jede Anstrengung unternommen werden, sie mit dieser Technik und deren Vorzügen vertraut zu machen. Der Sozialarbeiter sollte sich mit den Eltern treffen und ihnen die Ziele des Programms und die Methoden erklären, die angewandt werden, um die Ziele zu erreichen. Wenn diese Zusammenkunft keinen Erfolg hat, und die Eltern sich weiterhin einmischen, dann werden sie beispielsweise im *Faribault State Hospital* durch die Verwaltung darüber informiert, daß ihr Kind weiterhin gemäß Programm behandelt wird, sofern es in der Anstalt bleibt. Dieses Verfahren wird im

Faribault State Hospital angewandt, ist aber nicht typisch für alle Anstalten. Jede hat ihre eigene Handhabung solcher Probleme, und die oben beschriebene Lösung kann nicht auf alle Situationen angewandt werden.

24. ... *wenn die verwendete Verstärkung nicht wirkt?* Es kommt selten vor, daß ein Patient nicht auf solche Verstärker wie Essen, Lob, Aktivitäten oder Gruppen reagiert, aber es gibt einige wenige, für die solche Dinge keinerlei Bedeutung haben. In diesen Fällen muß der Therapeut feststellen, was speziell für diesen Patienten verstärkend ist. Es gibt keine Patienten, für die sich keinerlei Verstärker finden lassen. Die *einzige* Schwierigkeit liegt beim Erfindungsreichtum des Personals.

25. ... *wenn die verwendeten Aktivitäten nicht effektiv sind?* Der Therapeut kann mit den verschiedenartigsten Aktivitäten experimentieren, bis er etwas findet, auf das der Patient reagiert. Wenn es keine Aktivitäten gibt, die auf den Patienten verstärkend wirken, kann der Therapeut sie als erwünschtes Verhalten statt als Belohnung betrachten. Nach kurzen Arbeitsphasen verstärkt er den Patienten, indem er ihm freistellt, etwas zu tun, was er gerne hat, wie beispielsweise durchs Zimmer schlendern, herumsitzen, zur Toilette gehen oder von der Gruppe im Auszeit-Raum isoliert zu werden.

8.5. Zusammenfassung

Die Beschäftigungstherapie-Abteilung im Faribault State Hospital hält die Verhaltensmodifikation für ein äußerst nützliches und effektives Mittel bei der Behandlung geistigbehinderter und gestörter Patienten. Sie gewährleistet einen Ansatz für die Entwicklung grundlegender und notwendiger Fähigkeiten, die bisher bei den schwergestörten Patienten durch andere Behandlungstechniken extrem schwierig zu entwickeln gewesen waren. Verhaltensmodifikation war besonders effektiv im Aufbau solcher Fähigkeiten wie den Wert eines Gegenstands erfassen, an Aktivitäten und persönlichen Bindungen Interesse haben, im Entwickeln von Vorlieben, im Sich-Bewußtwerden anderer Personen, im Kooperieren innerhalb einer Gruppensituation und im Lernen, sein eigenes Verhalten ohne äußere Hilfe zu kontrollieren.

Die Anwendung der Verhaltensmodifikations-Techniken innerhalb eines Beschäftigungstherapieprogramms ist jedoch nicht so einfach wie es vielleicht erscheinen mag. Teamwork und gute Kommunikation zwischen dem Beschäftigungstherapeuten und dem Anstaltspersonal ist unbedingt notwendig. Andernfalls kann man kaum Erfolge erwarten.

Ein Behandlungsprogramm, das sich dieses Ansatzes bedient, muß gut strukturiert und konsequent sein und eine maximale Generalisierung von der Beschäftigungstherapie auf die Station bieten. Wenn man Verhaltensmodifikations-Prinzipien anwendet, so ist das nicht immer der einfachste Weg, um eine Situation zu meistern. Der Therapeut ist oft gezwungen, Verhalten zu ignorieren, auf das er normalerweise stark reagieren würde. Wenn er die Prinzipien, die der Verhaltensmodifikation zugrunde liegen, jedoch vollständig begriffen hat und sie konsequent anwendet, dann wird der Therapeut sich von ihrem Wert durch die Verbesserungen im Patientenverhalten bald überzeugen können.

9. Verhaltensmodifikation in der Freizeittherapie

Von JOHN RAW und ERIC ERRICKSON

Erst seit kurzem gibt es vereinte Bemühungen, um pädagogische und Freizeit-Trainingsprogramme für geistig schwer und schwerst gestörte hospitalisierte Patienten zu entwickeln.

In der Vergangenheit hatte die Betonung auf der Verwahrungsfürsorge gelegen. So wurden beispielsweise noch im Jahr 1956 die 3300 Insassen des Faribault State Hospital, Minnesota, von 652 Angestellten betreut. Mit so wenig Personal konnte man natürlich nur ein minimales Programm bieten — eines, das die Betonung auf die Versorgung mit Nahrung, Kleidung, Unterkunft und auf gute medikamentöse Behandlung legte. *Wolfensberger* (1960) wies darauf hin, daß eine derartig überbelegte Anstalt das Ergebnis der Überbetonung des medizinischen Ansatzes bei der Behandlung von geistiger Behinderung sei. Wenn geistige Behinderung als ein medizinisches Faktum definiert wird, für das es keine Heilung gibt, dann wird das daraus resultierende Programm für das Individuum, das diese Krankheit hat, lediglich Betreuungs-Funktionen erfüllen.

Auch andere Anschauungen über geistige Behinderung haben die Entwicklung der Behandlungs- und Trainings-Programme erschwert. *Vail* (1966) und *Goffman* (1961) machten auf die unterdurchschnittlichen Heilungsaussichten für Menschen in Institutionen aufmerksam. *Wolfensberger* wies darauf hin, daß der Geistigbehinderte als eine potentielle Bedrohung angesehen wird — gewalttätig, zerstörerisch, richtungslos ohne konstruktives Ziel, weshalb er überwacht werden müsse. Eine andere Anschauung sieht im Geistigbehinderten einen armen Unschuldsengel, der für sein Verhalten nicht verantwortlich ist. Seine Zurückgebliebenheit ist gottgewollt — man muß ihn mit Mitleid behandeln.

Jede dieser Anschauungen behindert die Aufstellung von Freizeit- und anderen Programmen, die ein Maximum an Entwicklung fördern wollen. Eine optimistischere Beurteilung des Geistigbehinderten legt mehr Wert auf seine Lernfähigkeit und erkennt klar die Möglichkeiten für Wachstum und Entwicklung an. Das Akzeptieren dieser Anschauung ermutigt die Einführung vielfältiger Behandlungs- und Trainingsprogramme.

Seit 1960 kann eine verstärkte Zuwendung zu verhaltenstherapeutischen Methoden für die Behandlung und das Training von schwer und schwerst gestörten Individuen beobachtet werden. Frühe Experimente in psychiatrischen Kliniken führten zur Entwicklung von Trainingsprogrammen, die Betonung auf den verhaltenstherapeutischen

Ansatz legten. Die gleiche Methode wurde dann bei geistigbehinderten Patienten versucht. Vielleicht liegt der größte Pluspunkt des verhaltenstherapeutischen Modells in seiner positiven Betonung der Verstärkung angemessenen Verhaltens, wobei Ausformungs- und Trainingstechniken verwendet werden.

9.1. Soziale- und Freizeit-Fertigkeiten

Die Entwicklung verschiedener Ebenen von Spielverhalten scheint ein wichtiger Punkt bei der Behandlung Geistigbehinderter zu sein. *Gesell* (1946) beschrieb drei aufeinanderfolgende Phasen des Spielverhaltens, die bei der Entwicklung von Interaktions-Fähigkeiten nötig sind — Individuelles Spiel, gleichzeitiges Spielen und kooperatives Spielen. In den Heilanstalten wurde besondere Betonung auf die Entwicklung von Programmen gelegt, die das kooperative Spielverhalten herausbilden. Das Buch »*Recreation for the Mentally Retarded*« (*Gesell* 1964) befaßt sich fast ausschließlich mit kooperativen Spielaktivitäten. Andererseits ist es bei vielen Geistigbehinderten nötig, ihnen Fertigkeiten zum Einzel- und zum gleichzeitigen Spiel beizubringen, bevor man sie an kooperativen Aktivitäten beteiligen kann. Es müssen Techniken entwickelt werden, die schwer- und schwerst-gestörten Jugendlichen die Fähigkeit vermitteln, an kooperativen Aktivitäten teilnehmen zu können. *Larsen* u. *Bricker* (1968) geben einige Hinweise, wie man sich der Aufgabe, Spielverhalten zu lehren, nähern könnte.

Wenn die grundlegenden Selbsthilfe-, Sprach-, sozialen- und motorischen Fähigkeiten herangebildet worden sind, kann man die verhaltenstherapeutischen Techniken dahingehend ausweiten, berufliche- und Freizeitaktivitäten zu trainieren. Das heißt natürlich nicht, daß der Freizeittherapeut unentschlossen herumsitzen muß, um die Resultate der anderen abzuwarten, bevor er selbst Programme aufbaut. Viele Fertigkeiten, die in Freizeitsituationen erlernt werden, können sogar die laufenden Trainingsprogramme der anderen Unterrichtsgebiete erleichtern. Selbsthilfe-, motorische-, Kommunikations-, soziale- und Freizeitfähigkeiten differieren in gewisser Hinsicht, verfügen aber auch über gemeinsame Komponenten. Wenn man auf anderen Unterrichtsgebieten Fertigkeiten erlernt, so erleichtert das zugleich die Erlernung von Freizeitfähigkeiten, während wiederum das Training in Freizeitfähigkeiten auch das Training von Selbsthilfe und anderen notwendigen Fertigkeiten erleichtert. Daher sollten die Freizeittherapeuten sich darum bemühen, ihre Trainingsprogramme in die Programme zu integrieren, die von anderen Betreuern durchgeführt werden.

9.2. Verhaltensmodifikation und ihre Rolle in der Freizeittherapie

Dem Freizeittherapeuten waren in der Vergangenheit — in anderen Disziplinen wie bei der Beschäftigungstherapie, der Sprachtherapie und der Psychologie verhielt es sich ebenso — durch das Fehlen angemessener Techniken zum Training der Geistigbehinderten die Hände gebunden. Eine weitere Schwierigkeit erwuchs durch einige Freizeittherapeuten, die der Meinung waren, ihre Aufgabe sei es, lediglich für jene geistig leicht Behinderten Freizeitaktivitäten zu bieten, die bereits die meisten notwendigen Fertigkeiten erlernt hatten. Außerdem wurden viele Freizeittherapeuten von jenen verunsichert, die der Meinung waren, daß keinerlei therapeutische Techniken bei den Geistigbehinderten wirksam sein könnten. Die Verhaltensänderungen in Selbsthilfe- und anderen Fertigkeiten, die dann durch die Anwendung der Verhaltensmodifikations-Techniken bei Patienten erreicht wurden, die man vorher für untrainierbar gehalten hatte, boten der Freizeittherapie die Möglichkeit, Teil eines erweiterten Behandlungsprogramms zu werden. Diejenigen, die für die Anwendung rein therapeutischer Techniken sind, haben auf dem Gebiet der Freizeittherapie einige dazu gebracht, in gemeinsamer Bemühung die oberflächliche Nutzanwendung von Freizeitaktivitäten durch intensive Behandlungsprogramme zu ersetzen. Für diejenigen auf diesem Gebiet, die diesen Kurs noch nicht eingeschlagen haben, hoffen wir bis zu einem gewissen Grad Hinweise geben zu können, wie Freizeitprogramme aufgestellt und durchgeführt werden sollten, die sich wirklich an therapeutischen Maßstäben orientieren.

Die Hauptziele eines Freizeitprogramms innerhalb einer therapeutischen Behandlung sind in den meisten Fällen die Entwicklung von sozialen Fähigkeiten, von Gruppen-Interaktion und von allgemein angemessener Interaktion innerhalb von Gruppen, was für den Patienten später von großer Wichtigkeit werden könnte. Die Freizeittherapie kann innerhalb verhaltenstherapeutischer Programme herangezogen werden:

1. als Verstärker;
2. als unterstützendes Training für andere Aktivitäten;
3. als ein wesentlicher Bestandteil bestehender Programme;
4. als Ersatz für andere Aktivitäten, wenn die Patienten genügend Fertigkeiten auf sonstigen Gebieten erlernt haben und dadurch mehr Zeit zur Verfügung steht.

Diese vier Funktionen schließen sich gegenseitig nicht aus. So kann beispielsweise die Freizeittherapie als verstärkende Aktivität für sich eingeplant sein, und dennoch auch als zusätzlicher oder wesentlicher Bestandteil anderer Programme fungieren. Der Freizeittherapeut kann eine Gruppe von Patienten zu einer Sporthalle oder einem Park führen und dort Ballspiele trainieren, womit er Aktivitäten bietet, die für den Patienten wahrscheinlich verstärkend sind. Zusätzlich kann der Freizeittherapeut anderes Training (Farben benennen, Gegenstände beschreiben) einbauen, um die Freizeitphase zu ergänzen. Die Freizeitphase wird damit zu einem wesentlichen und kontinuierlichen Bestandteil der laufenden Trainings-Programme, um soziale-, motorische- und andere Fertigkeiten zu entwickeln.

Im Idealfall sollten Freizeittherapieprogramme, die sich der Verhaltensmodifikationsprinzipien bedienen, alle vier Funktionen erfüllen. Natürlich wird der Erfolg zum Teil von der Zusammenarbeit mit dem auf anderen Gebieten arbeitenden Personal abhängen. Fehlt diese Zusammenarbeit oder ein institutionelles Verhaltensmodifikationsprogramm, so kann der Freizeittherapeut dennoch seine eigenen Programme aufstellen. Der Erfolg wird dann nur etwas länger auf sich warten lassen.

1. Es kommt nicht selten vor, daß die Freizeittherapie nur als Verstärkung dient, wenig Verbindung mit den anderen Programmen hat und selbst nur minimal strukturiert ist. Das liegt zum Teil am jeweiligen Freizeittherapeuten. Wenn er nicht aktiv an der Diskussion und der Entwicklung der Verhaltensmodifikations-Programme mit anderen Betreuern teilnimmt, dann wird er feststellen, daß sich seine Rolle auf die Darbietung unstrukturierter »Vergnügenszeit« beschränkt. Unter solchen Umständen muß sich der Freizeittherapeut manchmal sogar eingestehen, daß die Patienten die Erholung kaum als verstärkend empfinden, so daß auch Fortschritte begrenzt bleiben. Wenn die freie Zeit dagegen verstärkend (und das ist meistenteils der Fall) auf die Patienten wirkt, dann sollte der Freizeittherapeut wirkungsvolle Programme entwickeln, die gewisse bestehende Verhaltensweisen stärken und neue Verhaltensweisen entwickeln. Diese Programme werden wiederum nach aller Wahrscheinlichkeit die therapeutische Freizeitphase noch verstärkender für noch mehr Patienten machen.
2. Wenn ein Freizeitprogramm zweckmäßig entwickelt wurde, dann leistet es zusätzlich Hilfestellung bei anderen therapeutischen Disziplinen, seien es verhaltenstherapeutische oder medizinische. Beispielsweise sind Aktivitäten, die mit grob-motorischer Koordination zusammenhängen, wesentlich für andere Aktivitäten, die mit feinmotorischer Koordination zusammenhängen. Viele dieser grob-motorischen Aktivitäten können von Freizeittherapeuten erfolgreich trainiert werden. In Hinsicht auf die körperliche Gesundheit ist es offenkundig, daß sitzende Lebensweise die Patienten vieler An-

stalten körperlich beeinträchtigt. Angemessene Freizeittherapie hat eindeutig günstige Auswirkungen auf die gesundheitliche Verfassung der Insassen und unterstützt damit die Bemühungen der Ärzte um das körperliche Wohlbefinden der Patienten.
3. Die Freizeittherapie sollte nach Möglichkeit ein wesentlicher Bestandteil der laufenden Verhaltenstherapie-Programme auf den anderen Unterrichtsgebieten sein. Um einheitliche Programme erfolgreich durchzuführen, die die Betonung auf die Entwicklung jener Verhaltenselemente legen, die der gemeinsame Nenner vieler Aktivitäten sind, erfordert es: 1. Eine sorgfältige Analyse der Verhaltensweisen. Dadurch wird eine klare Definition der Trainingstechniken ermöglicht, die vom gesamten Betreuungspersonal angewandt werden sollte. 2. Zusammenarbeit, regelmäßige Diskussionen über die Fortschritte, sowie laufende Berichte von allen Betreuern, die am Programm beteiligt sind.
4. Sobald das Training Fortschritte macht, und die Insassen Selbsthilfe- und andere Fertigkeiten entwickeln, wird die Zeit, die für das Training und die Aktivitäten eingeplant ist, verkürzt. Dann kann die Freizeittherapie eine zunehmend größere Rolle im Entwickeln komplexer Lernsituationen übernehmen, gemäß der größeren Fertigkeiten und der vermehrt zur Verfügung stehenden Zeit. Immer mehr ersetzen komplexe Aufgaben und die Freizeittherapie als solche das Trainieren von Fertigkeiten, da diese bereits zu normalen Bestandteilen des Verhaltensrepertoires der Patienten geworden sind. Natürlich wird die Ersatz-Funktion der Freizeittherapie erst dann wichtig, wenn die allgemeinen Programmziele erreicht worden sind.

Innerhalb des Rahmens der Verhaltensmodifikation und der Freizeittherapie muß zunächst festgelegt werden, mit welchen Gebieten man sich befassen will. Die Entscheidung darüber wird zum Teil davon bestimmt sein, wie die Patienten strukturiert sind, für die das Programm entwickelt wird, und zum anderen davon, welche speziellen Ziele man erreichen will.

Die Pläne werden dann spezifiziert. Für jeden Patienten müssen die Ziele oder End-Verhaltensweisen festgesetzt werden, die erreicht werden sollen; desgleichen die speziellen Gegenstände, Vorkommnisse oder Verhaltensweisen, die verstärkend auf ihn wirken, und die den Verhaltensweisen, die existieren oder entwickelt werden sollen, vorausgehenden oder nachfolgenden Bedingungen. Außerdem muß festgesetzt werden, welche Informationen protokolliert werden sollen, und eine einfache, aber genaue und objektive Protokollmethode muß entwickelt werden. Weiter sollte ein klarer Tages- und Wochenplan aufgestellt werden, der durch die allen Insassen gebotene Beständigkeit das Training spezieller Aktivitäten erleichtert wird.

Zwei verschiedenartige, aber gleichermaßen wichtige Überlegungen können bei der Aufstellung eines solchen Plans helfen. Eine betrifft die Tatsache, daß Verstärkung nicht nur in Süßigkeiten und mündlichem Lob wie beispielsweise ›sehr gut‹ besteht. Die Aufeinanderfolge der Aufgaben oder Aktivitäten kann so strukturiert werden, daß auf weniger verstärkende Aktivitäten solche folgen, die erhöht verstärkend wirken. Die zweite Überlegung ist die, daß die Programme für ihre Gestalter langweilig werden könnten. Daher kann die Aufeinanderfolge von Aktivitäten der Patienten innerhalb der Grenzen des Plans so arrangiert werden, daß für den Freizeittherapeuten ermüdende mit anregenden abwechseln.

Die Identifizierung vorhandener nicht-angepaßter Verhaltensweisen, deren auslösende Reize und deren Konsequenzen, erfordert genaue Beobachtung, vorzugsweise in verschiedenen Umgebungen. Das folgende Beispiel soll dies erläutern. Von einem Patienten, der an einem Freizeit-Programm teilnehmen sollte, wurde berichtet, daß er seine Kleidung beschmutzt. Um das Problem richtig einschätzen zu können und um solch ein Vorkommnis nach Möglichkeit während der Freizeittherapiestunden zu vermeiden, geht man folgendermaßen vor:

1. Täglich werden zehn- bis fünfzehnminütige Phasen festgesetzt, in denen der Patient beobachtet wird (man bezeichnet das als ›Zeitstichproben-Beobachtung‹).
2. Diese Phasen umfassen die Zeit auf der Station, bei vorgeschriebenen Aktivitäten und während des Essens.
3. Während dieser Beobachtungsphasen werden folgende Informationen protokolliert:
   a) Wo befindet sich der Patient, wenn das Verhalten auftritt?
   b) Wann tritt es auf und für wie lange?
   c) Was ist unmittelbar davor geschehen?
   d) Was für Konsequenzen hat das Verhalten?

Während der Zeitstichproben-Beobachtung stellt man z. B. fest, daß:

a) der Patient gewöhnlich bei Auftreten des Verhaltens auf einem Stuhl in der Station sitzt, und es in anderen Umgebungen nicht auftritt,
b) das Verhalten normalerweise mitten am Vormittag auftritt,
c) der Patient seit dem Frühstück nicht auf die Benutzung der Toilette ›hingewiesen‹ worden ist,
d) das Personal der Station auf diese Vorkommnisse damit reagiert, daß es unmittelbar danach die Kleidung des Patienten wechselt.

Da dieser Patient am Freizeitprogramm teilnehmen soll, kann der Therapeut das Problem mit dem Personal besprechen und vorschlagen, daß man den Patienten in regelmäßigen Abständen (wobei eine Instruktion unmittelbar vor der Freizeittherapiephase erfolgen soll) instruiert, zur Toilette zu gehen. Falls das Verhalten auftritt, während der Patient an der Freizeittherapiesitzung teilnimmt, ist Auszeit von Verstärkung die festgesetzte Konsequenz. Dieses Beispiel zeigt, daß es durch kurze Beobachtungen mit Hilfe der Zeitstichproben-Methode vor einem geplanten Programm möglich ist, Problemen vorzubeugen oder sie sogar ganz zu vermeiden. Zusätzlich kann man bei der Beobachtung des Patienten Ereignisse oder Gegenstände entdecken, die vielleicht besonders verstärkend wirken.

Die Bewertung der Ausgangsdaten verschiedener Verhaltensweisen (daher eine nur vorläufige Bewertung), wie auch die Bewertung der Fortschritte während des Programms können auf die gleiche Art und Weise durchgeführt werden. Die Entwicklung einer speziellen Skala ist von großem Nutzen, sofern sie auf objektiven Kriterien und nicht auf subjektiven Meinungen wie ›der Patient genießt diese Aktivität‹ beruht. Tabelle 9.1 zeigt eine mögliche Liste von Verhaltenszielen und die Schrittfolge der ersten Phase bei der Entwicklung kooperativen Verhaltens innerhalb eines Freizeittherapieprogramms. Ganz zu Anfang mag es nötig sein, die Bemühungen des Patienten bei der Arbeit an der Aufgabe zu verstärken. Diese Technik der schrittweisen Annäherung sollte solange angewandt werden, bis der jeweilige Patient fähig ist, die Aufgabe voll zu bewältigen.

Tabelle 9.1: Einzel-Aktivität (an einer einfachen Aktivität oder Aufgabe teilnehmen, bis sie beendet ist).
Materialien: *Ein Puzzle aus fünf Bestandteilen, die in einer bestimmten Reihenfolge zusammengesetzt werden müssen.*

1. Ein Bestandteil fehlt im Puzzle; der Patient fügt das Teil bei Aufforderung wieder ein. Die Instruktion lautet: »Setzen Sie das Teil ins Puzzle ein.«
2. Zwei angrenzende Puzzleteile werden entfernt. Der Patient wird aufgefordert, die Stücke wieder einzufügen. Bei jedem Teil wird er extra instruiert. Die korrekten Reaktionen werden verstärkt.
3. Zwei nicht angrenzende Teile werden entfernt. Der Patient wird nur einmal aufgefordert, die Stücke wieder einzufügen. Die korrekte Reaktion wird verstärkt.
4. Schritte 2 und 3 werden mit drei, vier und dann fünf entfernten Puzzleteilen wiederholt. Die Instruktion wird geändert und lautet nun: »Beginnen Sie mit dem Puzzle.« Korrekte Reaktionen werden verstärkt.
5. Die Puzzlevorlage wird vor den Patienten hingelegt: die einzelnen Stücke liegen durcheinander direkt daneben. Die Instruktion lautet: »Beginnen Sie mit dem Puzzle.« Die korrekten Reaktionen werden verstärkt.

Tabelle 9.2: Kooperative Aktivität mit dem Trainer.
Materialien: *dieselben wie in Tabelle 9.1.*

1. Dem Patienten wird ein Puzzleteil gegeben. Der Trainer hat gleichfalls ein Puzzleteil und sitzt dem Patienten gegenüber. Der Trainer fügt sein Stück ins Puzzle ein; der Patient wartet ab; der Patient bekommt die Instruktion, sein Stück ins Puzzle einzufügen. Die Instruktion lautet: »Jetzt sind Sie an der Reihe, (Name).« Die korrekte Reaktion wird verstärkt.
2. Man gibt dem Patienten zwei Puzzleteile; der Trainer hat ein Puzzleteil. Dem Patienten wird gesagt, er solle ein Teil einfügen. Der Patient wartet dann, bis der Trainer sein Teil eingefügt hat. Der Patient fügt das nächste Teil ein. Die Instruktion lautet: »Sie sind an der Reihe, (Name).« Die korrekte Reaktion wird verstärkt.
3. Man gibt dem Patienten drei Puzzleteile, der Trainer hat zwei. Patient und Trainer fügen abwechselnd Teile ein. Die Instruktion lautet: »Sie sind an der Reihe, (Name).« Die korrekten Reaktionen werden verstärkt.
4. Man gibt dem Patienten alle Puzzleteile. Der Patient soll bei Aufforderung dem Trainer ein Puzzleteil geben. Die Instruktion »Geben Sie mir ein Puzzleteil« wird zweimal wiederholt. Dann wird Schritt 3 wiederholt. Die korrekten Reaktionen werden verstärkt.
5. Man gibt dem Patienten alle Puzzleteile. Der Patient soll dem Trainer zwei Teile geben, wenn die Aufforderung »Geben Sie mir zwei Teile« erfolgt. Dann wird Schritt 3 wiederholt. Die korrekten Reaktionen werden verstärkt.

Wenn der Patient die Anforderungen der ersten Trainingsphase zufriedenstellend erfüllt, kann mit der zweiten Phase begonnen werden. Die anfängliche Kooperationsphase besteht darin, mit dem Trainer an der Aufgabe zu arbeiten. (Tabelle 9.2). Wenn zwei Patienten es gelernt haben, mit dem Trainer zusammenzuarbeiten, dann beginnt die Schlußphase der Sequenz, bei der zwei Patienten zusammenarbeiten.

Tabelle 9.3: Kooperative Aktivität mit einem anderen Patienten.
Materialien: *dieselben wie in Tab. 9.1 und 9.2. Diese Methode wird bei der Bewertung erst dann benutzt, wenn der Patient individuelle Aktivitäten und kooperative Aktivitäten mit dem Trainer durchführen kann. Beim Training wird sie benutzt, wenn zwei Patienten die beiden vorangegangenen Methoden gelernt haben.*

1. Das Puzzle wird zwischen die beiden Patienten gelegt. Einem Patienten gibt man die Schachtel mit den Einzelteilen und erteilt ihm die Instruktion: »Geben Sie (Name) zwei Teile.« Die Instruktion »Sie sind an der Reihe, (Name)« wird den beiden Patienten abwechselnd erteilt.
2. Schritt 1 wird mit vertauschten Rollen wiederholt.
3. Bei den Schritten 1 und 2 werden die Rollen vertauscht, aber die Instruktion »Fangen Sie an, Sie sind an der Reihe, (Name)« wird nur einmal zu Beginn erteilt. Außerdem wechseln die Patienten miteinander ab, wer mit der Aktivität beginnt.
4. Man gibt dem Patienten eine sehr ähnliche Aufgabe, und der Vorgang wird mit denselben Instruktionen durchgeführt.

5. Die Puzzleteile der ähnlichen Aufgabe werden dem einen Patienten gegeben, ohne daß Instruktionen erfolgen. Der Patient muß seinem »Partner« Puzzleteile geben, und dann sollen sie mit der Aufgabe beginnen.

Anmerkung: Wenn eine gewisse Anzahl der Patienten mit verschiedenen Partnern trainiert haben, sollte eine komplexere Aufgabe mit mehr Teilnehmern durchgeführt werden.

Bei der anfänglichen Bewertungsmethode sollte die Sequenz, die in den Darst. 9.1 bis 9.3 gezeigt wird, Schritt für Schritt durchgeführt werden, bis der Patient ohne Instruktionen handelt. Das heißt nicht, daß der Patient so weit mitgehen wird, wie sein »Fähigkeitsniveau« es erlaubt. Es heißt nur, daß der Patient derzeitig unter den bestehenden Bedingungen nur eine bestimmte Anzahl von Schritten bewältigen wird. Indem man die Trainingsmethoden bei der Bewertung so gut wie möglich angleicht, sollte es möglich sein, den Patienten nach jeder korrekten Reaktion während der Bewertung zu verstärken.

Diese einfache Puzzle-Aktivität wird nicht nur benützt, um eine Möglichkeit zu zeigen, wie man kooperative Verhaltensweisen entwickelt, sondern auch, um zu zeigen, daß sorgfältig geplante Verhaltensfortschritte spezifiziert werden sollten. Das Grundmodell kann auf viele Aktivitäten angewandt werden (z. B. Ball fangen oder Training von grob-motorischer Koordination bei einem Hindernislauf). Wenn ein Schritt von einem bestimmten Patienten nicht bewältigt wird, dann kann dieser Abschnitt der Aktivität für ihn in kleinere Schritte aufgeteilt werden. Abb. 9.1 zeigt eine allgemeine Sequenz, die befolgt werden könnte. Diese Sequenz basiert auf der Methode der Ausformung, einem wichtigen Verhaltensmodifikations-Prinzip (siehe Kapitel 2). Sie kann auf zwei Ebenen angewandt werden; innerhalb jeder Aktivität wird sie gemäß der aufeinanderfolgenden Schritte des Trainings angewandt. Bei verschiedenen Aktivitäten und Situationen wird sie angewandt, wobei zunehmend mehr Patienten einbezogen werden und die Komplexität der Aufgabe erhöht wird.

Wenn man eine Sequenz benützt, wie sie in Abb. 9.1 beschrieben wird, hat das mehrere Vorteile. Nach Einführung des Programms werden die Fortschritte systematisch aufrechterhalten, indem Bedingungen geschaffen werden, die einer ›natürlich‹ vorkommenden Entwicklung von Fähigkeiten, von kooperativem Verhalten und von Gruppen-Interaktion gleichen. Die Tatsache, daß die Schritte sorgfältig geplant worden sind, vermindert die Wahrscheinlichkeit eines Fehlschlags und ermöglicht die Abänderung der Methoden, falls dies nötig werden sollte. Genauer gesagt: Wenn die Sequenz eingeführt worden ist, und die Ergebnisse bei jedem Schritt protokolliert wurden, dann können auf-

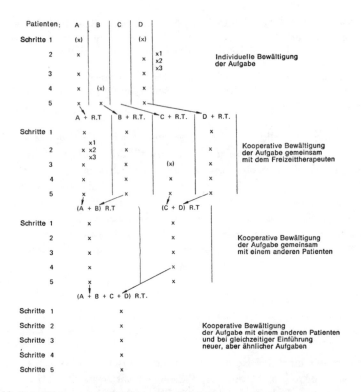

Abb. 9.1: Schema einer Sequenz zur Einführung und Aufrechterhaltung eines Freizeitprogramms, das auf den Prinzipien der Verhaltensmodifikation basiert. Nach der Bewertung beginnt das Training für die einzelnen Patienten ihrem jeweiligen bisher erreichten Niveau entsprechend. Die ersten Schritte auf dem Weg zu kooperativem Verhalten werden vom Freizeittherapeuten (R. T.) und den einzelnen Patienten — A, B, C, D — entwickelt. Der nächste Schritt zu kooperativem Verhalten wird von zwei Patienten gemeinsam bewältigt. Fortlaufend werden immer mehr Patienten und Aufgaben ins Programm eingebaut, die der ursprünglichen Trainingsaufgabe ähneln. Bei Schritt 2 der ersten Aufgabe werden einige kleinere Schritte eingebaut, um den Fortschritt von Patient D zu erleichtern. Auf ähnliche Weise sind auf Stufe 2 der zweiten Aufgabe einige zusätzliche Schritte für A eingebaut worden.

tretende Probleme leicht identifiziert und Lösungen gefunden werden. Außerdem ist es dank der Protokollierung täglicher Leistungen nicht mehr nötig, später subjektive und meistens ungenaue Darstellungen der Folge von Ereignissen anzufertigen. Die protokollierten Informationen bieten jederzeit Aufschluß über den derzeitigen Stand der Fortschritte. Daher hat man es nicht mehr nötig, Informationsfetzen aus verschiedenen Quellen zu sammeln. Es steht alles im täglich niedergeschriebenen Bericht zur Verfügung.

9.3. Andere Überlegungen und Ergänzungen zum Programm

Da nicht-angepaßtes Verhalten immer wieder auftreten wird, ist es ratsam, im voraus festzulegen, welche Methoden man benützen will, um damit fertig zu werden. Generell neigt ein Patient, der sich aktiv an konstruktiven Freizeitaktivitäten beteiligt, für die er auch verstärkt wird, wenig oder überhaupt nicht dazu, nicht-angepaßte Verhaltensweisen zu zeigen. Daher ist eine der wirksamsten Methoden, nicht-angepaßtes Verhalten zu *vermeiden*, die, Aktivitäten angemessen zu programmieren, um den Erfolg der Patienten zu gewährleisten. Dennoch kann ein Patient bei Gelegenheit abgelenkt oder auf andere Weise beunruhigt werden, was die Anleitung innerhalb der therapeutischen Situation blockiert. Dann ist die effektivste Methode meist Auszeit von Verstärkung, um das Verhalten zu eliminieren. Im Fall eines Einzeltrainings kann dies dadurch bewerkstelligt werden, daß man sich einfach für 30 Sekunden vom Patienten abwendet oder stehen bleibt, den Patienten aber nicht anschaut. Wenn eine Patientengruppe an dem Vorfall beteiligt ist, kann ein kurzes Verlassen (fünf Minuten) der Gruppe effektiv sein. Zwei Punkte sollte man beachten, wenn man Auszeit anwendet.

1. Wie der Begriff Auszeit von Verstärkung schon impliziert, ist es wesentlich, daß die existierende Situation verstärkend für den Patienten ist – andernfalls wird die kurze Unterbrechung keinen Effekt (oder sogar einen verstärkenden) haben.
2. Auszeit für eine längere Zeitdauer als fünf bis fünfzehn Minuten ist von wenig oder gar keinem Nutzen.

Wenn man den Patienten für eine längere Zeitspanne im Time-out läßt, kann das vielleicht verstärkend für den Trainer sein, in therapeutischer Hinsicht ist es jedenfalls nicht von Nutzen. Allerdings sollte dem Patienten nicht erlaubt werden, wieder zur Gruppe zurückzukehren, falls er während der Auszeit-Phase andere nicht-angepaßte Verhaltensweisen gezeigt hat. Diese sollte ausgedehnt werden, wenn ein anderes nicht-angepaßtes Verhalten auftritt, aber im Idealfall sollte die Auszeit-Situation dergestalt sein, daß sie die Möglichkeit für neue nicht-angepaßte Verhaltensweisen auf ein Minimum reduziert. Falls der Patient gleich zu Beginn der Auszeit-Phase mit dem nicht-angepaßten Verhalten aufhört, braucht sie natürlich nur von ganz kurzer Dauer zu sein.

Die allmähliche Einführung sozialer und anderer Verstärker, die das Verhalten auch in weniger künstlicher Umgebung aufrechterhalten, ist ein wichtiges Übergangsstadium. Zu Anfang des Trainings mögen Süßigkeiten und andere ›faßbare‹ Verstärker wichtig sein, um die erwünschten Verhaltensweisen hervorzurufen und aufrechtzuerhalten. Wenn man dann nach und nach Belobigungen wie ›sehr gut‹ oder ›so ist's richtig‹ oder ein Schulterklopfen mit den erwähnten Verstärkern koppelt, dann werden auch diese Belobigungen zu Verstärkern werden. Mehr noch, die Entwicklung des Sprachrepertoires der Patienten kann vielleicht zu Situationen führen, in denen sich die Patienten gegenseitig verbal verstärken. Obwohl Erfolge in dieser Richtung als Ziel angesehen werden sollten, muß das Fehlen eines solchen Erfolgs nicht als Fehlschlag gewertet werden. Es gibt keinen Grund, Süßigkeiten und andere ›faßbare‹ Verstärker nicht anzuwenden, wenn sie bei der Aufrechterhaltung erwünschter Verhaltensweisen wirksam sind.

Es ist schon an früherer Stelle erwähnt worden, daß komplexere Aktivitäten eingeführt werden sollten. Man muß zuerst die grundsätzliche Richtung der Aktivitäten definieren, die durchgeführt werden sollen. Sie müssen auf allgemeinen verhaltenstherapeutischen Grundlagen basieren und einen natürlichen Fortschritt gewährleisten. Das wird einen glatten Übergang von den Aktivitäten eines bestimmten Komplexitätsgrades zu Aktivitäten von zunehmend größerer Komplexität ermöglichen.

9.4. Zusammenfassung

Diese Erörterungen erinnern an die der anderen Kapitel dieses Buches, und so soll es auch sein, denn die Funktion des Freizeittherapeuten sollte der aller anderen Spezialisten auf dem Gebiet der geistigen Behinderung ähneln. Die wichtigste Aufgabe sollte auch in der Freizeittherapie die sein, Fertigkeiten auf einem bestimmten Gebiet zu entwickeln. Die Prinzipien der Verhaltensmodifikation haben sich oft als wirksam erwiesen, erwünschte Fertigkeiten bei den Freizeitaktivitäten, der Kooperation und der Gruppen-Interaktion heranzubilden. Für diejenigen, die auf dem Gebiet der Freizeittherapie arbeiten, stellt sich jetzt die Frage: ›Besteht unser Beruf darin, lediglich unstrukturierte Spielaktivitäten für geistig weniger gestörte Patienten zu bieten, oder soll er nicht vielmehr eine fortschrittliche Disziplin sein, die alle zur Verfügung stehenden Methoden einsetzt, um die Fähigkeiten und das Verhalten der geistig Behinderten zu entwickeln?‹

10. Beratung der Eltern geistigbehinderter Kinder

Von ROGER JOHNSON

10.1. Vorbemerkung

Jedes Programm für geistigbehinderte Kinder hat mehr Aussicht auf Erfolg, wenn man sich zuerst die Unterstützung der Eltern oder Verwandten sichert. Hat man die Zustimmung der Familie, so werden die verwaltungstechnischen Probleme auf ein Mindestmaß reduziert, die eigentlich immer dann entstehen, wenn eine Anstalt sich dazu entschließt, die Art der Betreuung, des Trainings oder der Erziehung eines ihm anvertrauten Kindes zu ändern. Zum anderen bringt die interessierte Anteilnahme der Eltern es oft mit sich, daß sie das neue Programm sogar finanziell unterstützen. Die unterstützende Familie weiß damit auch, daß die Anstalt etwas Neues ausprobiert — vielleicht ist es also nicht ausgeschlossen, daß sich durch neue Methoden der Zustand des Kindes verbessern läßt.

Gute Kenntnisse über die ambulante Beratung der Eltern geistigbehinderter Kinder erleichtern die Einführung eines neuen Behandlungsprogramms ungemein; egal, ob dieses Programm in einer privaten oder öffentlichen Einrichtung, in einer Anstalt für hospitalisierte Patienten oder in einem Tages-Pflegeheim durchgeführt wird. Kenntnisse dieser Art bekommt man am besten durch das Studium der Fallgeschichten der betroffenen Familien, der üblichen Reaktionen und Anpassungen auf und an die geistige Behinderung und durch das Wissen über die Variablen, die das Verhalten der Eltern beeinflussen, und über klinische Entscheidungen, die auf spezifischen Diagnosen basieren.

10.2. Dilemma der Eltern

»Er sieht irgendwie anders aus. Ist er ... ganz normal?« fragt die Mutter zögernd, die vor kurzem entbunden hat.
Die Krankenschwester wirft dem Arzt einen raschen Blick zu. Mit verschlossenem Gesicht läßt er sich schweigend auf der Bettkante nieder, senkt den Blick und greift nach der Hand der jungen Frau.
»Ist mein Kind ...?«
»Wir müssen erst einige Laboruntersuchungen abwarten, bevor wir etwas Definitives sagen können«, unterbricht er sie. »Ich muß zugeben, daß Ihr Baby ein bißchen anders aussieht, aber kein Baby gleicht dem anderen, Mrs. Chance. Ganz egal, ob das Kind nun normal ist oder nicht, wir wollen dem Baby doch nicht voreilig zuschreiben, daß es minderwertig ist«.
Das eigenartige Benehmen des Arztes und die Nervosität der Schwester lassen das nun entstehende Schweigen noch beunruhigender wirken. Der Doktor hat

zwar ganz vernünftig gesprochen, aber seine logischen Worte können die instinktiven Angstgefühle der Mutter nicht beruhigen.
»Schauen Sie nur, wie glücklich das Kleine ist, Sie zu sehen, Mrs. Chance.«
Die Mutter schaut mit Liebe und zugleich Entsetzen in das Gesichtchen mit den weit auseinanderstehenden Augen, der winzigen Nase, dem engen Kinn und den tief angesetzten Ohren. Wenn sie das Baby genauer untersuchen würde, könnte sie Hautgewebe zwischen den Zehen und einen Wolfsrachen im Mund entdecken. Aber im Augenblick hat sie keinerlei Neigung, ihr erstes Kind näher zu betrachten. In gewissem Sinn möchte sie es am liebsten überhaupt nicht sehen.
Vor dem Zimmer läuft der junge Vater nervös und voll glücklicher Erwartung auf und ab. Als der Arzt auf den Gang tritt, stürzt er sich auf ihn.
»Ist es ein Junge?«
»Ja, es ist ein Junge, Jim.«
Die Stimme des Arztes klingt ernster als sonst, und sein Lächeln wirkt etwas gezwungen. Jim beginnt bereits zu ahnen, daß etwas nicht stimmt, wünscht sich aber nichts sehnlicher, als weiter glauben zu können, daß mit dem Baby alles in Ordnung ist, daß es ... normal ist.
»Wieviel wiegt er?«
»Wir haben ihn noch nicht gewogen, Jim, aber er wirkt etwas kleiner als der Durchschnitt.«
Für Jim beginnt sich das Unheil schon abzuzeichnen. Der Arzt ist reichlich geistesabwesend und braucht zu lange, um Fragen zu beantworten, die ihm schon hunderte von Malen gestellt worden sind. Das Gesicht des jungen Vaters verdüstert sich für einen Augenblick. Dann zwingt er sich zu erneutem Optimismus.
»Kann ich reingehen und die beiden sehen?«
»Setzen Sie sich einen Moment hin, Jim. Ich möchte Ihnen etwas erklären«, sagt der Arzt und deutet auf zwei Stühle. »Sie müssen erst einiges erfahren, bevor Sie Ihre Frau und Ihr Neugeborenes zum erstenmal sehen ...«
Es wird lange dauern, bis Jim die Situation voll begreift. Eltern müssen sich meist durch ein Labyrinth aus Gefühlskonflikten hindurcharbeiten, bevor sie ein geistigbehindertes Baby akzeptieren können. Die erste Schwierigkeit liegt für Jim darin zu akzeptieren, was der Arzt ihm gerade gesagt hat.
»Das darf nicht wahr sein! Wie können Sie so sicher sein? So bald schon!«
Dies sagen die meisten Menschen, wenn all die Erwartungen, die Liebe, die Hoffnungen und die Pläne, die in der Geburt des Kindes gipfelten, durch die Bezeichnung ›geistig behindert‹ zunichte gemacht werden. Das einfachste Hilfsmittel, einem Unglück wie diesem zu begegnen, ist, sich selbst einzureden, daß es gar nicht wirklich passiert sein kann. Vorübergehend tröstet das die verzweifelten Eltern.
Diese Eltern haben einen gewaltigen Schock bekommen und müssen eine Methode finden, damit fertigzuwerden. Als erstes kommt die Phase, in der sie die schreckliche Tatsache einfach ignorieren. Diese Phase kann einige Minuten aber auch lange Jahre dauern. Zweifellos erfüllt sie zuerst eine nützliche Funktion, da sie die Wucht der plötzlichen abgrundtiefen Enttäuschung durch eine ganz allmähliche, zeitlich ausgedehnte Gewöhnung abschwächt. Andererseits sind Eltern, die sich weigern, die Realität anzuerkennen, für lange Zeit nicht mehr in der Lage, realistische Pläne für ihr Baby zu machen. Und für solch ein Baby muß man mindestens soviel vorausplanen wie für ein normales Kind.

Unser Beispiel zeigt, daß die geistige Behinderung nicht nur ein Problem desjenigen ist, der den niedrigen IQ hat. Zuallererst ist ›das Problem‹ im wesentlichen ein Eltern- oder Familienproblem. Es ist von großer Wichtigkeit zu wissen, was Eltern typischerweise durchmachen, wenn sie das Leben ihres geistigbehinderten Kindes vorplanen.

10.3. Typische Stadien der elterlichen Anpassung

Die meisten Eltern durchlaufen dieselben Phasen der Anpassung. Wenn man den Eltern die traurige Mitteilung macht, daß ihr Kind geistigbehindert ist, weisen sie dies häufig mit empörten Ausrufen wie »Das glaube ich nicht! Ich werde es nie glauben!« etc. zurück.

Wenn sie die Realität monate- oder jahrelang weiter leugnen, führt das dazu, daß die Eltern von Krankenhaus zu Krankenhaus laufen und nach einem Arzt suchen, der eine andere Diagnose stellt. Dies ist nicht nur in finanzieller Hinsicht, sondern vor allem emotional (für die Eltern, das Baby und alle anderen, die damit zu tun haben) äußerst belastend. Immer wieder erleiden sie Enttäuschungen, immer wieder werden sie ihre Erwartungen hoch schrauben und immer wieder werden sie gerade den Menschen mißtrauen, die ehrlich und aufrichtig sind. Das daraus resultierende Mißtrauen gegenüber denjenigen, die aufrichtig sind, kann dazu führen, daß die Eltern Zuflucht zu Gesundbetern und allen möglichen Quacksalbern nehmen.

Wenn die Eltern endlich die Tatsache akzeptieren, daß ihr Kind geistigbehindert ist, dann suchen sie häufig Absolution für sich, indem sie einen Schuldigen auftreiben wollen. Vielleicht liegt dies daran, daß wir in einer Schuld-orientierten Gesellschaft leben. Auf jeden Fall ist es typisch für die Eltern, daß sie diese Phase durchleben. Wie bei der Ableugnung liegt auch hier die Gefahr in der Möglichkeit, daß sich die Eltern auf diese Art von Anpassung fixieren.

Normalerweise ist die erste Person, die zum Schuldigen gestempelt wird, der Geburtshelfer oder Familiendoktor, der das Baby entbunden hat. Ab und zu klagen die Eltern sogar gerichtlich auf Schadensersatz. Dabei ist dem Arzt, der das Baby entbunden hat, so gut wie nie Schuld nachzuweisen. Wenn die Eltern dann zum Schluß kommen, daß nicht die Entbindung schuld ist, dann beginnen sie ihre gegenseitigen Stammbäume nach etwaigen Vererbungsfehlern zu durchforsten. Daraus entsteht unter Umständen eine unhaltbare Situation zwischen den Ehepartnern. Ein Berater, der mit Eltern von geistigbehinderten Kindern zu tun hat, muß dieses Stadium voraussehen und den Eltern nach Möglichkeit darüber hinweghelfen. Er hat es natürlich leichter, den Eltern beizustehen, wenn die exakte Ursache für die geistige Zurückgebliebenheit feststeht. In jedem Fall ist es aber seine Aufgabe, den Eltern klar zu machen, daß ihr Problem nicht durch das Finden eines ›Sündenbocks‹ gelöst wird. Sich gegenseitig die Schuld zuzuschieben, wird ihre verzweifelte Lage nur noch verschlimmern.

Als nächstes machen sie häufig eine Phase durch, in der sie glühend hoffen, einen Arzt, ein Medikament, eine Behandlung zu finden, die ihr Kind zu einem normalen Menschen werden läßt. Eltern, die während des Stadiums der Ableugnung von Arzt zu Arzt rannten, werden es häufig auch in dieser Phase wieder tun. Leider neigen die Eltern, die inzwischen erfahren haben, was für eine geringe Chance besteht, von Ärzten das zu hören, was sie gerne hören würden, dazu, andere Möglichkeiten zu suchen, die jenseits der Grenzen gesetzlicher medizinischer Praktiken liegen. Zum Glück ist diese Suche meist nur von kurzer Dauer.

Wenn sie auch diese Phase hinter sich haben, bleibt den Eltern nichts anderes mehr übrig, als die unleugbare Tatsache zu akzeptieren, daß ihr Kind geistigbehindert ist und es auch den Rest seines Lebens bleiben wird. An diesem Punkt setzen häufig Selbstvorwürfe ein, und die Eltern machen Phasen tiefer Depression durch. Grundlose Schuldgefühle sind nicht nur schädlich für die Eltern, sondern bringen das Kind auch um die Bemutterung, die es in besonderem Maß braucht. Um die Eltern rascher über die Depressionen hinwegzuhelfen, muß der Berater ganz klar stellen, daß es wahrhaftig nicht die beste Methode der Anpassung ist, sich in Selbstvorwürfen zu zerfleischen.

Sodann erreichen die Eltern jene Phase, die normalerweise das Schlußstadium der Anpassung darstellt. Sie bringt es mit sich, daß sich die Eltern übermäßig darum bemühen, ein ›ideales‹ Verhältnis zu dem Kind herzustellen, weil sie das unterschwellige Bedürfnis, genau das Gegenteil zu tun, in sich ausmerzen wollen. Die Eltern werden über-beschützend und über-nachsichtig gegenüber ihrem behinderten Kind, um in sich den ›untragbaren‹ Gedanken abzutöten, daß sie so einen unzulänglichen Sprößling gar nicht haben wollen. Vermutlich hat dieser Faktor von Anfang an eine Rolle gespielt, tritt aber normalerweise erst dann deutlich in Erscheinung, wenn die depressive Phase beendet ist. Aufs erste mag das gar nicht so übel klingen. Schließlich kann besonders viel Liebe und Zuneigung einem Kind wohl kaum Schaden antun, oder doch? Wenn Eltern das Gefühl haben, daß sie dem Kind immer seinen Willen lassen müssen, es nie an Disziplin gewöhnen und es vor allen nur denkbaren Umwelt-Schwierigkeiten behüten, dann werden sie damit vermutlich jene Lernfähigkeiten des geistigbehinderten Kindes ruinieren, die es so bitter nötig braucht. Wie bereits gesagt, braucht das geistigbehinderte Kind genauso viele Chancen, etwas zu lernen wie jedes andere. Ein geistigbehindertes Kind macht wie jedes Kind die besten Fortschritte, wenn es mit einer Reihe klar festgelegter Familienregeln aufwächst. Über-beschützende und über-besorgte Eltern verringern die Chancen einer positiven Entwicklung.

10.4. Einige Faktoren bei der Elternberatung

Solchen typischen elterlichen Reaktionen liegen einige soziale Faktoren zugrunde. Es gibt begründete Annahme, daß sich nicht mehr ganz junge Ehepaare schwerer mit der Tatsache abfinden, daß ihr Kind anomal ist. Dafür gibt es mehrere denkbare Gründe. Beispielsweise haben etwas ›ältere‹ Ehepaare vielleicht schon normale Kinder auf die Welt gebracht, die ihnen naturgemäß lieber und wertvoller sind, was dazu führen kann, daß das behinderte Kind nicht akzeptiert wird. Auch ist es denkbar, daß es dann mehr Schwierigkeiten unter den Geschwistern gibt, als wenn das geistigbehinderte Kind das Erstgeborene ist. Andererseits wird die Anpassung für nicht ganz junge Eltern dann vielleicht noch schwieriger sein, wenn sie sich seit langem ein Kind gewünscht haben und nun mit dem Problem konfrontiert sind, daß ihr erstes und möglicherweise einziges Kind geistigbehindert ist.

Introvertierte Eltern reagieren häufig besonders kompliziert. Da sie nicht fähig sind, ihre Gefühle so offen auszudrücken wie extravertiertere Menschen, ist die Bewältigung des Schocks noch schwieriger.

Interessanterweise scheinen Akademiker im allgemeinen große Schwierigkeiten zu haben, sich an die gegebene problematische Situation anzupassen. Vielleicht liegt es daran, daß sie mehr dazu neigen, Besorgnis auszudrücken, Hilfe zu suchen, sich über ihre eigene Zulänglichkeit Gedanken zu machen, und über mögliche Heilmethoden zu lesen als andere Eltern. Mag sein, daß Nicht-Akademiker einfach nicht so gut Bescheid wissen über die Möglichkeiten für Hilfe und Beratung. Es erfordert mehr Spezialwissen, um mit diesen Eltern zu arbeiten. Andererseits können sie, wenn sie sich angepaßt haben, wertvolle Verbündete bei jedem Programm sein.

Auch unterprivilegierte Ehepaare haben es schwerer, sich umzustellen. Diese Gruppe Menschen ist in der Regel mißtrauisch gegen Institutionen der Mittelschicht. Sie haben Probleme, mit den Ärzten und Psychologen in Anstalten zu sprechen und denken anders über geistige Behinderung als es die Mittelschicht tut. Etliche dieser Ehepaare haben vielleicht nur deshalb Schwierigkeiten mit der Umstellung, weil die Ärzte und Betreuer nicht wissen, wie sie sich ihnen mitteilen sollen. Der Prototyp des Mittelschicht-Akademikers kann ihre Wertmaßstäbe oder ihre abweichenden Ansichten über Kindererziehung geistig nicht nachvollziehen.

Diejenigen, die mit Eltern geistigbehinderter Kinder zu tun haben, sollten sich auch über den sozialen und emotionalen Hintergrund der Familie Klarheit verschaffen. Eine Familie, die schon vor der Geburt des geistigbehinderten Kindes Schwierigkeiten hatte, bewältigt das Problem weit schlechter als eine stabile, harmonische Familie. Es ist natürlich nicht leicht, das wirklich relevante Problem herauszufinden. Man wird zwar leicht feststellen können, wenn das Ehepaar Schwierigkeiten miteinander hat, aber das muß nicht an der Geburt des geistigbehinderten Kindes liegen. Häufig bestanden die Schwierigkeiten schon vorher und resultierten aus einer emotional ungefestigten, oberflächlich aufrechterhaltenen Ehe.

Familien, die häufig den Wohnort wechseln, passen sich nicht so gut an ein geistigbehindertes Kind an wie Familien mit verwurzelten dauerhaften Bindungen an ihre Umgebung. Man kann nur spekulieren, was hier Ursache und Wirkung ist. Fast immer hat es sich jedenfalls erwiesen, daß ständiger Wohnungswechsel eine zusätzliche Bürde für Eltern und Kinder darstellt.

Verständlicherweise geht die Anpassung schwieriger vonstatten, wenn nur noch ein Elternteil für das Kind da ist. Der Elternteil, der seinen Partner verloren hat oder sich von ihm trennte, muß normalerweise schon mit genügend Problemen fertigwerden, auch ohne die Anpassungsschwierigkeiten an ein behindertes Kind. Außerdem hilft es jedem, wenn er Probleme gemeinsam mit seinem Partner angehen kann.

Fanatisch veranlagte Eltern haben es ganz besonders schwer, sich anzupassen. Ob sie nun Gesundheitsfanatiker, religiöse Fanatiker oder ›fanatische Geldverdiener‹ sind, ihre Chancen, sich an ein geistigbehindertes Kind anzupassen, sind sehr gering. Der Therapeut wird diese Eltern immer wieder auf die Realität ihrer Situation hinweisen müssen. Deutlicher ausgedrückt: der Therapeut muß feste Regeln aufstellen und Anordnungen erteilen.

10.4.1. Falls das Kind zu Hause bleibt ...

Ob die Eltern sich dafür entscheiden, ihr geistigbehindertes Kind bei sich zu Hause zu behalten, hängt von einigen Faktoren ab: dazu gehört das Akzeptieren des Problems, der Grad geistiger Zurückgebliebenheit, die Frage, ob ein durchführbarer Plan zur Betreuung des Kindes aufgestellt werden kann, ob und inwieweit den Eltern dabei geholfen wird, ein Programm zur Entwicklung der Fähigkeiten des Kindes zu planen, und — dies wird häufig außerachtgelassen — der finanzielle Gesichtspunkt. Wenn das Kind zu Hause bleibt, ist es von besonderer Wichtigkeit, daß den Eltern Unterstützung zuteil wird. Häufig sind Kliniken oder Spezialinstitute einer Universität oder einem College angegliedert, wo Verhaltensmodifikations-Berater zur Verfügung stehen. Das geistigbehinderte Kind kann dort an Spezialprogrammen teilnehmen und fachmännische Hilfe vom Personal erhalten. Eine Liste der Einrichtungen, wo solche Hilfe geboten wird, kann den Eltern jederzeit zur Verfügung gestellt werden. Ob sie ihr Kind lieber an einem der Universität angeschlossenen Programm teilnehmen lassen wollen, oder ob sie es in die Privatpraxis eines erfahrenen Verhaltenstherapeuten bringen, bleibt natürlich ihnen überlassen. Falls die Eltern eine der soeben vorgeschlagenen Lösungen wählen, dann sollten sie in Kontakt mit Vereinigungen treten, wie sie beispielsweise in Fußnote[1] aufgeführt wurden. Diejenigen, die noch an der Wirksamkeit der Verhaltenstherapie oder speziell der Verhaltensmodifikations-Techniken zweifeln, oder diejenigen, die über diese Techniken noch nicht genug wissen, sind vielleicht an einigen realen Beispielen interessiert.

Viele Eltern behalten ihr geistigbehindertes Kind zu Hause, bis ›sie mit den Problemen nicht mehr fertig werden‹ und stecken es dann in eine Anstalt.

Robert war eins dieser Kinder. Er blieb bis zum zehnten Lebensjahr zu Hause. Aus Roberts Akte ist zu entnehmen, daß er damit anfing, mit dem Kopf gegen die Wand zu schlagen, sobald er gelernt hatte, im Zimmer herumzukriechen. In der Folge entwickelte er eine Reihe weiterer nicht-angepaßter Verhaltensweisen. Er schlug mit der Hand auf seinen Kopf ein und übergab sich, wann es ihm gerade so paßte. Seine Eltern ›lösten‹ das Problem des ›mit dem Kopf gegen die Wand schlagens‹ dadurch, daß sie ihn im Bett festbanden, wo er ab da auch seine Nahrung erhielt. Als Robert in die Anstalt kam, verhielt er sich wie beschrieben: er schlug mit dem Kopf gegen die Wand und übergab sich häufig. Als erstes setzte man ihm in der Anstalt einen Helm auf und band die Hand, mit der er sich an den Kopf schlug, innen an seiner Kleidung fest. Roberts Eltern besuchten ihn sehr oft. Nach jedem dieser Besuche übergab er sich noch häufiger. Bevor ihn die Eltern nach Ende der Besuchszeit wieder verließen — gegen 16 Uhr — sagte Robert, daß er ins Bett gehen wollte. Man erlaubte seinen Eltern, ihn zu Bett zu bringen, da sie begierig darauf waren, etwas für ihn zu tun. Roberts Problem wurde mit den Verhaltensmodifikationsberatern diskutiert, die ein Programm entwickelten, das Verstärkung für angepaßtes Verhalten und Verstärkungsentzug für nicht-angepaßtes Verhalten einsetzte. Roberts Brechanfälle verringerten sich innerhalb zweier Wochen von fünfmal pro Tag auf weniger als einmal pro Tag. Auch das ›gegen den Kopf schlagen‹ kam immer seltener vor, und er begann langsam auf angemessene Weise mit anderen zu interagieren. Schon bald wird Robert den Helm nicht mehr als Selbstschutz brauchen. Es muß hier betont werden, daß Roberts Eltern keineswegs grausame oder herzlose Leute waren. Sicher hätten sie ihr Kind lieber nicht ans Bett gebunden, als es noch zu Hause lebte. Da Robert behindert war, wollten sie alles nur Mögliche für ihn tun. Leider hatten sie jedoch

---

[1] Deutsche Vereinigung für die Rehabilitation Behinderter e. V.
Friedrich Ebert Anlage 9, 6900 Heidelberg
Bundesvereinigung Lebenshilfe für das geistigbehinderte Kind e. V.
Postfach 1486, 3550 Marburg
Bundesarbeitsgemeinschaft »Hilfe für Behinderte« e. V.
Kirchfeldstr. 149, 4000 Düsseldorf
Bundesverband »Hilfe für das autistische Kind«
Sedanstr. 13, 5880 Lüdenscheidt
Gesellschaft für Sprachheilpädagogik
Andergasse 14/4, A-1170 Wien
Schweizerische Zentralstelle für Heilpädagogik
Alpenstr. 8—10, CH-6004 Luzern

keine Richtlinien, die ihnen dabei geholfen hätten, mit Robert zu trainieren und in ihm angepaßte Verhaltensweisen zu entwickeln. Vermutlich wäre Robert heute nicht in der Anstalt, wenn seine Eltern über die Informationen und die Hilfe verfügt hätten, die sie benötigten.

Roberts Fall steht der Fall des achtjährigen Greg gegenüber, dessen Eltern entschlossen waren, ihn zu Hause zu behalten.

Greg war in einer Spezialklasse einer staatlichen Schule gewesen. Da er jedoch von Zeit zu Zeit inkontinent und hyperaktiv war und Wutanfälle bekam, hatte man ihn von der Schule verwiesen. Man erklärte seinen Eltern, daß er bis zum Herbst spezielles Intensivtraining erhalten müßte, andernfalls wäre eine Hospitalisierung unumgänglich. Zum Glück für Greg existierte ganz in der Nähe seines Zuhauses in einer großen Stadt ein Gemeindezentrum für Tagesaktivitäten. In diesem Zentrum gab es auch einen Berater in Verhaltensmodifikation, der Greg in Selbsthilfefähigkeiten unterrichtete. Zu Beginn wurde der Schwerpunkt auf die Verstärkung angemessenen Sauberkeitsverhaltens gelegt. Schon nach kurzem tauchte das Problem der Inkontinenz nur noch selten auf. Indem man Greg dazu brachte, für immer längere Zeit stillzusitzen und eine Aufgabe zu erledigen, um dafür Verstärkung zu erhalten, brachte man auch seine Hyperaktivität unter Kontrolle. Der Lehrer der Spezialklasse stellte dann fest, daß die Wutanfälle viel seltener vorkamen. Mit der Zeit wurden sie ganz eliminiert, indem man Greg nur solche Aufgaben zuteilte, die im Bereich seiner Fähigkeiten lagen. Wenn man Greg Aufgaben erteilte, die zu schwierig waren, wurde er zunehmend aufgeregter und steigerte sich schließlich in einen Wutanfall hinein. Ein wichtiger Punkt war, daß Gregs Mutter das Tagesaktivitäten-Zentrum aufsuchte und die Methoden der Verhaltensmodifikation lernte, um Greg zu Hause zu trainieren. Er hatte auf den verschiedensten Gebieten Störungen, was das Leben für Greg und seine Familie zu Hause schwierig gestaltete. Doch mit der Zeit lernte er, wie man Knöpfe zumacht, Schnürsenkel bindet und andere allgemeine Selbsthilfe-Fähigkeiten, wozu er bis dahin nicht fähig gewesen war. Dies wurde ab dem Moment möglich, ab dem Gregs Mutter die Prinzipien der Verhaltensmodifikation gelernt hatte und sie zu Hause anwandte[2].

10.4.2. Wenn das Kind in einer Anstalt untergebracht wird

Wenn Eltern sich mit dem Problem abgefunden haben, ein geistigbehindertes Kind zu haben, werden sie sich aus Zweckmäßigkeitsgründen möglicherweise dazu entscheiden, das Kind in einer Anstalt unterzubringen. Viele Kinder leben in Anstalten, weil die Eltern sich dem Problem des Zusammenlebens entziehen wollen. In einigen Fällen kann dies eine akzeptable Lösung sein, da der Erfolg der Eltern, die Fähigkeiten des Kindes zu Hause zu entwickeln, auf Grund ihres Versagens, die eigenen Probleme zu meistern, gering sein wird. Bevor man sich für eine Hospitalisierung entscheidet, sollte man jedoch einiges überdenken.

---

[2] Edgar Schmitz: Elternprogramm für behinderte Kinder. E. Reinhardt Verlag, München Basel 1976.

Die meisten Argumente für eine Hospitalisierung von geistigbehinderten Kindern — ausgenommen sind schwere medizinische Probleme, die mit der geistigen Behinderung zusammenhängen — basieren in erster Linie auf sozialen Gegebenheiten, nicht aber auf der Wirksamkeit der Hospitalisierung als Behandlungsmethode. Daher muß noch einmal betont werden, daß alle gebotenen Möglichkeiten — Pflegeheime, Sonderschulen und ähnliches — in Betracht gezogen werden sollten, bevor Eltern ihr Kind in einer größeren staatlichen Heilanstalt unterbringen. Wenn die Eltern der Meinung sind, sie seien unfähig, ein geistigbehindertes Kind bei sich zu behalten, dann sollten sie sorgfältig alle Alternativen überprüfen und nicht etwa die staatliche Heilanstalt als einzige Möglichkeit ansehen.

Einige der für eine Entscheidung zugunsten der Hospitalisierung maßgeblichen Faktoren:

1. *Grad der Behinderung.* Es gibt einige genetische Anomalien, die derartige medizinische und verhaltensmäßige Probleme mit sich bringen, daß sie zu Hause nur selten effektiv gehandhabt werden können.
2. *Anwesenheit anderer Kinder.* Häufig wird dies als der Grund schlechthin angesehen, warum ein Kind in einer Anstalt untergebracht werden soll. Dabei haben viele Eltern von geistigbehinderten Kindern herausgefunden, daß so ein Kind unter Umständen gut mit seinen normalen Geschwistern auskommt. In Fällen, bei denen das seelische Gleichgewicht der Geschwister aus anderen Gründen schon gefährdet ist, muß die Hospitalisierung wohl als die einzige Lösung angesehen werden.
3. *Einkommen.* Abgesehen von den Kosten für private Spezialschulen stellen die geistig leicht behinderten Kinder für ihre Eltern keine größere finanzielle Belastung dar als die normalen. Dennoch wird unzureichendes Einkommen häufig als Grund für die Hospitalisierung eines Kindes angegeben.
4. *Wirkung auf Verwandte und Bekannte.* Auch dies wird manchmal als triftiger Grund für eine Hospitalisierung angegeben, obgleich es in erster Linie wohl eine rein zweckmäßige Überlegung ist. Dieses Argument für eine Hospitalisierung läßt Rückschlüsse darauf zu, wie sehr es in unserer Gesellschaft eine ›Schande‹ ist, ein geistigbehindertes Kind zu haben. Andererseits gibt es Familien, die vor dem Problem stehen, einen altersschwachen Großvater und ein geistigbehindertes Kind versorgen zu müssen. Oder aber ein Elternteil ist zusätzlich schwer krank. Unter solchen Umständen kann die Hospitalisierung eine akzeptable Lösung darstellen.
5. *Nichtzulassung bei den öffentlichen Schulen.* Dies ist ein echtes Problem, da viele Schulen Kinder nicht aufnehmen, die bei Standard-

Tests versagen. Unter solchen Umständen ist es am besten, sich nach anderen Möglichkeiten (beispielsweise Privatschulen) umzusehen.

Allgemein betrachtet ist Hospitalisierung keine sehr gute Lösung. Die meisten behinderten Kinder können angemessene Fortschritte machen, wenn man ihnen die Möglichkeit dazu bietet. Ein behindertes Kind wird natürlich kein Akademiker oder Facharbeiter werden, kann jedoch unter Umständen mit dem richtigen Training so weit kommen, daß es auf vielen Gebieten tätig sein kann, die für unsere Gesellschaft nützlich und notwendig sind. Wenn jemand dagegen zwanzig oder dreißig Jahre in einer staatlichen Anstalt verbringt, wird er, wenn überhaupt, nur wenige nützliche Aufgaben erfüllen können. Die Anstalten werden in den meisten Staaten so unzureichend mit Geldmitteln unterstützt und sind so schlecht ausgerüstet, daß sie ihre Patienten nicht für irgendwelche Berufe ausbilden können. Ein Paradebeispiel dafür, wie unglücklich sich die Hospitalisierung auswirken kann, ist der Fall eines dreizehnjährigen Jungen.

Seine Eltern hatten etliche von ihm unabhängige Schwierigkeiten und zogen es vor, ihn in eine große staatliche Heilanstalt zu stecken, statt ihn für die Adoption freizugeben oder ihn zu Hause zu behalten. Nach einigen Jahren in der Anstalt machte der Junge im Sonderschulunterricht gute Fortschritte, zeigte jedoch auf der Station eine ganze Reihe von nicht-angepaßten Verhaltensweisen. Der Verhaltensmodifikations-Berater der Schule und der Programmüberwacher der Anstalt waren geradezu erstaunt über die Fähigkeiten des Jungen und beschlossen herauszufinden, warum er eigentlich überhaupt eingeliefert worden war. Sie entdeckten die Schwierigkeiten der Eltern, und man überzeugte diese davon, daß der Junge sich bei einer anderen Familie gut entwickeln könnte. Im Augenblick wird gerade ein Platz für ihn gesucht. Dies wird schwierig sein, da der Junge in einer Anstalt gewesen ist. Obgleich er verhältnismäßig intelligent ist, wollen viele Familien kein Kind mit solcher Vergangenheit. Wäre der Irrtum vermieden worden, ihn in eine Anstalt zu stecken, dann wäre er als Adoptivkind jetzt vermutlich schon gut in einer Familie aufgehoben. Was nun aus ihm werden wird, ist ungewiß.

Wie aus dem eben beschriebenen Beispiel hervorgeht — diejenigen, die sich in staatlichen Heilanstalten auskennen, wissen es sowieso —, ist Hospitalisierung sehr häufig ein Versuch, um die Probleme eines Geistigbehinderten zu verdrängen, statt sie zu lösen.

Eltern sollten Kontakt mit entsprechenden Organisationen (s. Fußnote S. 211) aufnehmen und so viele Informationen wie möglich über Pflegeheime und Anstalten sammeln, damit sie die Institution finden, die am besten auf die Bedürfnisse ihres Kindes zugeschnitten ist. Wenn die Eltern sich dann aufgrund der Programme der Heilanstalt und der voraussichtlichen Probleme des Kindes für eine Institution entschieden haben, sollten sie ihr Kind häufig besuchen. Eltern haben Einfluß auf die Einstufung ihres Kindes innerhalb des Anstaltssystems und auch darauf, inwieweit es in die Aktivitäten oder Trainingsprogramme einbezogen wird. Vermutlich müssen sie sich häufig mit dem Personal, den Sozialarbeitern, den Schwestern oder der Verwaltung auseinandersetzen, aber sie sollten nicht klein beigeben. Weiter müssen sie klar erkennen, wie begrenzt die Finanzmittel der öffentlichen Anstalten sind. Auf der anderen Seite ist es sehr wichtig, daß sie alles versuchen, um mit Hilfe von Organisationen die Bedingungen zu verbessern. Vielleicht müssen sie auch mit den maßgeblichen Angestellten der Anstalt darüber diskutieren, ob nicht Verhaltensmodifikations-Programme eingeführt werden können, falls sie in der Institution noch nicht existieren, in der ihr Kind untergebracht ist. In den meisten Anstalten gibt es Elterngruppen, die sich regelmäßig treffen. Diese Elternversammlungen sollten sich darum bemühen, Redner zu gewinnen, die über die medizinischen, genetischen und sozialen Probleme der geistigen Behinderung Vorträge halten. Außerdem ist es von großem Nutzen, wenn sie Informationen über die Möglichkeiten, mit Verhaltensproblemen fertig zu werden, von jenen Betreuern bekommen, die die Verhaltensmodifikations-Programme überwachen. Eltern sind oft entmutigt oder frustriert, wenn sie feststellen, daß ihr Kind in der Anstalt selbständig ißt, sich anzieht etc., diese Verhaltensweisen jedoch nicht zeigt, wenn es bei ihnen zu Besuch ist. Das Erlernen und Anwenden der Prinzipien und Techniken, die innerhalb der Verhaltensmodifikations-Programme in der Anstalt angewandt werden, kann die Besuche zu Hause erfreulicher und lohnender für Eltern und Kind werden lassen.

Ein Beispiel für die Unterschiedlichkeit zwischen dem Verhalten in der Anstalt und zu Hause bei den Wochenendbesuchen illustriert der Fall von Buddy Y.

Der siebenjährige Buddy war häufig am Wochenende bei seinen Eltern. An einem Freitag schrammte er sich beim Spiel mit anderen Kindern das Knie auf. Gegen 16 Uhr kam seine Mutter und fuhr mit ihm nach Hause. Schon kurze Zeit später rief sie in der Anstalt an und erklärte, daß Buddy nicht laufen könnte und eine Wunde am Bein hätte. Als man sie fragte, was sie daraufhin getan hätte, erklärte sie, sie habe ihn vom Auto ins Bett getragen und gefüttert. Buddy blieb das ganze Wochenende über im Bett und ›konnte nicht‹ laufen. Kaum war er am Sonntag Nachmittag wieder in seiner Station, als er auch schon zu laufen anfing. Hätte Buddys Mutter gewußt, wie man nicht-adaptive Verhaltensweisen handhabt, dann hätten wahrscheinlich viele ähnliche Zwischenfälle vermieden werden können. Der positive Aspekt dieses Falles ist, daß Buddys Eltern allmählich lernten, wie man mit solchen Problemen fertig wird, indem sie positive Verstärkung für adaptive Verhaltensweisen und Löschung (oder ignorieren) für nicht-angepaßte Verhaltensweisen anwandten. Buddys spätere Besuche zu Hause waren bedeutend angenehmer für ihn und seine Eltern.

Die vorangegangenen Beispiele geben einige Hinweise darauf, was bemühte und interessierte Eltern tun können. Natürlich werden die meisten Eltern zu Anfang nicht wissen, wo sie anfangen sollen oder was sie zu tun haben, wenn der Berater ihnen nicht entscheidend weiterhilft. Ein Versagen der Eltern, die richtigen Schritte zu unternehmen, muß nicht unbedingt ihre Schuld sein. Es kann die Schuld des Beraters sein, der sich nicht genügend Zeit genommen hat, die in Frage kommenden Möglichkeiten klar genug darzustellen. In anderen Fällen kann es daran liegen, daß der Berater es nicht geschafft hat, den Eltern die Ideen verständlich zu vermitteln. Auch hier ist es wieder ungeheuer wichtig, daß der Berater jene Faktoren berücksichtigt, die auf dem sozialen und ökonomischen Status der Eltern beruhen, was für den Erfolg in der Beratung ausschlaggebend sein kann.

10.5. Elternberatung

Wenn man Beratung sucht, sollte man sich zuerst an die Erziehungsberatungsstellen wenden[3].

Sollen sich alle, die ein geistigbehindertes Kind haben, beraten lassen? Unbedingt! Schließlich handelt es sich nicht nur darum, jemanden zu finden, der Mutter und Vater bei der Anpassung hilft; auf dem Spiel steht vor allem die Zukunft des Kindes! Eltern sind nicht darauf vorbereitet, ein geistigbehindertes Kind zu bekommen und daher völlig hilflos, wenn dieser Fall eintritt. Sie wissen nicht, daß Vermittlungsstellen und öffentliche wie private Einrichtungen bestehen, die ihnen bei der Erziehung und Entwicklung ihres Kindes helfen können. Den Eltern machen unzählige ungelöste Fragen, die die Zukunft betreffen, zu schaffen. Eine gründlich durchgeführte Untersuchung (sowohl medizinisch wie psychologisch) ist absolut notwendig. Eine exakte medizinische Diagnose kann unter Umständen dazu beitragen, die voraussichtliche Entwicklung eines Kindes vorherzusagen. Manchmal zieht dies genetische Beratung nach sich; in seltenen Fällen kann sogar biochemische Behandlung durchgeführt werden. Während das Kind heranwächst, können durch regelmäßige Überprüfungen noch genauere Planungsentscheidungen gefaßt werden. Es ist von entscheidender Wichtigkeit zu wissen, was das Kind zu leisten imstande ist und was nicht.

---

[3] Auch an den Verband Deutscher Sonderschulen, Peter-Rosegger-Straße 177, D-7410 Reutlingen (Organ: Zeitschrift für Heilpädagogik). S. auch Fußnote S. 211.

IV. Durchführung von Programmen

11. Durchführung von Verhaltensmodifikationsprogrammen

Von JOHN GRABOWSKI und TRAVIS THOMPSON

11.1. Einführung

Dieses Kapitel versucht eine vorsichtige Analyse einiger der formellen und informellen Bestimmungen zu geben, die in einer großen Anstalt maßgeblich sind. Außerdem sollen einige Vorschläge gemacht werden, wie man bei der Einführung von Programmen Probleme vermeiden kann oder löst, falls sie doch auftreten.

Wer ein therapeutisches Programm innerhalb einer staatlichen Anstalt durchführen will, muß sich gründlich mit dem sozialen Gefüge auseinandersetzen. Wenn man in einer staatlichen Heilanstalt arbeitet, stellt man bald fest, daß das Verhalten der Patienten bei ausreichend großer Ausdauer verändert werden kann. Andererseits entdeckt man genauso rasch, daß die Einführung der Verhaltensmodifikations-Programme vom Personal der Anstalt sehr schwer durchzuführen ist. Für alle Angestellten der Anstalt gibt es bei der Einführung Probleme, für die Verwaltung, das Stations-Personal und für die speziellen Betreuer und Berater gleichermaßen.

Trotz der Komplexität der Variablen, die das Verhalten jedes Mitglieds des Personals einer großen staatlichen Heilanstalt kontrollieren – das Verhalten der Berater eingeschlossen – kann man Fortschritte in Richtung auf effektive Programmeinführung machen, wenn man sich immer eine Frage vor Augen hält. ›Was für Faktoren bestimmen das Verhalten der Mitglieder des Personals, mit denen ich zusammenarbeiten muß, und auf welche Weise kann ich ihnen helfen, das zu erreichen, was sie innerhalb des Anstalts-Systems erreichen wollen?‹ Diese Frage muß von allen Mitarbeitern innerhalb des Systems gestellt werden — die Programm-Entwickler eingeschlossen.

Üblicherweise tendieren die Zielvorstellungen einer Anstalt dazu, von finanziellen und personal-politischen Erwägungen bestimmt zu werden, die eigentlich irrelevant für das aktuelle Problem sind, nämlich den Patienten zu helfen. Ein Mitglied des Stationspersonals stellt möglicherweise ein wirkungsvolles Programm für einen Patienten auf und sieht dann, wie all seine Mühe durch irgendwelche willkürlichen Regeln eines Angestellten der Verwaltung zunichte gemacht wird. Wiederum kann ein fortschrittlicher Angestellter in der Verwaltung es erleben, daß seine Bemühungen ständig vom Personal vereitelt werden, weil dieses keine Änderungen im System wünscht. Wie weit die Ziele erreicht werden können, hängt meist von drei Faktoren ab:

1. von den finanziellen Mitteln,
2. von der Verwaltungsstruktur,
3. von guten Ideen für therapeutische Programme.

11.1.1. Finanzielle Mittel

Oft heißt es, es gäbe für eine große staatliche Heilanstalt nie ausreichend Geld, was die Vermutung nahe legt, daß Unfähigkeit, Verschwendung und schlechte Betriebsführung die Hauptfaktoren für die Mißerfolge vieler staatlicher Anstalten im Durchführen von Programmen sind. Es ist ganz klar, daß Geld allein die Probleme nicht löst. Wenn in einer Anstalt die Verwaltungsstruktur schlecht ist, und außerdem keine guten Ideen vorhanden sind, dann wird alles Geld der Welt von nur wenig Nutzen sein. Auf der anderen Seite sind finanzielle Mittel natürlich absolut notwendig, um das nötige Personal, die Ausstattung und die Räumlichkeiten zu ermöglichen, mit deren Hilfe man therapeutische Programme wirksam durchführen kann.

11.1.2. Verwaltungsstruktur

Die Verwaltungsstruktur bietet das verfahrenstechnische Gerüst für die Einführung und Aufrechterhaltung von Programmen. In vieler Hinsicht ist sie der wichtigste Faktor bei jedem Verhaltensmodifikations-Programm innerhalb einer staatlichen Heilanstalt. Eine mögliche Betrachtungsweise des administrativen Vorgangs ist, daß er formalisierte Verfahren bietet, um Aufgaben zu definieren, aus denen sich Konsequenzen für das Verhalten des Personals ableiten lassen. Eine gute Verwaltungsstruktur gibt Aufklärung darüber, wem gegenüber der einzelne verantwortlich ist, und definiert klar die Verhaltensweisen, für die eine Person in einer bestimmten Position verstärkt wird. Unglücklicherweise werden in vielen großen Heilanstalten die Bedingungen vom Personal erfüllt, und dennoch werden kaum Verstärker angewandt. In anderen Fällen wiederum werden Verstärker verwandt (in Form von aufgebessertem Gehalt, einem angenehmeren Stundenplan oder vermehrten Annehmlichkeiten), jedoch nicht in Relation zu den Verhaltensweisen. So kann beispielsweise ein Angestellter in der Verwaltung, der wenig leistet, Gehaltsaufbesserung bekommen, während ein hart arbeitender Betreuer auf der Station leer ausgeht. Daher sind an vielen Schwierigkeiten nicht die einzelnen Personen schuld, die im System arbeiten, sondern eher die Bedingungen, unter denen sie etwas leisten sollen.

11.1.3. Programme

In vieler Hinsicht mangelte es in staatlichen Heilanstalten für lange Zeit an jeder Möglichkeit, neue Ideen zu realisieren. Auch wenn heute vom einen oder anderen Betreuer Ideen für Veränderungen entwickelt werden, wird die Einführung eines neuen Programms durch unzählige Schwierigkeiten behindert, zu denen manchmal diese oder jene Mitglieder des Personals beitragen, (man findet sie in jeder Position), die keine Lust haben, bei der Einführung eines neuen Programms zu assistieren. Manchmal ist dieser Widerstand auf die Probleme der Vergangenheit zurückzuführen, die in Kapitel 1 behandelt wurden. Welche Ursache für diesen Widerstand auch maßgeblich ist, er behindert jedenfalls den Erfolg. Dasselbe gilt übrigens auch für viele private Anstalten für Geistigbehinderte. Selbst wenn die räumliche Umgebung in Privatanstalten farbenfroh und sauber sein mag, und selbst wenn es ein relativ günstiges Zahlenverhältnis Personal-Patienten gibt, kommen auch hier viele der Unzulänglichkeiten und gestörten Verhaltensweisen vor, die man von den staatlichen Anstalten her kennt. Das liegt daran, daß in beiden Fällen allgemein unangemessene Lehrmethoden angewandt werden. Die Unangemessenheit der Lehrmethoden ist so zu erklären, daß die Verhaltensmodifikations-Methode erst vor kurzem entwickelt worden ist und daher noch keine weite Verbreitung gefunden hat.

11.2. Voraussetzungen für die Einführung von Programmen

11.2.1. Verwaltungstechnische Unterstützung

Verwaltungstechnische Unterstützung ist für die erfolgreiche Einführung und Aufrechterhaltung von Verhaltensmodifikations-Programmen wesentlich. Es besteht kein Zweifel, daß die ernstgemeinte Unterstützung der höheren Angestellten der Verwaltung der wichtigste Faktor ist, um ein Verhaltensmodifikations-Programm in einer Anstalt einzuführen. Die Maßgeblichen in der Verwaltung verfügen über die Mittel, um Berater anzustellen, Materialien zu erhalten und einzuplanen, Ziele für das Personal abzustecken und (innerhalb gewisser Grenzen) die Mitglieder des Personals für deren Bemühungen zu verstärken. Wenn eine solche Unterstützung fehlt, wird selbst das tüchtigste Personal es schwer, wenn nicht unmöglich finden, seine gesetzten Ziele zu erreichen.

11.3. Personal-Training

Das Personal-Training in der Verhaltensmodifikation wird wie fast jedes Personal-Training nur unzureichend ausgeführt. Ziel sollte sein, das Personal so auszubilden, daß es Verhaltensprobleme identifizieren und Methoden entwickeln kann, um das Patientenverhalten zu verändern. Weiter sollte das Training das Personal befähigen, diese Methoden auch erfolgreich anzuwenden. In der Wirklichkeit kommt man diesen Zielen durch bestehende Einweisungsverfahren nicht viel näher. Ist es für das Personal beispielsweise nötig, eine schwierige Fachterminologie zu lernen, um Programme effektiv durchführen zu können? Ist es besser, die Betonung auf die Präzision oder auf die Anwendungsbreite zu legen?

Von den Beratern am Faribault State Hospital sind viele verschiedene Methoden angewandt worden. Zu Anfang legte man im Training besondere Betonung auf Vorträge, um Informationen zu vermitteln. Es stellte sich jedoch bald heraus, daß dies keine sonderlich effektive Methode war, um das Personal zu unterrichten. Während die erste Vorlesungs-Serie eines Anfangsprogramms aus fünf einstündigen Sitzungen bestand, ging man in der Folgezeit dazu über, nur noch vier halbstündige Vorlesungen zu halten. Mit zunehmendem Wissen der Berater über das Personal nahm die Anzahl und die Dauer der Vorlesungsstunden ab, und die praktische Anwendung der Prinzipien nahm zu. Die Art der Vorlesungen wurde variiert, bedingt durch die Anzahl der Teilnehmer und deren Fähigkeiten. So ging man in kleineren Gruppen dazu über, informelle Diskussionen abzuhalten, während man bei größeren Gruppen nach wie vor eine etwas formellere Unterrichts-Struktur beibehielt. Man bemühte sich, Beispiele zu finden, mit denen das Personal etwas anfangen konnte. Nach jeder kurzen Vorlesung wurden Fälle konstruiert, die ein einfaches Beispiel für ein Verhaltensproblem boten, und die Mitglieder des Trainings wurden aufgefordert, ein entsprechendes Programm zu entwickeln. Als die Grundprinzipien gelernt worden waren, wurde jedes Mitglied des Personals aufgefordert, sich einen Patienten auszusuchen und die Häufigkeit eines nicht angepaßten Verhaltens zu verringern oder die Häufigkeit eines angepaßten Verhaltens zu vermehren. Der Programm-Koordinator notierte zu diesem Zeitpunkt, daß für einige Mitglieder des Personals die erfolgreiche Veränderung eines Patientenverhaltens bereits schon ein Ansporn war. Was vielleicht noch wichtiger war: die Betreuer merkten, daß die Methoden auch dann effektiv waren, wenn sie selbst sie anwandten. Die wirksamsten ›Praktikums-Beispiele‹ waren jene, die die schlimmsten nicht-angepaßten Verhaltensweisen verringern konnten. Wenn ein Betreuer es beispielsweise schaffte, den Patienten im Toiletten-, Anzieh- oder Essens-Verhalten weiterzuhelfen, dann wurde dadurch gleichzeitig das Ausmaß der unangenehmen Arbeitspflichten für das Personal verringert. Damit stand mehr Zeit für das Training des Patienten in anderen konstruktiven Aktivitäten zur Verfügung.

Als die Entwicklung von effektiven Trainingsmethoden Fortschritte machte, stellte sich heraus, daß einige Mitglieder des Personals, die bereits an Programmen beteiligt gewesen waren, wirkungsvoll eingesetzt werden konnten, um neue Angestellte zu trainieren.

Nachdem das Personal in der Theorie der Verhaltensmodifikation trainiert worden war und Erfahrungen gesammelt hatte, wurde die Unterweisung durch Erstellung von Verhaltensprotokollen über einen Patienten fortgesetzt. Diese Methode erwies sich meist als wirkungsvoll zur Aufrechterhaltung des Interesses des Personals. Außerdem ermöglichte sie dem Personal und dem Berater, mögliche Ansätze zur Veränderung auftretender Verhaltensprobleme auf Grund der genauen Unterlagen zu diskutieren.

Im Idealfall sollte je ein Programm-Manager, der administrative Befugnis hat, jedem einzelnen Gebäude zugeteilt sein. Angestellte aus so gut wie jedem Aufgabenbereich können die Programm-Manager-Rolle übernehmen, wenn sie angemessen dazu ausgebildet werden. Häufig ist der Programm-Manager eine Krankenschwester, ein Beschäftigungstherapeut, ein Freizeittherapeut oder ein Mitglied des Personals ohne spezielle Funktion.

11.4. Einige Faustregeln für Berater

Im Lauf der Jahre, in denen Verhaltensmodifikations-Programme im *Faribault State Hospital* durchgeführt wurden, haben die Berater einige »Faustregeln« entwickelt, die bei der Einführung von Verhaltensmodifikations-Programmen nützlich sind.

1. Ein Berater muß immer im Auge behalten, daß er zunächst außerhalb der festgefügten sozialen Anstalts-Struktur steht, in die er sich erst einfügen muß. Wenn ein Verhaltensmodifikations-Programm akzeptiert werden soll, dann muß der Berater daran denken, daß es das *Programm der Anstalt ist, nicht etwa das des Beraters.* Die Erfolge des Programms sind die Erfolge der Institution. Andererseits müssen die Berater auch die Programm-Mißerfolge als Sache der Anstalt betrachten. Falls der Berater sich den Erfolg eines Programms zuschreibt, die Anstalt jedoch für Programmrückschläge verantwortlich macht, dann wird er gewiß nicht mit der Institution zurechtkommen und konsequenterweise auch das Programm ernsthaft gefährden.
2. Als Berater muß man die existierende Verwaltungsstruktur akzeptieren und sich davor hüten, in den Ruf zu kommen, ständig an der Anstalt herumzunörgeln, und — besonders wichtig — positive und durchführbare Alternativen bieten. Änderungen werden am besten ganz behutsam durch positives Beispiel durchgeführt, nicht jedoch durch ständige Klagen.
3. Als Berater muß man versuchen, die Institution mitsamt ihren administrativen und personellen Strukturen gut kennen zu lernen. Das bedeutet: man muß mit den Verwaltungsangestellten, den einzelnen Leitern der Stationen, dem Pflegepersonal, den Ärzten und den übrigen Mitgliedern der Personalhierarchie viel Zeit verbringen.
4. Weiterhin muß man mit der ›versteckten‹ Struktur der Institution vertraut werden. Eine der besten Möglichkeiten, diese versteckte Struktur zu durchschauen, besteht darin, etliche Zeit auf der Station zu verbringen und dort gemeinsam mit dem Personal zu arbeiten, die Kaffeepausen zusammen zu verbringen, oder auf andere Weise mit dem Personal in dessen täglicher Arbeitsumgebung zusammenzuarbeiten. Auf diese Weise werden dem Berater der soziale Druck, die Wertmaßstäbe und die Erwartungen bezüglich des Personals klarer verständlich.
5. Man muß für die ›Kanäle‹ innerhalb des Anstalts-Systems einen ›Riecher‹ bekommen. Dabei sollte man es unbedingt vermeiden, irgendwelche Kanäle als Mittel zur Beschleunigung der Programmdurchführung zu benutzen. Wenn man die wirklich wichtigen Be-

fehls-Kanäle versehentlich umgeht, kann dies eine verheerende Wirkung haben. Der Versuch, die Programmdurchführung gewaltsam zu beschleunigen, kann das Programm zurückwerfen oder, im schlimmsten Fall, sogar stoppen.
6. Man muß unbedingt zu vermeiden versuchen, die administrative Autorität anderer Mitarbeiter innerhalb der Anstalt anzutasten. Als unbekümmerter Außenseiter kann man zu leicht unwissentlich die Tatsache übersehen, daß eigene ›Ratschläge‹ für einen Angestellten von diesem als Anmaßung administrativer Autorität aufgefaßt werden.
7. Man sollte gleichfalls vermeiden, fremde Experten mit heranzuziehen, um Druck auf die Institution auszuüben. Solch ein Vorgehen wird ohne Ausnahme Verärgerung auslösen.
8. Wenn man ein Programm einführt, sollte ein schriftlicher Kontrakt angefertigt werden, der das Programm im vorhinein so definiert, wie es von allen Beteiligten aller Arbeitsgebiete vereinbart wurde. Wenn einige der beteiligten Angestellten dann ihren Teil der Pflichten nicht erfüllen, und das Programm infolgedessen nicht so verläuft wie geplant, dann ist es gut, eine schriftliche Vereinbarung zu haben, die über die vorgeschriebenen Aufgaben der beteiligten Personen Aufschluß gibt. Auf diese Weise kann der genaue Punkt lokalisiert werden, wo das Programm versagt hat; und die nötigen Schritte, um dieses Problem zu korrigieren, lassen sich planen.
9. ›Keine schriftlichen Unterlagen — kein Programm‹ lautete die Devise eines Beraters am *Faribault Hospital*. Im allgemeinen wird das Personal wenig Lust haben, sorgfältige Protokolle über die angewandten Methoden und das Patientenverhalten anzulegen, die jedoch für das Aufrechterhalten eines effektiven Programms wichtig sind. Daher sollte man nur die allernötigsten Tabellen und Protokolle verlangen und das Personal ständig für das Protokollieren verstärken.
10. Man kann vom Personal nicht erwarten, von einem Fall mit gewissen Bedingungen auf andere Fälle mit anderen Bedingungen zu schließen. Während das Erkennen von Ähnlichkeiten in den Verhaltensproblemen verschiedener Fallsituationen schon zur zweiten Natur eines erfahrenen Beraters geworden sein mag, ist die Fähigkeit zur Verallgemeinerung auf Seiten des Personals ungewöhnlich. Das Personal wird eher dazu neigen, darin Einzelfälle zu sehen, statt das gemeinsame Grundmuster zu erkennen.
11. Man sollte ein Programm, das das ganze Gebäude umfaßt, erst dann durchführen, wenn man die erfolgreiche Verhaltensänderung an ein oder zwei Patienten demonstriert hat. Im allgemeinen wird das Personal aufnahmebereiter sein, wenn es erlebt hat, daß die

Methoden auch wirken. Schließlich sind dem Personal in vielen Fällen schon früher Versprechungen gemacht worden, und warum sollte es einem ›weiteren Experten‹ mehr glauben?
12. Nach Möglichkeit sollte man das ganze Personal an den Entscheidungen über Modifikationsprogramme beteiligen.
13. Man sollte Unbeweglichkeit vermeiden! Wenn eine bestimmte Methode nicht wirkungsvoll das Verhalten der Insassen ändert, dann sollte diese Methode geändert werden. Nicht der Patient ist an den Fehlschlägen schuld, sondern die Methode oder die Art und Weise, wie die Methode angewandt wurde.
14. Man sollte das Personal ständig für seine protokollierten Daten verstärken. Das Personal wird es wenig sinnvoll finden, überhaupt etwas zu protokollieren, wenn niemand sich die Zeit nimmt, die Protokolle zu überprüfen und bei deren Auswertung zu helfen.
15. Man sollte stets auf konstruktive Kommentare und nützliche Vorschläge des Personals reagieren, um noch effektivere Verhaltensweisen zu fördern.
16. Man sollte dafür sorgen, daß der Tagesablauf des Personals nicht zu eintönig verläuft, um Langeweile zu vermeiden. Es ist ein Fehler, dasselbe Personal mehrere Stunden hintereinander für das Patienten-Training einzuteilen. Das Training der Patienten erfordert große Konzentration und Ausdauer. Es ist unrealistisch zu glauben, daß jemand über längere Zeit hinweg effektiv unterrichten kann, ohne daß ein Wechsel der Aktivitäten stattfindet.
17. Fortschritte müssen verstärkt werden! Bei der Arbeit mit Geistigbehinderten lassen sich Veränderungen im Patientenverhalten nur sehr langsam herstellen. Es ist wichtig, das Personal häufig für kleine Schritte auf dem Weg zum Erfolg beim Unterricht der Patienten in Selbstversorgungs-Fähigkeiten zu verstärken. Wie schon erwähnt ist dies wegen der Begrenztheit der zur Verfügung stehenden Verstärker etwas schwierig. Aber auf jeden Fall muß man die zur Verfügung stehenden Verstärker häufig anwenden!
18. Wenn die Dinge nicht so verlaufen wie man es gerne hätte, sollte man sich die Frage stellen: ›Was verstärkt das kooperative Verhalten des Personals und auf welche Weise kann man es dementsprechend gezielt auf das Verbessern des Patientenverhalten verstärken?‹

11.5. Aus der Sicht des Personals

Vielleicht liegt das größte Problem des Personals bei der Annahme und der Durchführung von Verhaltensmodifikations-Programmen in den bisher praktizierten Methoden. Die Erziehungs-Abteilungen vieler staatlicher Heilanstalten für Geistigbehinderte legen die meiste Betonung auf die Verwaltung und die medikamentöse Behandlung. Ein Großteil der Trainingszeit verwendet man darauf, den Patienten angemessenes Sauberkeitsverhalten beizubringen, ihnen Medikamente zu verabreichen und Wunden zu verbinden. Eine derartige Methode zur Behandlung Geistigbehinderter spiegelt die Ansicht gewisser Berufskreise und der Gesellschaft wider (siehe Kapitel 1). Folglich liegt auch der Widerstand des Personals gegen die Verhaltensmodifikation häufig an der Ausbildung, die das Personal erhalten hat.

Mitarbeiter des Personals, die in Verhaltensmodifikation ausgebildet worden sind, haben eine Reihe von Problemen herauskristallisiert, die bei der Anwendung von Verhaltensmodifikations-Methoden entstehen können. Erstens steht ein großer Teil der Verhaltensmodifikationsmethode im Widerspruch zum herkömmlichen Anstalts-Trainingsprogramm. Zweitens behaupten einige Mitglieder des Personals, daß die Prinzipien der Verhaltensmodifikation auf dem Papier ja schön und gut aussehen mögen, bei der Einführung auf einer Station jedoch Schwierigkeiten entstehen lassen. Am besten lernt man die Grundsätze der Verhaltensmodifikation durch Demonstration und vertieft die Kenntnisse darüber dann in der Praxis. Daher hatten jene Angestellte, von denen erwartet wurde, daß sie die Prinzipien der Verhaltensmodifikation anwenden und Programme aufrechterhalten, recht, wenn sie ein genaueres und anschaulicheres Training forderten als das, was ihnen in einer Vorlesung oder mit Hilfe von mündlichen Beispielen zuteil wurde.

Als die Personalmitglieder ausgebildet worden waren, wurde von ihnen erwartet, daß sie damit anfangen, die Prinzipien der Verhaltensmodifikation anzuwenden, um angepaßte Verhaltensweisen in den Patienten zu entwickeln und nicht-angepaßte Verhaltensweisen zu eliminieren. Die Betreuer wurden dann mit vielfältigen Problemen konfrontiert, zu denen auch jene gehörten, die aus der Atmosphäre einer Anstalt entstehen, wo die Betonung auf Verwahrung und Medikamentation liegt, und außerdem noch jene Probleme, die durch administrative- und Berater-Fehler entstehen. Einige Betreuer der Anstalten waren nicht willens, Verhaltensmodifikations-Techniken anzuwenden. Offensichtlich waren die Bedingungen, unter denen sie bis dahin gearbeitet hatten, zu fest etabliert. Glücklicherweise waren jedoch die meisten Mitglieder des Personals interessiert und auch willens, die neu erlernten Techniken anzuwenden.

Als das Personal der Gebäude, die dafür eingeteilt worden waren, Verhaltensmodifikations-Programme zu entwickeln, diese mit Erfolg eingeführt und aufrechterhalten hatte, gab es neue Schwierigkeiten.

Sicher hat es die Verhaltensmodifikations-Betreuer deprimiert, wenn sie beachtliche Veränderungen in den Verhaltensweisen der Patienten bewirkt haben und dann hören müssen, — von irgendeinem Verwaltungsangestellten oder sogar einem Arzt —, daß sich ja doch nichts ändern lasse und auch nicht geändert habe. Einige Personen, die nur indirekt verantwortlich für die verwaltungstechnische Seite der Programmdurchführung waren, schienen auf den Erfolg des Personals neidisch zu sein, das für die praktische Durchführung der Programme verantwortlich war.

Subjektiv stellte es sich klar heraus — in einigen Punkten konnte es auch objektiv verifiziert werden —, daß die maßgeblichen Bedingungen einer Anstalt geändert werden konnten und daß die Bemühungen des Stationspersonals entscheidend für diese Veränderung waren.

Literatur

American Occupational Therapy Association Newsletter, February 1969.
Atthowe, J. M.: Ward 113 research and service program: staff orientation and procedure manual for administering the token-incentive program. An unpublished manuscript written at Veterans Administration Hospital, Palo Alto, California, October 1964.
Atthowe, J., and L. Krasner: Preliminary report on the application of contingent reinforcement procedures (token economy) on a »chronic« psychiatric ward. Journal of Abnormal Psychology, 1968, 72 (1).
Auxter, D.: Operant conditioning of motor skills for the emotionally disturbed. American Corrective Therapy Journal, 1969, 23 (1).
Ayllon, T., and N. Azrin: The Token Economy: A Motivational System for Therapy and Rehabilitation. New York: Appleton-Century-Crofts, 1968.
– The measurement and reinforcement of behavior with psychotics. Journal of the Experimental Analysis of Behavior, 1965, 8.
Ayllon, T., and E. Haughton: Control of the behavior of schizophrenics by food. Journal of the Erperimental Analysis of Behavior, 1962, 5.
Baer, D. M., R. F. Peterson, and J. A. Sherman: The development of imitation by reinforcing behavioral similarity to a model. Journal of the Experimental Analysis of Behavior, 1967, 10.
Baer, D. M., and J. A. Sherman: Reinforcement control of generalized imitation in young children. Journal of Experimental Child Psychology, 1964, 1.
Ball, Thomas S. (Ed.): The Establishment and Administration of Operant Conditioning Programs in a State Hospital for the Retarded. California Mental Health Research Symposium, No. 4, 1969.
Barr, M. W.: Mental Defectives, Their History, Treatment and Training. Philadelphia: P. Blakistar's Son and Co., 1904.
Barrett, B. H., and O. R. Lindsley: Deficits in acquisition of operant discrimination and differentiation shown by institutionalized retarded children. Amer. J. ment. Defic. 1962, 67.
Belmont, J. M., and N. R. Ellis: Effects of extraneous stimulation upon discrimination learning in normals and retardates. Amer. J. ment. Defic., 1968, 72.
Bensberg, G. (Ed.): Teaching the Mentally Retarded: A Handbook for Ward Personnel. Atlanta: Southern Regional Education Board, 1965.
Bijou, S. W.: Theory and research in mental (development) retardation. Psychological Record, 1963, 13.
– and D. M. Baer: Child Development: Readings in Experimental Analysis. New York: Appleton-Century-Crofts, 1967.
Birnbrauer, J. S., and J. Lawler: Token reinforcement for learning. Mental Retardation, 1964, 2 (5).
Birnbrauer, J. A., M. M. Wolf, J. D. Kidder, and C. E. Tague: Classroom behavior of retarded pupils with token reinforcement. Journal of Experimental Child Psychology, 1965, 2.
Blatt, B., and F. Kaplan: Christmas in Purgatory. Boston: Allyn and Bacon, Inc., 1966.
Boren, J. J.: The study of drugs with operant techniques. In W. K. Honig, (Ed.), Operant Behavior: Areas of Research and Application. New York: Appleton-Century-Crofts, 1966.
Bostow, D., and J. Baily: Modification of severe disruptive and aggressive behavior using brief time-out and reinforcement procedures. Journal of Applied Behavior Analysis, 1969, 2.
Bricker, W. A., and D. D. Bricker: A program of language training for the severely language handicapped child. Exceptional Children, 1970, 37.

Brierton, G., R. Garms, and R. Metzger: Practical problems encountered in an aide-administered token reward cottage program. Mental Retardation, 1969, 7, (3).
Burchard, J. D.: Systematic socialization: a programmed environment for the habilitation of antisocial retardates. Psychological Record, 1967, 17.
Colwell, C. N.: »Amazing changes« in profoundly retarded. Rehabilitation Record, 1969, 10 (1).
Craig, H. B., and A. L. Holland: Reinforcement of visual attending in classrooms for deaf children. Journal of Applied Behavior Analysis, 1970, 3.
Curtiss-Wedge, F.: History of Rice and Steele Counties, Minnesota. Chicago: A. C. Cooper Jr. & Co., 1916.
Davis, W. E.: An approach to programming for severely and profoundly retarded adults. Training School Bulletin, 1969, 66 (3), 100–104.
Diamond, L. S., and J. B. Marks: Discontinuance of tranquilizers among chronic schizophrenic patients receiving maintenance dosage. Journal of Nervous and Mental Disease, 1960.
Dimascio, A., and R. Shader: Behavioral toxicity of psychotropic drugs. Connecticut Medicine, 1968, 33.
Doll, E. A.: Mental deficiency. In V. C. Branham and S. B. Kutash (Eds.), Encyclopedia of Criminology. New York: Philosophical Library, 1949. Pp.
Ellis, N. R., and T. R. Anders: Short-term memory in the mental retardate. Amer. J. ment. Defic., 1968, 72.
– *and M. Pryer:* Primary versus secondary reinforcement in simple discrimination learning of mental defectives. Psychological Reports, 1958, 4.
Ferster, C. B., and B. F. Skinner: Schedules of Reinforcement. New York: Appleton-Century-Crofts, 1957.
Fisher, J.: Reinforcement theory in psychological treatment: a symposium. California Mental Health Research Monograph, Number 8, 1966.
Fuller, P.: Operant conditioning of a vegetative human organism. Amer. J. Psychol., 1949, 62.
Gesell, A. L.: The Child from Five to Ten. New York: Harper & Brothers, 1946.
– Recreation for the Mentally Retarded. Atlanta: Southern Regional Education Board, 1964.
Girardeau, F., and J. Spradlin: Token rewards in a cottage program. Mental Retardation, 1964, 2.
Goffman, E.: Asylums. Chicago: Aldine Publishing Co., 1961.
Goldfarb, W.: Infant rearing and problem behavior. Amer. J. Orthopsychiat., 1943, 13.
– The effects of early institutional care on adolescent personality. Amer. J. Orthopsychiat., 1944, 14.
– Variations in adolescent adjustment of institutionally-reared children. Amer. J. Orthopsychiat., 1947, 17.
Good, W. W., M. Sterling, and W. H. Holtzman: Termination of chlorpromazine with schizophrenic patients. American Journal of Psychiatry, 1958, 115 (1).
Gorton, C. E., and J. H. Hollis: Redesigning a cottage unit for better programming and research for the severely retarded. Mental Retardation, 1965, 3 (3).
Gray, R., and J. Kasteler: Effects of social reinforcement and training on institutionalized mentally retarded children. Amer. J. ment. Defic. 1969, 74.
Gross, M., I. Hitchman, W. Reeves, J. Lawrence, and P. Newell: Discontinuation of treatment with ataractic drugs. American Journal of Psychiatry, 1960, 116.
Guess, D.: A functional analysis of receptive language and productive speech: acquisition of the plural morpheme. Journal of Applied Behavior Analysis, 1969, 2.
Haskell, R. H.: Mental deficiency over a hundred years. Amer. J. Psychiatry, 1944, 100.
Haywood, H. C., and L. W. Heal.: Retention of learned visual associations as a functional of IQ and learning levels. Amer. J. ment. Defic., 1968, 72.

Heistad, G. T., and A. A. Torres.: A mechanism for the effect of a tranquilizing drug on learned emotional responses. Medical Bulletin, University of Minnesota, 1959.
Hollis, J. H., and C. E. Gorton.: Training severely and profoundly developmentally retarded children. Mental Retardation, 1967, 5 (4).
Homme, L., P. deBaca, J. Devine, R. Steinhorst, and E. Rickert.: Use of the Premack principle in controlling the behavior of nursery school children. Journal of the Experimental Analysis of Behavior, 1963, 6.
Hunt, J. G., L. C. Fitzhugh, and K. B. Fitzhugh.: Teaching »exit-ward« patients appropriate personal appearance behaviors by using reinforcement techniques. Amer. J. ment. Defic., 1968, 73 (1).
Itard, J.: The Wild Boy of Aveyron. G. and M. Humphrey (Trans.). N. Y.: Appleton-Century-Crofts, 1962.
Journal of Applied Behavior Analysis.: Published quarterly by the Society for the Experimental Analysis of Behavior, Ann Arbor, Michigan, 1968 ff.
Kanner, L.: A History of the Care and Study of the Mentally Retarded. Springfield, Ill.: Charles C. Thomas, Publ., 1964.
Kelleher, R. T.: Chaining and conditioned reinforcement. In W. K. Honig (Ed.), Operant Behavior. New York: Appleton-Century-Crofts, 1966.
Kimbrell, D. L., F. Kidwell and G. Hallum.: Institutional environment developed for training severeley and profoundly retarded. Mental Retardation, 1967, 5 (1).
– *R. E. Luckey, P. F. Barbuto, and J. G. Love.:* Operation dry pants: an intensive habit-training program for severely and profoundly retarded. Mental Retardation, 1967, 5 (2).
Klaber, M. M.: The retarded and institutions for the retarded–a preliminary report. Ch. 9 in S. B. Sarason, and J. Doris, Psychological Problems in Mental Deficiency. N.Y.: Harper and Row, 1969.
Kugelmass, I. N.: The Management of Mental Deficiency in Children. N. Y.: Grune & Stratton, 1954.
Larsen, L. A., and W. A. Bricker.: A manual for parents and teachers of severely and moderately retarded children. IMRID Papers and Reports, 1968, 5 (22), J. F. Kennedy Center for Research on Education and Human Development, Nashville, Tennessee.
Leath, J. R., and R. L. Flournoy.: Three-year follow-up of intensive habit-training program. Mental Retardation, 1970, 8 (3).
Liberman, R.: A view of behavior modification projects in California. Behavior Research and Therapy, 1968, 6.
Lindsley, O. R.: Direct measurement and prothesis of retarded behavior. Journal of Education, 1964, 147.
Lindsley, O.: Personal Communication, 1970.
Lent, J. R.: Mimosa cottage: experiment in hope. Psychology Today, 1968, 2 (1).
– *and J. Spradlin.:* Cottage demonstration project. Project News, Parsons State Hospital and Training Center, 1966, 2 (7).
Lloyd, K. E., and L. Abel.: Performance on a token economy psychiatric ward: a two-year summary. Behavior Research and Therapy, 1970, 8 (1).
– *and W. K. Garlington.:* Weekly variations in performance of a token economy psychiatric ward. Behavior Research and Therapy, 1968, 6 (4).
Lucero, R. J., D. J. Vail, and J. Scherber.: Regulating operant conditioning programs. Hospital and Community Psychiatry, 1968, 19 (2).
Madsen, C. H., Jr., and C. K. Madsen.: Teaching/Discipline: Behavioral Principles Toward a Positive Approach. Boston: Allyn & Bacon, Inc., 1970.
Mager, R. F.: Preparing Instructional Objectives. Palo Alto, Calif.: Fearon Publishers, 1962.
Mautner, H.: Mental Retardation. New York: Pergamon Press, 1959, Ch. 3.
McCarthy, J. J., and R. C. Scheerenberger.: A decade of research on the education of the mentally retarded: a selected review. Mental Retardation Abstracts, 1966, 3.

Meacham, Merle L., and Allen E. Wiesen.: Changing Classroom Behavior: A Manual for Precision Teaching. Scranton, Penn.: International Textbook Company, 1969.
Miller, L., and M. Trainor.: HIP Activity Manual, Pacific State Hospital, Pomona, California, 1968.
Nawas, M. M., and S. H. Braun.: The use of operant techniques for modifying the behavior of the severely and profoundly retarded: part. I introduction and initial phase. Mental Retardation, 1970 a, 8 (2).
— The use of operant techniques for modifying the behavior of the severely and profoundly retarded: part II. the techniques. Mental Retardation, 1970 b, 8 (3).
— An overview of behavior modification with the severely and profoundly retarded: part III. maintenance of change and epilogue. Mental Retardation, 1970 c, 8 (4).
Olson, G. W., and D. B. Peterson.: Sudden removal of tranquilizing drugs from chronic psychiatric patients. Journal of Nervous and Mental Disease, September 1960, 252. Vol. 131.
— Intermittent chemotherapy for chronic psychiatric inpatients. Journal of Nervous and Mental Disease, 1962, 134.
Otis, L. S.: Dissociation and recovery of a response learned under the influence of chlorpromazine or saline. Science, 1964, 143.
Overton, D. A.: State-dependent learning produced by depressants and atropine-like drugs. Psychopharmacologia, 1966, 10.
Perline, I. H., and D. Levinsky.: Controlling maladaptive classroom behavior in the severely retarded. Amer. J. ment. Defic., 1968, 73.
Phillips, E. L.: Achievement place: token reinforcement procedures in a home-style rehabilitation setting for »pre-delinquent« boys. Journal of Applied Behavior Analysis, 1968, 1.
Premack, D.: Toward empirical behavioral laws: I. positive reinforcement. Psychological Review, 1959, 66.
Provence, S., and R. C. Lipton.: Infants in Institutions. N.Y.: International Universities Press, 1962.
Reese, E.: The Analysis of Human Operant Behavior. Dubuque, Iowa: Wm. C. Brown Co., 1966.
Roberts, C. L., and R. M. Perry.: A total token economy. Mental Retardation, February 1970.
Robinson, H. B., and N. M. Robinson.: The Mentally Retarded Child. N.Y..: McGraw-Hill, 1965.
Roos, P.: Development of an intensive habit-training unit at Austin State School. Mental Retardation, 1965, 3 (3).
Rosenthal, R., and L. Jacobson.: Teachers' expectancies as determinants of pupils' IQ gains. In R. G. Kuhlen (Ed.), Studies in Educational Psychology. Waltham, Mass.: Blaisdell Publishing Co., 1968.
Rothstein, C.: An evaluation of the effects of discontinuation of chlorpromazine. New England Journal of Medicine, 1960, 262. 67–69.
Sarason, S. B., and J. Doris.: Psychological Problems of Mental Deficiency (4th ed.). N.Y.: Harper and Row, 1969.
Schutte, R. C., and B. L .Hopkins.: The effects of teacher attention on following instructions in a kindergarten class. Journal of Applied Behavior Analysis, 1970, 3.
Stevens, H. A. Overview.: In H. Stevens and R. Heber (Eds.), Mental Retardation. Chicago: University of Chicago Press, 1964, pp.
Stewart, J.: Differential responses based on the physiological consequences of pharmacological agents. Psychopharmacologia, 1962, 3.
Thompson, T., and S. Arhelger.: »Changes: Behavior Modification for the Profoundly Retarded«, a film produced by Sensory Systems, Inc., 4314 Abbott Ave. South, Minneapolis, Minnesota 55410.
— *and C. Schuster.:* Behavioral Pharmacology. New Jersey: Prentice-Hall. 1968.

Thormalen, P. W.: A study of on-the-ward training of trainable mentally retarded children in a state institution. California Mental Health Research Monograph, No. 4, 1965.
Tobias, J., and A. D. Cortazzo.: Training severely retarded adults for greater independence in community living. Training School Bulletin, 1963, 60.
Tredgold, A. F.: A Textbook of Mental Deficiency (7th ed.). London: Bailliere, Tindall and Cox, 1949.
Ulrich, R., T. Stachnik, T. and J. Mabry.: Control of Human Behavior. Vol. II. Glenview, Ill.: Scott Foresman & Co., 1970.
Vail, D. J.: Dehumanization and the Institutional Career. Springfield, Ill.: C. C. Thomas, 1966.
Watson, L. S.: Application of operant conditioning techniques to institutionalized severely and profoundly retarded children. Mental Retardation Abstracts, 1967, 4 (1).
– *R. Lawson, and C. Sanders.:* Generalized or token reinforcement with severely and profoundly retarded children. Paper read at AAMD, Miami, 1965 (a).
– Primary reinforcement preferences of mentally and profoundly mentally retarded children in a generalized reinforcement context. Paper read at APA, Chicago, 1965 (b).
Wheeler, A. J., and B. Sulzer.: Operant training and generalization of a verbal response form in a speech-deficient child. Journal of Applied Behavior Analysis, 1970, 3.
Willard, H. S., and C. S. Spackman.: Occupational Therapy. 3rd ed. Philadelphia: J. B. Lippencott Co., 1963.
Winkler, R. C.: Management of chronic psychiatric patients by a token reinforcement system. Journal of Applied Behavior Analysis, 1970, 3.
Wolfe, M., E. Hanley, L. King, J. Lachowicz, and D. Giles.: The timer game: a VI contingency for the management of out-of-seat behavior. Exceptional Children, 1970, 37.
Wolfensberger, W.: Schizophrenia in mental retardates: three hypotheses. Amer. J. ment. Defic., 1960, 64.
Wollen, J. E.: Training of the severely retarded, viewed in historical perspective. J. gen. Psychol., 1966, 74.
Woodcock, R.: Peabody Rebus Reading Program. Circle Pine: American Guidance Service, 1966.
Wright, B. A.: Physical Disability–A Psychological Approach. New York: Harper and Row, 1960.
Zimmerman, E. H., J. Zimmerman, and C. D. Russell.: Differential effects of token reinforcement on instruction-following behavior in retarded students instructed as a group. Journal of Applied Behavior Analysis, 1969, 2.
Zocchie, A., T. T. Tourlentes, S. L. Pollack, and D. Haim.: Intermittent phenothiazine therapy with chronic patients. Archives of General Psychiatry, 1969, 20.

FELIX F. DE LA CRUZ / GERALD D. LAVECK
Geistig Retardierte und ihre Sexualität
Sozio-kulturelle und medizinische Aspekte
179 Seiten. Pbck. DM 22,80

In diesem Buch sind Vorträge führender Fachleute der Soziologie, Psychologie, Anthropologie, Biologie, Medizin und Genetik zum Thema der Sexualität geistig Behinderter zusammengetragen. Übereinstimmend wird die Sexualität geistig behinderter Menschen bejaht. Es wird berichtet, daß sowohl in den Anstalten als auch in freieren Institutionen wie Wohnheimen und sonstigen Einrichtungen eine positive Einstellung zur Sexualität Behinderter erwacht. Sie seien unter fürsorglicher Hilfestellung mit den Problemen der Sexualität vertraut zu machen. Es werden sowohl persönliche Meinungen zu ethisch-moralischen Einstellungen kundgetan. Dabei werden die großen Themen der psychosozialen Entwicklung in Verbindung mit der Sexualerziehung, der psychischen und biologischen Aspekte, der Methoden, Einstellung und Verhaltensweisen innerhalb und außerhalb der Anstalten wie auch neuerer Forschungsvorhaben und experimenteller Programme dargelegt. *Hamburger Ärzteblatt*

EDGAR SCHMITZ **Neuerscheinung Herbst '76**
Elternprogramm für behinderte Kinder
214 Seiten. Pbck. DM 26,80

Für Eltern und Erzieher gibt dieses einzigartige Buch im deutschen Sprachraum präzise Anleitungen zum Erlernen des Ankleidens, der Reinlichkeitsfunktionen und der Sprachanbahnung. Damit bietet der Autor aus seiner mehrjährigen Arbeit am Kinderzentrum in München ein für die Praxis geschriebenes Übungsprogramm zur Selbsthilfe. Beigegebene Vordrucke zur Eintragung der Übungen dienen der Erfolgskontrolle.

GERALD O'GORMAN **Neuerscheinung Herbst '76**
Autismus in früher Kindheit
Entstehung, Symptome, Eigenart, Behandlung und erzieherische Maßnahmen
154 Seiten. Pbck. DM 21,80

WOLFGANG GRUNWALD **Neuerscheinung Herbst '76**
Psychotherapie und experimentelle Konfliktforschung
195 Seiten, 53 Abb. DM 19,80. UTB 602

OTTO SPECK / MANFRED THALHAMMER
Die Rehabilitation der Geistigbehinderten
Ein Beitrag zur sozialen Integration
176 Seiten. Pbck. DM 15,80

ERNST REINHARDT VERLAG MÜNCHEN BASEL